DEIN COACH ZUM ERFOLG!

Dein ActiveBook auf My**STARK**:

Du kannst auf alle digitalen Inhalte (Prüfung 2022, interaktive Aufgaben, Flashcards, Glossar) online zugreifen. Registriere dich dazu unter **www.stark-verlag.de/mystark** mit deinem **persönlichen Zugangscode:**

C06140-003010

Die Inhalte dieser Auflage stehen bis 31.7.2024 zur Verfügung.

MySTARK

Das ActiveBook *bietet dir:*

- Viele interaktive Übungsaufgaben zu prüfungsrelevanten Kompetenzen
- Tipps zur Bearbeitung der Aufgaben
- Sofortige Ergebnisauswertung und Feedback
- Flashcards und digitales Glossar zum gezielten Üben und Wiederholen zentraler Inhalte

DEIN COACH ZUM ERFOLG!

So kannst du interaktiv lernen:

Interaktive Aufgaben

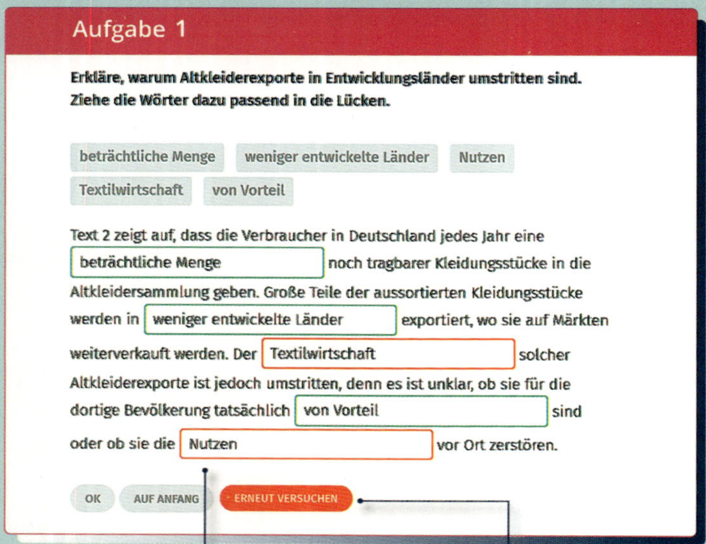

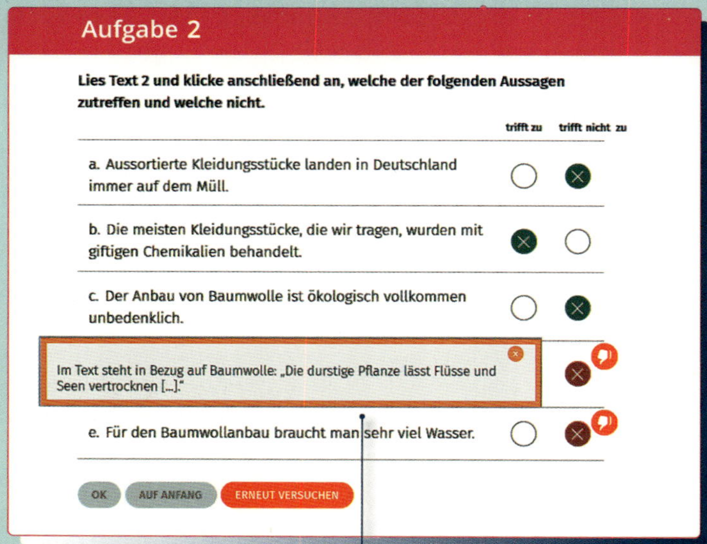

Sofortige Ergebnisauswertung

Zwei Versuche pro Aufgabe

Hilfreiche Tipps zum Lösen der Aufgaben

Digitales Glossar

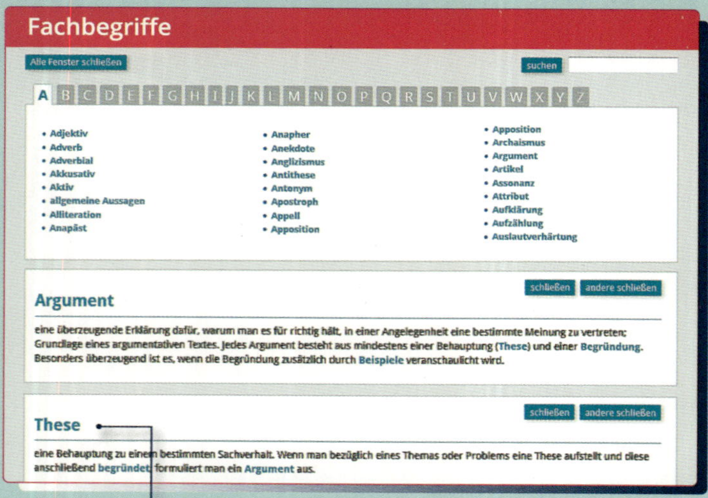

Schnelles Nachschlagen von Fachbegriffen

Flashcards

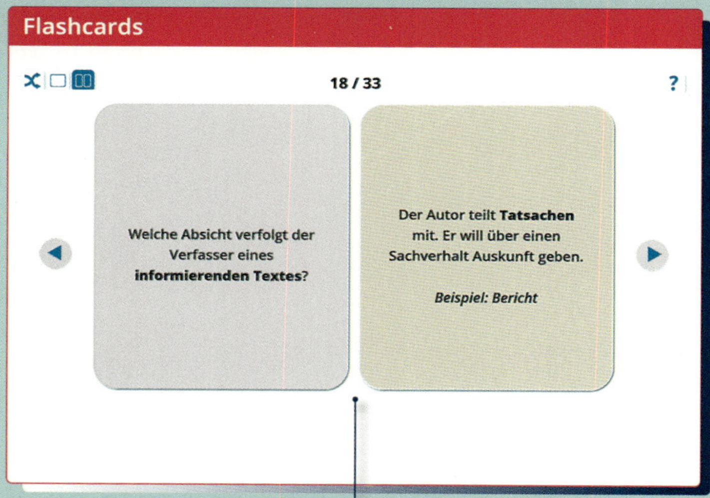

Wiederholung wichtiger Inhalte

Systemvoraussetzungen:

- Mindestens 1024×768 Pixel Bildschirmauflösung
- Chrome, Firefox oder ähnlicher Webbrowser
- Internetzugang
- Adobe Reader oder kompatibler anderer PDF-Reader

2023

Alexander Dögel

Realschule

Original-Prüfungsaufgaben
und Training

Hessen

Deutsch

STARK

Bildnachweis
S. 9: © Sebastian Czapnik/Dreamstime.com (links oben), © ullstein bild – Schöning (links unten),
© picture-alliance/dpa (rechts)
S. 23: © klick klick/Fotolia.com
S. 35: © Timothy Stone/Fotolia.com
S. 79: © bondsza/Fotolia.com
S. 89: © mipan/Fotolia.com
S. 97: © Sandrino Donnhauser/123RF.com

Zwischenblätter:
Blatt 1: STARK Verlag
Blatt 2: © Monkey Business Images/Dreamstime.com
Blatt 3: © Yuri Arcurs/Fotolia.com

ActiveBook:
Namibianerin: © Peeter Viisimaa/iStockphoto.com
Rettungsring: © Ruth Rudolph/pixelio.de
Bild zu „Brigitte B.“: © ullstein bild
Seepferdchen: © bluehand/Shutterstock.com,
Junge im Becken: © John Wollwerth/Shutterstock.com
Fußspuren: © Mopic/Shutterstock.com
Erdkugel: © Tyler Olson/Fotolia.com
Alexanderplatz: © Ph0neutria/Shutterstock.com
Reichstagskuppel: © Typhoonski/dreamstime.com
Betriebspraktikum: © wavebreakmedia/Shutterstock.com

Textnachweis ActiveBook
Engelhardt, Marc: Bargeld für alle. Berliner Zeitung, 02.12.2008
Greenpeace Berlin: Ökologischer Fußabdruck, 15.02.2015; https://greenpeace.berlin/2015/08/oekologischer-fussabdruck/
Kunert, Günter: Mann über Bord. In: Ders.: Tagträume in Berlin und andernorts. Hanser Verlag: München 1972, S. 11
Reding, Josef: Neben dem blauen Seepferdchen. In: Deutsche Kurzgeschichten II. Stuttgart: Reclam 1988
Wedekind, Frank: Brigitte B. In: Winfried Freund: Die deutsche Ballade. Theorie, Analysen, Didaktik. Schöningh Verlag: Paderborn 1978, S. 214 f.

19. ergänzte Auflage
www.stark-verlag.de

Inhalt

*Über den QR-Code kannst du **Lernvideos** zu wichtigen Rechtschreibregeln abrufen.*

Sobald die Original-Prüfungsaufgaben 2022 freigegeben sind, können sie als PDF auf der Plattform MyStark heruntergeladen werden (Zugangscode vgl. Farbseiten vorne im Buch).

Autorinnen:

Marion von der Kammer (Grund- und Merkwissen)
Susanne Falk (Grund- und Merkwissen, Übungsaufgaben)

Die Original-Prüfungsaufgaben 2017 bis 2022 wurden vom hessischen Kultusministerium erstellt.

Jeweils zu Beginn des neuen Schuljahres erscheinen die neuen Ausgaben der Original-Prüfungsaufgaben mit Lösungen.

Interaktives Prüfungstraining

ActiveBook Interaktives Training

Auf den Farbseiten vorne im Buch findest du den **Link** zur Online-Plattform *MyStark* und deinen persönlichen **Zugangscode**, mit dem du zum **ActiveBook** gelangst.

Die Symbole, die du hier am linken Rand siehst, findest du auch auf anderen Seiten im Buch. Sie zeigen dir, zu welchen Kompetenzbereichen es im ActiveBook **zusätzliche interaktive Aufgaben, Lernkarten** oder **Erklärungen (digitales Glossar**) gibt.

Interaktive Aufgaben
Aufgaben mit Tipps, Feedback und sofortiger Auswertung zu allen Bereichen der Prüfung:

Lesen

1 Sachtext: *Bargeld für alle*

2 Literarischer Text: *Mann über Bord*

3 Gedicht: *Brigitte B.*

Textproduktion

4 Erzählen
Josef Reding: Neben dem blauen Seepferdchen

5 Argumentieren
Thema: Konsumverzicht

6 Berichten
Thema: Klassenfahrt

7 Beschreiben
Thema: Betriebspraktikum

Sprachliche Richtigkeit

8 Rechtschreibung und Zeichensetzung

9 Grammatik

Flashcards
Interaktive Lernkarten zu wichtigem Merkwissen und Fehlerschwerpunkten

Digitales Glossar
Einfaches und schnelles Nachschlagen von Fachbegriffen, z. B. Textsorten, Stilmittel, Grammatik

Lernvideos

Wenn du den QR-Code mit deinem Smartphone oder Tablet scannst, kannst du Lernvideos abrufen, die dir wichtige Rechtschreibregeln erläutern.
Im Hinblick auf eine eventuelle Begrenzung deines Datenvolumens empfehlen wir, dass du dich beim Ansehen der Videos im WLAN befindest. Hast du keine Möglichkeit, den QR-Code zu scannen, findest du die Lernvideos auch unter:

http://qrcode.stark-verlag.de/rechtschreibung-deutsch

Themen der Videos:

- Großschreibung
- Nominalisierung
- Kommaregeln bei Haupt- und Nebensätzen
- Kommasetzung bei Infinitivgruppen
- Rechtschreibstrategien

Vorwort

Liebe Schülerin, lieber Schüler,

das vorliegende Buch hilft dir, dich selbstständig und effektiv auf die Abschlussprüfung an der Realschule im Fach Deutsch vorzubereiten. Wenn du es gründlich durcharbeitest, bist du für alle Anforderungen der Prüfung sicher gerüstet.

- Das erste Kapitel gibt dir einen **Überblick** über den Aufbau der Prüfung. Hier kannst du auch nachlesen, wie du deine Zeit während der Prüfung am besten einteilst.
- Im Kapitel „**Grund- und Merkwissen**" erfährst du, was von dir bei der Bearbeitung der Aufgaben in den Prüfungsteilen „**Lesen**" (Teil I) und „**Schreiben**" (Teil II) verlangt wird. Hier kannst du nachschlagen, welche **Aufgabenformate** dich erwarten und worauf du beim **Verfassen eines Textes** achten musst, damit du im Prüfungsteil „**Textproduktion**" (Teil II.A) gut abschneidest.
  Außerdem findest du eine ausführliche Darstellung der wichtigsten Regeln zur deutschen **Rechtschreibung, Zeichensetzung** und **Grammatik**. Damit kannst du dich optimal auf den Prüfungsteil „**Sprachliche Richtigkeit**" (Teil II.B) vorbereiten.
- Die anschließenden **Übungsaufgaben** sind **im Stil der Abschlussprüfung** aufgebaut. So kannst du selbstständig einüben, wie man an Prüfungsaufgaben herangeht und wie man sie erfolgreich löst.
- Am Ende des Buchs findest du die **Original-Prüfungsaufgaben** aus den Jahren **2017 bis 2021**. Die Aufgaben zeigen dir ganz genau, was dich in der Prüfung erwartet. Am besten führst du zu Hause schon einmal eine „eigene" Prüfung durch. Das hilft dir auch bei der Zeiteinteilung während der Prüfung.
- Auf der Online-Plattform *MyStark* stehen dir die **digitalen Inhalte** zum Buch zur Verfügung. Hier kannst du die **Original-Prüfungsaufgabe 2022** als PDF herunterladen und auf das **ActiveBook** zugreifen. Es bietet dir viele interaktive Aufgaben, mit denen du zusätzlich am PC oder Tablet für die Prüfung üben kannst. Sieh dir auf *MyStark* auch unsere **Lernvideos** an, um wichtige Regeln der Rechtschreibung zu wiederholen. Den Link zu *MyStark* sowie deinen persönlichen Zugangscode findest du auf den Farbseiten vorne im Buch.

Zu diesem Band gibt es ein **Lösungsbuch** im A5-Format (Best.-Nr. C06140L). Es enthält ausführliche Lösungen und wertvolle Hinweise zur Bearbeitung der Aufgaben.

Sollten nach Erscheinen dieses Buchs noch wichtige Änderungen für die Abschlussprüfung 2023 vom Kultusministerium bekannt gegeben werden, findest du aktuelle Informationen dazu ebenfalls unter *MyStark*.

Viel Spaß beim Üben und vor allem viel Erfolg in der Prüfung!

Die Abschlussprüfung im Fach Deutsch: Überblick

1 Aufbau und Auswahl der Prüfungsaufgaben

In der Prüfung werden dir **zwei verschiedene Aufgabensätze mit unterschiedlichen Texten zur Auswahl** vorgelegt. Bei diesen Texten kann es sich um Sachtexte, epische Texte oder lyrische Texte (Gedichte) handeln. Alle Kombinationen dieser **Textgattungen** sind in der Prüfung möglich, d. h., du hast die Wahl entweder zwischen

- einem Sachtext und einem Gedicht oder
- einem Sachtext und einem epischen Text oder
- einem epischen Text und einem Gedicht.

Die Aufgaben, die dir in der Abschlussprüfung gestellt werden, sind in zwei Blöcke gegliedert: „**Lesen**" (Teil I) und „**Schreiben**" (Teil II). Dabei ist der zweite Block noch einmal unterteilt in eine Wahlaufgabe zur „**Textproduktion**" (Teil II.A) sowie in Aufgaben zur „**Sprachlichen Richtigkeit**" (Teil II.B). Es ergibt sich für die Prüfung also folgender Aufbau:

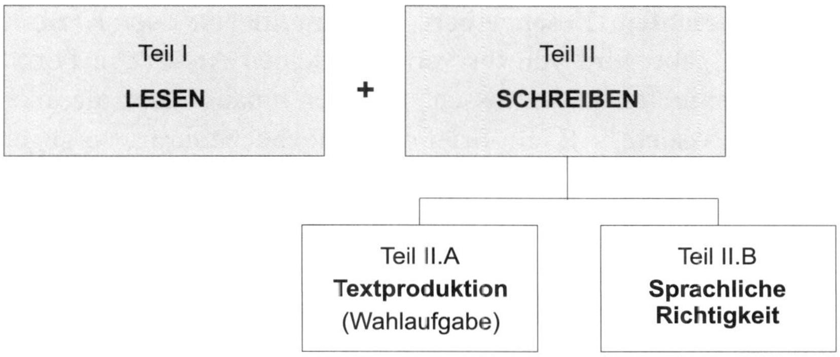

Tipp

Welche Prüfungsaufgabe wählst du aus?

Achte bei der Auswahl der Aufgabe darauf, dass

- du den gesamten **Text** verstehst,
- du die einzelnen **Arbeitsaufträge** gut durchliest und erkennst, was von dir im Einzelnen verlangt wird,
- du die Prüfungsaufgabe auswählst, bei der dich auch die **Wahlaufgaben** ansprechen und du glaubst, eine davon gut bearbeiten zu können.

Teil I – Lesen

- Die Aufgaben in diesem ersten Block beziehen sich alle unmittelbar auf den von dir ausgewählten Text.
- Es werden vor allem **geschlossene** (z. B. Multiple-Choice- und Richtig-/Falsch-Aufgaben) und **halboffene Aufgaben** (z. B. Fragen, die in Stichworten oder Teilsätzen zu beantworten sind) gestellt, aber auch **offene** Aufgaben, die kurze Erklärungen und Erläuterungen erfordern.
- Anhand der Aufgaben wird geprüft, ob du den **Inhalt des Textes** richtig verstanden hast. Außerdem kann nach **formalen Aspekten**, z. B. nach bestimmten Merkmalen der Textsorte, gefragt werden.
- Alle Aufgaben zu diesem Bereich bearbeitest du auf den Seiten des Aufgabensatzes. Die Anzahl der Schreiblinien unter den Aufgaben gibt dir einen Anhaltspunkt dafür, wie lang deine Antworten in etwa sein sollten.

Teil II.A – Schreiben: Textproduktion

- Du erhältst **zwei Wahlaufgaben**, zwischen denen du dich entscheiden musst. Eine der Wahlaufgaben ist meist direkt auf den Lesetext bezogen. Bei der anderen Aufgabe besteht nur ein thematischer Zusammenhang zum Text, und sie kann einen zusätzlichen Schreibimpuls enthalten, wie z. B. ein Zitat oder ein Bild.
- **Berichten**, **Beschreiben**, **Argumentieren** oder **Erzählen:** In der Wahlaufgabe wird von dir verlangt, deinen Aufsatz in Form einer dieser vier **Textarten** zu verfassen. Darüber hinaus kann dir auch eine bestimmte **Textsorte**, z. B. ein Brief oder Tagebucheintrag, vorgegeben werden.
- Es werden dir ein Konzept- und ein Reinschriftpapier zur Verfügung gestellt. Achte darauf, deinen Aufsatz auf das Reinschriftpapier zu schreiben.

Teil II.B – Schreiben: Sprachliche Richtigkeit

- Die Aufgaben im Bereich „Sprachliche Richtigkeit“ sind vollständig vom Lesetext abgekoppelt; sie sind in beiden Aufgabensätzen gleich.
- Wie im Prüfungsblock „Lesen“ trägst du deine Lösungen direkt auf den Seiten des Aufgabensatzes ein.
- In diesem Prüfungsteil werden dir **geschlossene Aufgaben** gestellt, das heißt z. B. Multiple-Choice-Aufgaben, Zuordnungsaufgaben, Korrekturaufgaben zu falschen Schreibweisen oder Einsetzaufgaben, wie z. B. Lückentexte.
- Es geht hier darum zu zeigen, dass du die deutsche **Rechtschreibung, Zeichensetzung** und **Grammatik** beherrschst, die entsprechenden **Regeln** kennst und sie anwenden kannst. Zum Beispiel kann von dir verlangt werden, dass du in einem fehlerhaften Text Korrekturen vornimmst oder dass du den Gebrauch bestimmter Kommas begründen kannst.

2 Zeiteinteilung und Bewertung

Vorbereitung

Nachdem die Prüfungsaufgaben verteilt wurden, hast du zunächst **15 Minuten** Zeit, dir die Texte und die Arbeitsaufträge anzusehen und dir einen ersten Eindruck zu verschaffen. In den anschließenden **15 Minuten** können allgemeine Fragen gestellt werden.

Tipp

> Scheue dich nicht **nachzufragen**, wenn dir bestimmte Begriffe in den Aufgabenstellungen nicht bekannt sind. Eventuell habt ihr sie im Unterricht nicht besprochen. In diesem Fall ist die Lehrkraft verpflichtet, dir zu erklären, was mit dem Begriff gemeint ist.

Bearbeitung

Erst wenn alle Fragen geklärt sind, darfst du mit der Bearbeitung der Aufgaben beginnen. Die gesamte **Bearbeitungszeit** beträgt **180 Minuten.**
Für die **Auswahl der Texte** hast du nun **30 Minuten** Zeit. Das heißt, du kannst dir jeden Text sowie die zugehörigen Arbeitsaufträge in Ruhe durchlesen und dich dann für einen der Texte entscheiden. Nach diesen 30 Minuten gibst du den Aufgabensatz ab, den du nicht bearbeiten möchtest. Für die Beantwortung der Aufgaben bleiben dir insgesamt **150 Minuten**.

Besonders **viel Zeit** musst du für die **Wahlaufgabe** reservieren, weil du hier einen eigenen kleinen **Aufsatz** schreiben sollst. Mache dir bewusst, dass du schon für die vorbereitenden Arbeitsschritte (Arbeitsplan, Gliederung) einiges an Zeit benötigen wirst.
Ganz wichtig: Plane für die anschließende Überarbeitung deines Textes (**Stil, Grammatik, Rechtschreibung, Ausdruck**) genug Zeit ein! Am besten versuchst du, deinen Text innerlich laut zu lesen; dann merkst du, wo dir eine Formulierung noch nicht so gut gelungen ist.

Abschluss

Wenn die Bearbeitungszeit um ist, hast du noch kurz Zeit, die Wörter deines Aufsatzes zur Wahlaufgabe zu zählen und die **Wörterzahl** unten auf dem Reinschriftpapier zu vermerken.

Punkteverteilung

Du kannst in der Abschlussprüfung **maximal 100 Punkte** erreichen. Die einzelnen Aufgabenbereiche werden dabei folgendermaßen **gewichtet:**
40 Punkte erhältst du, wenn du in **Teil I – Lesen** alles richtig gelöst hast. (Die Sprachrichtigkeit deiner Antworten wird in diesem Teil nicht bewertet.)
Ebenfalls 40 Punkte kannst du in **Teil II.A – Textproduktion** erreichen. Dabei werden Inhalt, Aufbau und Form deines Textes bewertet (60 %), die Sprachangemessenheit, d. h. Ausdruck und Stil des Aufsatzes (30 %), sowie die Sprachrichtigkeit, also wie fehlerfrei dein Text geschrieben ist (10 %).
Die übrigen **20 Punkte** entfallen auf den **Teil II.B – Sprachliche Richtigkeit**.

Tipp

> Achte bei jeder **Teilaufgabe** darauf, mit wie viel Punkten sie im Einzelfall bewertet wird. Daran kannst du erkennen, welche Bedeutung die Teilaufgabe für dein Prüfungsergebnis hat und wie umfangreich deine Antwort sein sollte.

Die Abschlussprüfung: Grund- und Merkwissen

Prüfungsteil I: Lesen

1 Den Leseprozess steuern

Flashcards: Wichtiges wiederholen

Gewöhne dir an, einen Text mindestens dreimal zu lesen, ehe du beginnst, die Aufgaben zu bearbeiten. Keine Angst: Was dir wie Zeitverschwendung erscheinen mag, ist in Wirklichkeit Zeitersparnis! Denn die Zeit, die du bei den ersten drei Lesedurchgängen investierst, sparst du später beim Lösen der Aufgaben. Hinzu kommt, dass du einen Text besonders gut verstehen kannst, wenn du so vorgehst.

Schritt für Schritt

Texte richtig lesen

1. **Überfliege** den Text. Lies ihn zügig durch. Es macht nichts, wenn du nicht alles verstehst. Versuche nur, Antworten auf die folgenden Fragen zu finden:
   - Um was für eine Art von Text handelt es sich? Bestimme die **Textsorte**. (Eine Übersicht über die wichtigsten Textsorten findest du auf S. 16 f., S. 20 f. und 25). Wenn du unsicher bist, verwendest du einfach die Bezeichnung „Text".
   - Worum geht es in dem Text? Bestimme das **Thema** und, soweit möglich, Ort, Zeit, beteiligte Personen und das dargestellte Geschehen.

   Am besten hältst du die Antworten auf diese Fragen gleich stichwortartig fest.
2. **Lies** den Text ganz **genau**.
   - Markiere Textstellen, die dir bedeutsam erscheinen. Dabei kann es sich um Textstellen handeln, die eine wichtige Information zum Thema enthalten, oder solche, die du nicht auf Anhieb verstehst und über die du später noch einmal nachdenken möchtest.
   - Notiere am Rand, warum du diese Textstellen markiert hast: Halte mit wenigen **Stichworten** fest, worum es dort geht. Auf diese Weise findest du bestimmte Inhalte schnell wieder.
   - Textstellen, die dir besonders wichtig erscheinen, kennzeichnest du zusätzlich mit **!**, Textstellen, deren Sinn dir noch unklar erscheint, mit **?**.
3. Lies dir die **Aufgaben** zum Text genau durch.
4. **Lies** den Text **selektiv**, d. h. mit Blick auf die Aufgaben. Achte gezielt auf die gesuchten Informationen und markiere sie entsprechend.

Der erste Lesedurchgang fällt in der Prüfung in die **Phase der Textauswahl**. Lies beide Prüfungstexte zügig durch und mache dir wie beschrieben Stichpunkte (Schritt 1). Auf diese Weise wird es dir nicht schwerfallen, dich rasch für einen der Prüfungstexte zu entscheiden. Gründlich (Schritt 2) und selektiv (Schritt 4) liest du im Anschluss nur den Text, den du ausgewählt hast.

Tipp

Oft kannst du den **Sinn** einer dir unklar erscheinenden Textstelle **klären**, indem du in ihrem **Kontext**, also kurz davor und danach, nach **„Nahtstellen"** suchst. Es gibt keine Textstelle, die völlig isoliert im Text steht. Suche nach **„Verbindungswörtern"**, und zwar zwischen Wörtern **und** Sätzen.

2 Leseaufgaben lösen

In der Prüfung werden dir verschiedene Aufgabenarten zum Leseverstehen vorgelegt: **geschlossene, halboffene** und **offene** Aufgaben. Mit diesen soll festgestellt werden, ob du die **Sinnzusammenhänge** in einem Text verstanden hast. Außer auf den **Textinhalt** können sich die Leseaufgaben auch auf die **Textsorte**, den **formalen Aufbau** oder die **Verfasserabsicht** beziehen.

- **Geschlossene** Aufgaben sind so gestellt, dass es auf eine Frage jeweils nur **eine einzige richtige Antwort** gibt.
- Bei **halboffenen** Aufgaben hast du beim Lösen einen gewissen **Spielraum**. Du musst z. B. Textbelege anführen oder Textinformationen in Stichpunkten nennen.
- Bei **offenen** Aufgaben sollst du mit eigenen Worten einen kurzen Text verfassen. Du musst z. B. einen Sachverhalt erklären, etwas begründen oder Zusammenhänge erläutern.

Schritt für Schritt

Aufgaben zum Leseverstehen lösen

1. Zur Vorbereitung:
   - **Lies** den Text wie in Kapitel 1 beschrieben einmal überfliegend und ein- bis zweimal gründlich durch.
   - Lies dir **alle Aufgaben** zum Leseverstehen am Stück durch, damit du weißt, worauf du beim selektiven Lesen achten musst. Lies den Text dann selektiv.
2. Bearbeite die **Aufgaben:**
   - Lies nun **jede einzelne Aufgabe ganz genau**. Erst wenn du hundertprozentig verstanden hast, wonach gefragt wird, kannst du die passende Antwort finden.
   - **Beantworte** die Aufgabe nun mit Blick auf den Text und deine Markierungen. Deine Antwort muss sowohl zur Aufgabenstellung als auch zum Text passen.
   - Halte dich beim Lösen der Aufgaben an die gegebene **Reihenfolge**. Die ersten Fragen – meist geschlossene Aufgaben – bereiten dich normalerweise schon auf die schwierigeren Aufgaben am Schluss vor.
3. Arbeite **mit dem Text:**
   - Suche die richtige **Lösung** immer **im Text**. Spekuliere nicht!
   - Bedenke aber: Nicht jede Antwort steht wortwörtlich im Text. Suche dann nach einer Aussage, die **sinngemäß** zur Frage passt.
   - Manchmal musst du für die Lösung auch **mehrere Informationen** aus dem Text miteinander **kombinieren**.

2.1 Geschlossene Aufgaben lösen

Bei geschlossenen Aufgaben steht die Antwort **immer** im Text. Stelle dir bei jeder Aussage, die du z. B. ankreuzt, die Frage: *Wo steht das im Text?*

Tipp

> Sollte **am Schluss** noch eine ungelöste Aufgabe übrig bleiben, dann **sei mutig:** Kreuze die Aussage an, die dir am wahrscheinlichsten vorkommt. (Für eine falsch gelöste Aufgabe gibt es zwar null Punkte – für eine ungelöste Aufgabe aber auch!)

Es gibt verschiedene Arten von geschlossenen Aufgaben:

Multiple-Choice-Aufgaben (auch: Mehrfachwahlaufgaben)

Zu einer Frage gibt es mehrere Auswahlantworten (meist vier), von denen die richtige angekreuzt werden muss.

Beispiel

Warum solltest du mutig sein, wenn eine Aufgabe am Schluss noch ungelöst geblieben ist? Kreuze die passende Aussage an.

- ☐ Man darf keine Aufgabe ungelöst lassen.
- ☐ Es ist egal, ob die Lösung stimmt oder nicht.
- ☒ Vielleicht kreuzt man zufällig die richtige Aussage an.
- ☐ Ungelöste Aufgaben machen einen schlechten Eindruck.

Es kann auch vorkommen, dass mit einer Multiple-Choice-Aufgabe gezielt nach einer **Falschaussage** gefragt wird. Oft ist das Wort, das eine Verneinung ausdrückt, in der Aufgabe fett gedruckt.

Beispiel

Was ist das Besondere an Multiple-Choice-Aufgaben?
Kreuze die Aussage an, die **nicht** zutrifft.

- ☐ Nur eine einzige Antwort kommt für die Lösung infrage.
- ☐ Man muss die richtige Lösung ankreuzen.
- ☒ Es gibt für die Lösung mehrere Möglichkeiten.
- ☐ Es werden mehrere Auswahlantworten vorgegeben.

Tipp

> Gehe nach dem **Ausschlussverfahren** vor, wenn du beim Lösen einer Multiple-Choice-Aufgabe unsicher bist: Überlege, welche Antworten auf keinen Fall infrage kommen, und sondere sie aus. Von den verbliebenen Auswahlantworten wählst du die aus, die dir am plausibelsten erscheint.

Richtig-/Falsch-Aufgaben

Zu einem Text werden mehrere Aussagen präsentiert. Jede Aussage ist auf ihre Richtigkeit hin zu überprüfen: Passt sie zum Text – oder nicht? Entsprechend muss jeweils angekreuzt werden.

Beispiel

Wie sollte man beim Lösen von geschlossenen Aufgaben vorgehen? Kreuze an.

Man sollte …	richtig	falsch
jede Aufgabe ganz genau lesen.	☒	☐
im Text nach der passenden Information suchen.	☒	☐
sich vor allem an seinem Erfahrungswissen orientieren.	☐	☒
nur Aussagen ankreuzen, die wortwörtlich im Text stehen.	☐	☒
sich möglichst an die gegebene Reihenfolge halten.	☒	☐

Tipp

Sorge dafür, dass deine **Lösungen eindeutig** sind. Falls du versehentlich eine falsche Aussage angekreuzt hast, streichst du das Kreuz durch. Die richtige Lösung kannst du zusätzlich mit einem entsprechenden Vermerk versehen, z. B. so: *richtige Lösung* → ☒.

Umordnungsaufgaben

Du erhältst einige ungeordnete Aussagen zum Text. Deine Aufgabe ist es, sie in die richtige Reihenfolge zu bringen. In der Regel sollst du die Aussagen nummerieren. Am besten überfliegst du den Text noch einmal. Überlege dir zu jedem Abschnitt mögliche Zwischenüberschriften: *Worum geht es hier?* Ordne die Zwischenüberschriften den einzelnen Aussagen zu.

Beispiel

Die Erläuterungen zu den Aufgaben, mit denen die Lesekompetenz geprüft wird (S. 6 ff.), geben Antworten auf verschiedene Fragen. In welcher Reihenfolge werden diese Fragen im Text beantwortet? Nummeriere sie entsprechend von 1 bis 4.

Frage	Nummer
Welche Arten von Aufgaben gibt es, um die Lesekompetenz zu testen?	1
Wie können Beispiele für geschlossene Aufgaben aussehen?	4
Was soll anhand von Leseaufgaben geprüft werden?	2
Wie solltest du beim Lösen von geschlossenen Aufgaben vorgehen?	3

Zuordnungsaufgaben

Es werden bestimmte Aussagen zu einem Text vorgegeben. Zugleich werden einige Bezugsgrößen genannt, z. B. Namen von Personen. Bei jeder Aussage ist zu prüfen, auf was oder wen sie sich bezieht.
Suche nach Textstellen, in denen die Bezugsgrößen (z. B. Namen) genannt werden. Im Umfeld dieser Textstellen findest du meist die passende Aussage. Bedenke aber, dass der Wortlaut der gesuchten Aussagen in der Aufgabe anders ausfallen kann als im Text.

Beispiel Worauf beziehen sich die folgenden Aussagen?
Ordne jeder Aussage den passenden Aufgabentyp zu.

A Multiple-Choice-Aufgaben
B Richtig-/Falsch-Aufgaben
C Umordnungsaufgaben
D Zuordnungsaufgaben

Aussage	Buchstabe
Man muss bei jeder Aussage prüfen, ob sie zum Text passt oder nicht.	B
Man muss ungeordnet vorliegende Aussagen zum Text ordnen.	C
Man muss von mehreren Auswahlantworten die passende ankreuzen.	A
Man erhält verschiedene Aussagen zum Text und trägt ein, worauf sie sich beziehen.	D

2.2 Halboffene und offene Aufgaben lösen

Bei halboffenen und offenen Aufgaben werden keine Auswahlantworten vorgegeben. Du sollst hier **Antworten mit eigenen Worten** zum Ausdruck bringen. Beim Lösen von halboffenen und offenen Aufgaben hast du deshalb eine gewisse **Freiheit**. Ebenso wie bei den geschlossenen Aufgaben gilt aber auch hier: Arbeite mit dem **Text**. Beziehe dich bei deinen Antworten auf passende Textstellen, um nachzuweisen, dass deine Lösungen richtig sind.
Während beim Lösen von **halboffenen Aufgaben** in der Regel Stichpunkte, Teilsätze oder einzelne Sätze ausreichen, verlangen **offene Fragen** nach einer ausführlicheren Antwort. Bei diesen Aufgaben wird erwartet, dass du einen kleinen, aber vollständigen und zusammenhängenden Text schreibst.

Tipp

Achte auf die **Form** deiner Antworten:

- Antworte immer in **vollständigen Sätzen**. Das macht einen besseren Eindruck und du vermeidest Unklarheiten und Missverständnisse. Stichwortartige Antworten schreibst du nur, wenn das ausdrücklich verlangt wird.
- Bezüglich der **Länge** der Antworten orientierst du dich am besten an der Anzahl der vorgegebenen Linien. Gehe davon aus, dass du die Linien möglichst füllen sollst. Wenn nur eine Linie vorgegeben ist, genügen acht bis zehn Wörter. Bei fünf Linien schreibst du etwa 40 bis 50 Wörter.

Es gibt verschiedene Arten von halboffenen Aufgaben:

Lückentexte vervollständigen

Lückentexte sind eine mögliche Aufgabenform, mit der dein Textverständnis überprüft werden kann. Es könnte dir z. B. eine kurze Inhaltsangabe des Textes vorgelegt werden, in der entscheidende Informationen fehlen. Diese Lücken musst du mithilfe deiner Textkenntnisse füllen.

Beispiel

Wie sollte man beim Lösen von Lückentexten vorgehen?
Gib in jeder Lücke die fehlende Information an.

Man sollte jeden Satz *ganz genau* lesen und *im Text* nach der passenden Information suchen.

Tipp

Achte auch hier auf die **Länge der Linien** bzw. die **Größe der Lücken:** Sie geben dir in der Regel einen Hinweis darauf, wie kurz oder lang die gesuchte Information ist.

Informationen nennen oder gegenüberstellen

Ziel dieser Aufgaben ist es, dass du bestimmte Informationen aus dem Text filterst und (meist in Stichpunkten) aufschreibst.

Beispiel

Nenne zwei Vorteile von geschlossenen Aufgaben.

- *nur eine richtige Antwort*
- *Ausschlussverfahren möglich*

Aussagen zum Text belegen

Es kann in einer Aufgabenstellung verlangt werden, eine bestimmte Aussage anhand von Textbeispielen zu belegen. Wenn es nicht ausdrücklich in der Aufgabenstellung steht, musst du die Textstellen nicht als Zitate wiedergeben. Es genügt, wenn du den Inhalt in Stichworten oder kurzen Sätzen aufschreibst.
Wenn aber der Arbeitsauftrag „zitiere" lautet, musst du die Textstellen wortwörtlich wiedergeben. Denke dabei daran, Anführungszeichen zu setzen und dahinter in Klammern die Zeilenangaben zu nennen (vgl. zum richtigen Zitieren S. 50).

Beispiel *„Ohne geeignete Beispiele sind die Erläuterungen zu den Leseaufgaben schwer zu verstehen."*
Belege diese Aussage anhand von drei Textbeispielen.

Tipp Achte ganz genau auf die Aufgabenstellung. In der Regel wird angegeben, wie viele Belege du anführen musst, um die volle Punktzahl zu erhalten.

Offene Aufgaben zum Leseverstehen könnten so aussehen:

Textinhalte erklären oder erläutern

Du sollst z. B. erklären, was eine bestimmte Textstelle bedeutet, d. h., du musst mit eigenen Worten ausdrücken, was damit im Textzusammenhang gemeint ist. Verwende für deine Erklärungen wirklich eigene Worte! Benutze möglichst keine Formulierungen, die du im Text findest.

Beispiel Es heißt, beim Lösen von halboffenen Aufgaben gebe es einen gewissen Spielraum. Erkläre, was das bedeutet.

Anders als bei geschlossenen Aufgaben gibt es nicht nur eine richtige Antwort und es wird nicht erwartet, dass man ganz bestimmte Formulierungen verwendet. Die Antwort muss nur vom Sinn her stimmen.

Der Arbeitsauftrag „erläutern" geht noch einen Schritt über das „Erklären" hinaus. Es wird von dir erwartet, dass du einen Sachverhalt umfassend, meist anhand von Beispielen, darstellen kannst. Wenn Beispiele verlangt werden, wird darauf in der Aufgabenstellung explizit hingewiesen.

Beispiel Erläutere an drei Beispielen, welche Aufgabenarten zum Leseverstehen in der Prüfung gestellt werden können.

In der Prüfung können geschlossene, halboffene und offene Aufgaben gestellt werden. Geschlossene Aufgaben sind zum Beispiel Multiple-Choice-Aufgaben. Hier gibt es in der Regel eine richtige Antwort, die man ankreuzen muss. Bei halboffenen Aufgaben muss man zum Beispiel bestimmte Textinformationen heraussuchen und in Stichpunkten aufschreiben. Offene Aufgaben erfordern einen kurzen, zusammenhängenden Text als Antwort. Man muss beispielsweise Sachverhalte aus dem Prüfungstext erklären oder mithilfe von Beispielen erläutern können.

Aussagen zum Text bewerten

Dir wird eine Aussage zum Text vorgegeben, häufig ein Leserkommentar (z. B. einer Schülerin/eines Schülers), zu dem du Stellung nehmen sollst. Deine Aufgabe ist es, zu sagen, ob du dieser Aussage zustimmst oder nicht. Deine Einschätzung solltest du anschließend ausreichend begründen. Beziehe dich in deiner Begründung auf den Text und belege sie gegebenenfalls mit einem Zitat oder Zeilenverweis.

Beispiel

Nachdem die Schülerin Jessica die Erläuterungen zu den halboffenen Aufgaben gelesen hatte, entfuhr ihr folgende Äußerung:

„Was sollen diese ganzen Erklärungen und Hinweise? Man könnte uns doch gleich einen richtigen Text geben und dazu ein paar passende Aufgaben stellen!“

Nimm Stellung zu Jessicas Äußerung. Begründe deine Meinung.

Jessica hat natürlich nicht ganz unrecht. Man könnte tatsächlich gleich ein paar Aufgaben zu einem Text bekommen. Allerdings erhält man durch den Erläuterungstext wichtige Hinweise und auch nützliche Tipps. So kann man beim Lesen des Textes und beim Lösen der Aufgaben gezielter vorgehen. Ich glaube deshalb, dass die Erklärungen und Hinweise für uns Schülerinnen und Schüler doch sehr hilfreich sind.

2.3 Arbeitsanweisungen (Operatoren) im Überblick

Es gibt viele **Verben**, um zu sagen, dass jemand etwas mit Worten zum Ausdruck bringt. In der Prüfung wirst du **in der Aufgabenstellung** mit diesen Verben aufgefordert, dich in einer bestimmten Art und Weise (zu einem Text) zu äußern. Deshalb ist es wichtig, dass du die Bedeutungen der einzelnen Verben unterscheiden kannst, damit du immer genau weißt, **was von dir erwartet wird**.

Geschlossene Aufgaben

Bei Aufgaben mit diesen Anweisungen gibt es normalerweise nur genau eine richtige Antwort.

angeben: eine Zahl, einen Begriff, eine Seiten- oder Zeilennummer notieren
Beispiel: *Finde jeweils eine passende Textstelle und gib die Zeile an.*

ankreuzen: ein Kreuz setzen (vor allem bei Multiple-Choice-Aufgaben)
Beispiel: *Kreuze die richtige Antwort an.*

nummerieren: Inhalte nach einem vorgegebenen Kriterium (z. B. zeitliche Reihenfolge, Erzählverlauf) ordnen und entsprechend mit Zahlen versehen
Beispiel: *Nummeriere die Tätigkeiten des Mannes entsprechend dem Handlungsverlauf von 1 bis 7.*

zuordnen: Inhalte (z. B. Textsortenmerkmale, sprachliche Mittel, Überschriften) einem passenden Gegenstück oder Beispiel zuweisen, meist mithilfe von Buchstaben oder Zahlen
Beispiel: *Ordne den Textstellen die passenden sprachlichen Mittel zu., Ordne jedem Textabschnitt eine passende Überschrift zu.*

Halboffene Aufgaben

In Aufgaben mit diesen Anweisungen findest du meist einen Hinweis darauf, wie umfangreich deine Antwort sein soll, also wie viele richtige Angaben für die volle Punktzahl benötigt werden.

belegen: eine Angabe oder Aussage absichern bzw. beweisen, z. B. mithilfe von Textstellen (Zitat, Verweis auf Inhalte) oder Fundstellen (Seiten-, Zeilenangabe)
Beispiel: *Belege die Aussage anhand von drei Textbeispielen., Belege diese Auffassung an einem Textbeispiel (Zeilenangabe genügt).*

gegenüberstellen: Textinhalte miteinander vergleichen; in der Regel genügen Stichpunkte oder Teilsätze, Zeilenangaben sind nicht erforderlich
Beispiel: *Stelle die unterschiedlichen Reaktionen der beiden Hauptfiguren einander gegenüber., Stelle den Ratschlägen des Autors die des Experten gegenüber.*

nennen: einzelne Informationen knapp und ohne Erläuterung anführen; in der Regel genügen Stichpunkte, Zeilenangaben sind nicht erforderlich
Beispiel: *Nenne drei Merkmale einer Kurzgeschichte, die im Text zu finden sind., Nenne vier dieser Faktoren (Stichpunkte genügen).*

zitieren: eine Aussage durch die exakte Wiedergabe einer Textstelle absichern bzw. beweisen, dabei den genauen Wortlaut in Anführungszeichen setzen und die Zeile angeben (sonst gibt es Punktabzug!)
Beispiel: *Zitiere einen Satz, der die Kritik ausdrückt., Zitiere drei Beispiele aus dem Text, die diese Reaktion zeigen.*

Offene Aufgaben

Bei Aufgaben mit diesen Anweisungen schreibst du einen kurzen Text. Dabei solltest du unbedingt darauf achten, nicht aus der Textvorlage abzuschreiben, sondern deine Gedanken in eigenen Worten zu formulieren. Wenn Beispiele verlangt werden, findest du in der Aufgabe normalerweise einen Hinweis darauf, wie viele erforderlich sind.

begründen: Gründe für etwas anführen, also Zusammenhänge zwischen Ursachen und Auswirkungen herstellen
Beispiel: *Begründe anhand des Textes, weshalb sich die Hoffnung des Vaters nicht bestätigt., Begründe, welche der drei Aussagen deiner Meinung nach am besten passt.*

darstellen: einen Sachverhalt erschließen und zusammenhängend wiedergeben
Beispiel: *Stelle die unterschiedlichen Einstellungen der Personen dar.*

erklären: Zusammenhänge (Ursachen, Gründe usw.) erkennen und ausführlich darstellen
Beispiel: *Erkläre diese Behauptung mithilfe von zwei Textbeispielen., Erkläre, woran man diese Haltung des Autors erkennen kann.*

erläutern: Inhalte oder Aussagen nachvollziehbar machen, Sachverhalte umfassend darstellen
Beispiel: *Erläutere diese Haltung des Autors., Erläutere anhand von zwei Textbeispielen, warum die Personen dem Staat gegenüber kritisch eingestellt sind.*

herausarbeiten: Sachverhalte aus dem Zusammenhang isolieren und auf den Punkt gebracht darstellen
Beispiel: *Arbeite heraus, wie die Mutter ihre Ablehnung signalisiert., Arbeite die vier größten Kritikpunkte der Autorin heraus.*

Interaktive Aufgaben: Sachtext

3 Sachtexte verstehen

Sachtexte befassen sich mit Dingen, die es tatsächlich gibt (oder gab oder geben wird). Sie teilen vor allem **Fakten** mit. Das heißt aber nicht automatisch, dass Sachtexte immer wahr sein müssen. Schließlich kann sich der Verfasser oder die Verfasserin auch einmal irren, z. B. weil die eigenen Kenntnisse oder Beobachtungen nicht ausreichen.

Bestimmte **Elemente** finden sich in praktisch jedem Sachtext wieder. Wenn du diese Elemente erkennst, hilft dir das, den Aufbau und Inhalt des Textes besser zu verstehen.

Achte daher beim Lesen eines **Sachtextes** immer auf:

- **Schlüsselwörter:** Sie fallen besonders auf – entweder, weil sie mehrmals wiederholt werden, oder, weil sie einer anderen Sprachebene angehören als die übrigen Wörter im Text (z. B. ein Wort aus der Umgangssprache in einem Text, der sonst in der Standardsprache verfasst ist). Oft handelt es sich auch um Fremdwörter oder Fachbegriffe.
- **Sinnabschnitte:** So bezeichnet man eine Gruppe von Textaussagen, die sich mit einem bestimmten (Unter-)Thema befassen. Oft – aber nicht immer – entspricht ein Sinnabschnitt einem Absatz im Text. Es gibt bei einem Text keine festgelegte Anzahl von Sinnabschnitten. Deshalb hast du beim Untergliedern in Sinnabschnitte gewisse Freiheiten.
- **Allgemeine Aussagen:** Sie sind die entscheidenden Aussagen im Text und vermitteln die wesentlichen Informationen. Allgemeine Aussagen beziehen sich immer auf einen Sachverhalt, der grundsätzlich gilt oder der als Verallgemeinerung zu verstehen ist. Sie stehen im Plural oder enthalten Wörter, die auf andere Weise eine Verallgemeinerung ausdrücken (z. B. das Pronomen *man*).
- **Beispiele:** Sie sind – im Gegensatz zu allgemeinen Aussagen – konkrete Einzelfälle und dienen dazu, allgemeine Aussagen zu veranschaulichen, liefern aber keine neue Information.

3.1 Die Absicht hinter dem Text erkennen

Es gibt verschiedene Arten von Sachtexten. Man unterscheidet sie vor allem danach, welche **Absicht** (Intention) die Verfasserin oder der Verfasser verfolgt: Z. B. kann es das Ziel eines Textes sein, die Leser*innen von der eigenen Meinung zu überzeugen. Es ist deshalb wichtig, dass du bei einem Sachtext erkennst, ob die Darstellung **neutral oder subjektiv** ist. Stelle dir beim Lesen die Frage: *Was will der Text von mir?* Die Absichten können auch „versteckt“ sein. Eine persönliche Meinung kann z. B. **indirekt** zum Ausdruck gebracht werden, etwa durch die Wortwahl. Orientiere dich deshalb auch an der **Ausdrucksweise**.

Man unterscheidet Sachtexte nach der zugrunde liegenden Absicht:

- **Informierende Texte:** Der Text soll über einen Sachverhalt **informieren.** Es werden Tatsachen mitgeteilt.
  z. B. ein Bericht über ein Ereignis, ein wissenschaftlicher Aufsatz
- **Kommentierende Texte:** Die Person, die den Text verfasst, will einen Sachverhalt **kommentieren**. Sie äußert ihre Meinung zu einem Ereignis oder einer Entwicklung.
  z. B. ein Kommentar zu einer Abstimmung im Bundestag
- **Appellierende Texte:** Die Verfasserin/der Verfasser will an die Leser*innen **appellieren**. Sie sollen dazu bewegt werden, etwas Bestimmtes zu denken oder zu tun.
  z. B. Werbetexte, Reden über politische Programme
- **Instruierende Texte:** Der Text dient dazu, die Leser*innen zu **instruieren**. Das bedeutet, dass der Text Anweisungen enthält, die dabei helfen, eine bestimmte Handlung auszuführen.
  z. B. eine Bedienungsanleitung, Kochrezepte

Oft ist es auch das Ziel eines Textes, zu **unterhalten**. Man soll beim Lesen Vergnügen empfinden. Allerdings ist die Unterhaltungsfunktion bei einem Sachtext immer zweitrangig.

Tipp

> Wenn du bei einem Text bezüglich der Intention unsicher bist, liegt das wahrscheinlich daran, dass die Verfasserin oder der Verfasser **mehrere Absichten** verfolgt. Überlege dann, worum es hauptsächlich geht. Frage dich z. B.: *Ist es in erster Linie das Ziel des Textes, dass ich die Meinung der Verfasserin/des Verfassers nachvollziehen kann?* Dann wäre es ein kommentierender Text. *Oder soll ich dazu veranlasst werden, diese Meinung zu übernehmen?* Dann wäre der Text appellierend.

Digitales Glossar: Begriffe nachschlagen

3.2 Textsorten unterscheiden

Bei vielen Sachtexten, die uns im Alltag begegnen, handelt es sich um Zeitungstexte. Sie informieren über wichtige Ereignisse, die kurz zuvor passiert sind, und veranlassen die Leser*innen, sich zu den Geschehnissen eine eigene Meinung zu bilden.
Es erleichtert dir das Verständnis, wenn du die **Merkmale** der einzelnen Textsorten kennst. Am häufigsten kommen diese Zeitungstexte vor:

Bericht
Er informiert sachlich und neutral über wichtige aktuelle Ereignisse. Berichte sind meist so aufgebaut: Zuerst werden die W-Fragen beantwortet: **Was** ist geschehen? **Wer** ist betroffen? **Wo** ist es geschehen? **Wann** ist es geschehen? Evtl. wird auch gleich am Anfang etwas über die Folgen gesagt. Erst danach wird der Ablauf genauer ausgeführt: **Wie** ist es geschehen? **Warum** ist es passiert? Berichte sind in der Regel im Präteritum verfasst.

Reportage
Sie informiert ausführlich, anschaulich und unterhaltsam über ein Thema. Der Einstieg erfolgt oft mithilfe einer „Nahaufnahme“; davon ausgehend wird dann Grundlegendes dargestellt (z. B. über eine bestimmte Situation). In einer Reportage gibt es sowohl konkrete Beispiele als auch allgemeine Informationen zu einem Sachverhalt. Reportagen sind in der Regel im Präsens verfasst, denn das wirkt anschaulich, so, als sei die Verfasserin/der Verfasser direkt vor Ort. Typisch ist auch der häufige Einsatz von direkter und indirekter Rede.

Interview
Es gibt den Ablauf eines Gesprächs in Form eines Dialogs wieder: Eine Person (meist ein Journalist oder eine Journalistin) stellt einer anderen Person Fragen, und diese antwortet darauf. Sowohl die Fragen als auch die Antworten werden abgedruckt. Das Interview lebt davon, dass die Äußerungen der Befragten spontan und echt wirken, umgangssprachliche Äußerungen werden daher nicht „geglättet“.

Kommentar
Er ist eine Art Stellungnahme: Die Person, die ihn verfasst, äußert darin ihre Meinung über ein aktuelles Ereignis oder eine aktuelle Entwicklung. Die Meinung kann positiv (befürwortend) oder negativ (kritisch) ausfallen; gelegentlich wird auch Ratlosigkeit zum Ausdruck gebracht. In der Regel wird zu Beginn kurz auf das Ereignis Bezug genommen, das kommentiert werden soll. Danach erläutert die Verfasserin/der Verfasser, was sie/er davon hält. Kommentare sind überwiegend im Präsens verfasst. Die Darstellung ist sachlich, aber nicht neutral. (Es wird ja eine bestimmte Meinung vertreten!)

Leserbrief
Leserbriefe sind Zuschriften von Leserinnen und Lesern an Zeitungen oder Zeitschriften. Sie äußern sich darin zu einem Zeitungsartikel, berichtigen, ergänzen, loben oder kritisieren ihn. Manchmal enthalten Leserbriefe auch neue Anregungen, Lösungsvorschläge oder Hinweise auf weitere Probleme. Sprache und Stil des Leserbriefs können entweder sachlich oder aber subjektiv sein. Zeitungen behalten sich oft Kürzungen vor. Der Abdruck eines Leserbriefs kann Anlass oder Bestandteil einer öffentlichen Leserdiskussion sein.

Glosse
Sie ist eine Art humorvoller Kommentar, mit dem auf witzige Weise Kritik an einem Ereignis oder einer Entwicklung geübt wird. Eine Glosse lebt von der ironischen Darstellung (vgl. zur Ironie: S. 29). Häufig wird darin auch Umgangssprache verwendet. Glossen sind – wie Kommentare – meist im Präsens und (bei Vorzeitigkeit) im Perfekt verfasst.

4 Literarische Texte verstehen

Man unterscheidet drei Arten von literarischen Texten: **Epische, lyrische** und **dramatische Texte**. (In der Abschlussarbeit spielen Dramen keine Rolle.) Anders als Sachtexte beziehen sich literarische Texte nicht auf Tatsachen, sondern sie sind **fiktional**, also (von einer Autorin oder einem Autor) erfunden. Du kannst zwar trotzdem davon ausgehen, dass diese sich beim Schreiben auch an der Wirklichkeit orientiert haben, aber die Darstellung ist niemals wie ein Foto; sie ist eher wie eine Art Gemälde. Stets sind die Inhalte auf eine besondere Weise gestaltet.
Eine Besonderheit, die literarische Texte auszeichnet, sind die „versteckten Botschaften". Vieles steht „zwischen den Zeilen", sodass man beim Lesen immer wieder auf **Lücken** stößt, die man **mithilfe der eigenen Gedanken schließen** muss. Erst wenn das gelungen ist, hat man den Text verstanden.

Beispiel

Wenn es im Text heißt: „Susi hat mit Karim Schluss gemacht", dann bedeutet das zugleich: „Die beiden waren vorher ein Paar."

Tipp

Überlege bei literarischen Texten immer, ob sich hinter einer Formulierung noch eine **Zusatzbotschaft** verbirgt! Wenn es im Text zum Beispiel heißt: *sonst immer*, bedeutet das zugleich: *diesmal nicht*.

Interaktive Aufgaben: Literarischer Text

4.1 Epische Texte untersuchen

Epik ist eine Sammelbezeichnung für jede Art von Texten, in denen **eine Geschichte erzählt** wird. Epische Texte sind heute meist in **Prosa** verfasst, das heißt in einer ungebundenen, nicht durch formale Mittel wie Reim, Vers und Metrum gekennzeichneten Sprache.
Die erzählten Geschichten können kurz oder lang sein. In der Regel sind sie im Präteritum verfasst. So kann man sich beim Lesen vorstellen, es handle sich um eine Geschichte, die einmal passiert ist. Nur wenige epische Texte stehen im Präsens. Das ist dann eine Besonderheit, die man beachten sollte.
In der Regel geht es in epischen Texten um Erlebnisse einer **Hauptfigur** (Fachbegriff: **Protagonist**). Der Begriff „Figur" drückt aus, dass es sich um eine ausgedachte Person handelt. Manchmal gibt es auch zwei Figuren, die gleichermaßen wichtig sind. Oft kommt es zu einem **Konflikt** zwischen dem Protagonisten und anderen Figuren. Die Handlung kann gut oder schlecht ausgehen. Es ist auch möglich, dass das Ende offenbleibt.

Tipp

Versuche nach dem Lesen eines epischen Textes als Erstes, die folgenden fünf **W-Fragen** zu beantworten: *Wer? Was? Wann? Wo? Welche Folgen?* Auf diese Weise hast du die zugrunde liegende Situation und die Handlung im Wesentlichen erfasst. Danach stellst du dir die **Wie-Frage:** *Wie ist es dazu gekommen?* Mit der Wie-Frage kannst du wichtige Einzelheiten erfassen und Erklärungen (z. B. Handlungsmotive) verstehen.

Die Erzählperspektive bestimmen

Eine Handlung lässt sich aus unterschiedlichen Perspektiven erzählen. In der Regel unterscheidet man vier Erzählperspektiven: die **auktoriale**, die **personale**, die **neutrale** und die **Ich-Erzählperspektive**. Die Erzählperspektive ist für das Verständnis eines Textes wichtig, weil sie anzeigt, welche Haltung der Erzähler zu der Handlung einnimmt, die erzählt wird. Die Darstellung verrät, ob der Erzähler eher sachlich und nüchtern oder mitfühlend ist.

Die verschiedenen **Erzählperspektiven** haben folgende Merkmale:

- Ein **Ich-Erzähler** erzählt die Handlung aus der **Sicht des Protagonisten**. Das bedeutet: Protagonist und Erzähler sind identisch.

  Bisher glaubte ich, Mörder müsse man an ihren Händen erkennen, Massenmörder an ihren Augen.

  Quelle: Max von der Grün: Kinder sind immer Erben. In: Ders.: Etwas außerhalb der Legalität und andere Erzählungen. Darmstadt: Luchterhand 1980

- Handelt es sich um einen Er-/Sie-Erzähler, der die Welt **mit den Augen des Protagonisten** sieht (oder mit denen einer anderen Figur aus dem Text), so spricht man von einem **personalen Erzähler**. Die Leser*innen bekommen den Eindruck, mitten im Geschehen zu sein.

  Er verdrückt sich in die Schulhofecke neben den Toiletten. Dort finden sie ihn nicht mit ihren blöden Fragen. Hast du den Science-Fiction-Film im Fernsehen gesehn? Warst du die Woche im Kino?

  Quelle: Fritz Deppert: Vielleicht auch ein Wunder. In: J. Pestum (Hrsg.): Ich singe gegen die Angst. Würzburg: Arena 1980

- Erweckt die Darstellung den Eindruck, dass der Er-/Sie-Erzähler ein an der Handlung **unbeteiligter Beobachter** ist, so kann es sich um einen **auktorialen** oder einen **neutralen Erzähler handeln**.
  - Der **auktoriale Erzähler** steht außerhalb der Welt der Figuren und schildert die Ereignisse der Handlung so, dass er im Voraus weiß, was passiert. Mitunter spricht er auch die Leser*innen direkt an und gibt Urteile, Vorausdeutungen und (ironische) Kommentare ab.
  - Wirkt der Erzähler sehr **distanziert**, wie ein nüchterner Berichterstatter, so handelt es sich um eine **neutrale** Erzählperspektive. Anders als der auktoriale Erzähler gibt der neutrale Erzähler keine Kommentare und Wertungen ab. Er bleibt völlig im Hintergrund. Typisch ist auch die häufige Verwendung von Figurenrede, die der Erzähler aber nicht kommentiert.

Tipp

> Du erkennst den auktorialen Erzähler nicht unbedingt daran, dass er allwissend ist und die Gedanken und Gefühle des Protagonisten kennt. Vergiss nicht: Auch der personale Erzähler kennt die Gedanken der Hauptfigur! Entscheidend ist, dass der auktoriale Erzähler sie immer aus einer gewissen **Distanz** beschreibt. Der personale Erzähler hingegen **fühlt** mit dem Protagonisten **mit**.

Die Zeitstruktur beschreiben

Wenn du dich mit einem epischen Text auseinandersetzt, kann es zudem wichtig sein, zwischen Erzählzeit und erzählter Zeit zu unterscheiden:

- Die **Erzählzeit** ist der Zeitumfang, den man für das Erzählen, Vortragen bzw. Lesen des Textes benötigt.
- Die **erzählte Zeit** ist der Zeitumfang, über den sich die erzählte Handlung des Textes erstreckt.

Digitales Glossar: Begriffe nachschlagen

Arten von epischen Texten unterscheiden

Es gibt verschiedene Arten von epischen Texten. Sie unterscheiden sich nicht nur bezüglich ihres Umfangs, sondern auch bezüglich ihres Aufbaus und der Darstellung.

Die am häufigsten vorkommenden epischen Texte in Prosa sind:

Erzählungen
„Erzählung“ ist die allgemeine Bezeichnung für Prosatexte von mittlerer Länge.

Anekdoten
Anekdoten sind kurze Prosatexte, die von einer ungewöhnlichen Begebenheit, meist aus dem Leben einer Person, erzählen und mit einer überraschenden Pointe enden. Häufig zielen sie darauf, menschliche Charakterzüge offenzulegen. Bei der Person kann es sich um einen Menschen handeln, der tatsächlich lebt oder gelebt hat. Die Darstellung erweckt den Eindruck, als würde der Erzähler seine Geschichte in einer geselligen Runde zum Besten geben.

Fabeln
Fabeln sind kurze Geschichten, in denen – direkt oder indirekt – eine Lehre erteilt wird. Meist sind die Hauptfiguren Tiere. Sie stehen jedoch für Menschen; das zeigt sich schon daran, dass sie sprechen können. Häufig geht es um einen Konflikt zwischen einem Stärkeren und einem Schwächeren.

Kalendergeschichten
Kalendergeschichten sind kurze Prosatexte, die ursprünglich (im 17. und 18. Jahrhundert) auf Kalenderblättern abgedruckt waren und sich an die eher ungebildeten Schichten richteten. Sie handeln von merkwürdigen oder lustigen Ereignissen aus dem Alltagsleben der einfachen Leute. Oft vermitteln sie auch eine Lehre. Im 20. Jahrhundert wurde die Kalendergeschichte in moderner Form wiederbelebt.

Kurzgeschichten
Kurzgeschichten sind Erzählungen von geringem Umfang. Auffällig ist vor allem ihr Aufbau. Typisch sind die fehlende Einleitung und das offene Ende: Der Erzähler springt ins Geschehen hinein und verschweigt den Ausgang der Handlung. Dadurch werden die Leser*innen besonders dazu angeregt, über

das Gelesene nachzudenken. Die Handlung strebt auf einen Höhepunkt zu, in der Regel auf einen Moment, in dem eine Person plötzlich eine neue Einsicht gewinnt. Die Hauptfiguren sind normale Menschen wie du und ich. Erzählt wird ein Ausschnitt aus ihrem Alltag, wobei häufig Konfliktsituationen thematisiert werden. Auch die Sprache wirkt alltäglich; manchmal verwendet der Erzähler sogar Umgangssprache. Häufig wird aus der Sicht einer Figur erzählt (personaler Erzähler). Typisch für den Stil von Kurzgeschichten ist auch, dass sie kaum Erklärungen oder längere Beschreibungen enthalten. Es bleibt vieles unausgesprochen, und man muss den Inhalt aus Andeutungen und sprachlichen Bildern entschlüsseln. Auch Deutungen oder Wertungen findest du in einer Kurzgeschichte in der Regel nicht.

Märchen
Märchen sind frei erfunden. Im Mittelpunkt stehen fantastische Ereignisse (Zauberei, Wunder): Übernatürliche Mächte greifen in das Alltagsleben ein (Hexen, Riesen etc.). Tiere, Gegenstände und Pflanzen reden mit den Menschen. Märchen sind häufig von vereinfachenden Gegensätzen geprägt: dumm – schlau, gut – böse usw. Die Sprache ist alltäglich und mit formelhaften Wendungen durchsetzt (z. B. *Es war einmal …*).

Parabeln
Parabeln sind gleichnishafte Erzählungen. Die Handlung ist stark vereinfacht. Mit einer Parabel ist mehr gemeint, als es auf den ersten Blick den Anschein hat: Man muss die Geschichte auf das Leben in der normalen Gesellschaft übertragen, um ihren Sinn zu verstehen.

Novellen
Novellen sind Erzählungen von mittlerer Länge, in deren Zentrum ein besonderes Ereignis steht oder – wie Goethe einmal gesagt hat – eine „unerhörte Begebenheit“. Die Handlung wird meist chronologisch erzählt, also entsprechend ihrem Ablauf. Es gibt eine hinführende Einleitung, einen Höhepunkt und einen Schluss. Man erfährt meist, wie das Geschehen ausgeht.

Romane
Romane sind längere Erzählungen, die in der Regel in Buchform veröffentlicht werden. Die Handlung zieht sich meist über einen längeren Zeitraum hin. Deshalb können die Leser*innen verfolgen, welche Entwicklung die Hauptfigur durchmacht.

Hinweis: In der Prüfung wird dir meist eine **Kurzgeschichte** vorgelegt – oder ein Auszug aus einem **Roman**.

Tipp: Wenn du die entscheidenden Merkmale der verschiedenen Textsorten kennst, kannst du von Anfang an gezielt auf sie achten. Das erleichtert dir das Verständnis. Du solltest aber wissen, dass **nicht** jeder Text **immer alle Merkmale** der entsprechenden Textsorte aufweist. Es kann auch ein Merkmal fehlen.

Interaktive Aufgaben: Gedicht

4.2 Lyrische Texte untersuchen

Lyrische Texte unterscheiden sich äußerlich von Prosatexten durch ihre **gebundene Form**, das bedeutet, dass sie nicht in einem durchgängigen Fließtext, sondern in **Versen**, **Strophen** und in einem bestimmten **Versmaß** verfasst sind. Allerdings haben diese äußeren Merkmale allmählich – vor allem im 20. Jahrhundert – an Bedeutung verloren, und Gedichte weisen zunehmend freiere Formen auf. Jedoch sind bei Gedichten aller Jahrhunderte die äußere Form und der Inhalt immer eng miteinander verbunden und im Zusammenhang zu betrachten.
Gedichte sind oft nicht einfach zu verstehen. Darauf weist schon das Wort „Gedicht" hin: Es handelt sich um ein besonders engmaschiges („dichtes") Textgewebe. Der Dichter hat seine Aussagen so stark verdichtet, dass es einiger Mühe bedarf, den Sinn zu erfassen.
In der Prüfungssituation liegt der Vorteil eines Gedichts darin, dass seine Länge überschaubar ist. Wenn du die entscheidenden Merkmale kennst und den Text sorgfältig liest, kannst du davon ausgehen, dass du so leicht nichts Wichtiges übersiehst. Gerade beim Untersuchen von Gedichten kann man **planmäßig** vorgehen. Und wenn man die einzelnen Schritte kennt, kann man sich dem Verständnis des **tieferen Sinns** Stück für Stück nähern.

Schritt für Schritt

Den Sinn eines Gedichts erfassen

1. Überfliege den Gedichttext einmal. **Bestimme** danach das **Thema** zunächst ganz allgemein *(Frühling? Leben in der Stadt? Liebe? Krieg?).*
2. Lies das Gedicht noch einmal genau und stelle dir folgende **Fragen zur Sprechsituation:** *Gibt es ein lyrisches Ich? Wird jemand direkt angesprochen (ein Du oder ein Ihr)? Welche Gedanken äußert der lyrische Sprecher?*
3. Überlege, was das lyrische Ich oder den lyrischen Sprecher veranlasst, sich diese Gedanken zu machen. Bestimme seine **Situation**.
4. Gehe **jede Strophe einzeln** durch. Lies jeden Satz für sich. Frage dich jeweils: *Welche Bedeutung hat diese Aussage in Bezug auf die Gedanken des lyrischen Sprechers?* Textstellen, die dir unklar sind, kennzeichnest du am Rand mit **?**.
5. Denke darüber nach, wie die einzelnen **Aussagen zusammenhängen**. Frage dich z. B.: *Ist die Aussage als Grund zu verstehen? Oder als Bedingung?*
6. Gelange zu einem **Ergebnis**. Präzisiere das Thema, das du anfangs nur allgemein bestimmt hast. Frage dich: *Was genau bringt der lyrische Sprecher zum Ausdruck: einen Wunsch? eine Klage? Kritik? einen Appell?*

Flashcards: Wichtiges wiederholen

Formmerkmale von Gedichten untersuchen

Jedes Gedicht besteht aus einer Gruppe von **Versen**, die zu **Strophen** zusammengefasst sind. Das ist das erste Formmerkmal, das beim Lesen auffällt.

Reime erkennen

Beim Blick auf die Versenden stellt man oftmals fest, dass sich zwei (oder mehr) Verse **reimen**. Ein Reim entsteht durch den Gleichklang zweier Versenden. Es gibt auch sogenannte „unreine Reime“; bei ihnen klingen die Versenden nur ungefähr gleich.

Beispiel

Wilhelm Busch: Der Esel

Es stand vor eines Hauses **Tor** Ein Esel mit gespitztem **Ohr**,	reiner Reim
Der käute sich sein Bündel **Heu** Gedankenvoll und still entz**wei**.	unreiner Reim

Tipp

> Am besten bestimmst du das **Reimschema**, indem du jeden Reim mit einem Buchstaben kennzeichnest. Bei der Strophe aus Wilhelm Buschs Gedicht „Der Esel“ sieht das so aus: *aabb*.

Am häufigsten kommen diese Reimschemata vor:

Paarreim:	*Sonne* *Wonne* *Mut* *Glut*	a a b b	Es reimen sich zwei aufeinanderfolgende Verse; sie bilden durch den Reim ein „Paar“: aabb
Kreuzreim:	*Reise* *fragen* *weise* *sagen*	a b a b	Die Verse in einem Gedicht reimen sich über Kreuz: abab
umfassender/ umarmender Reim:	*Boot* *schwimmen* *stimmen* *rot*	a b b a	Zwei sich reimende Verse werden eingerahmt („umarmt“) von zwei Versen, die sich ebenfalls reimen: abba

Das Versmaß bestimmen

Den meisten Gedichten liegt ein bestimmter Takt, das **Metrum** (oder: Versmaß), zugrunde. Das Metrum ergibt sich durch eine regelmäßige Abfolge von betonten und unbetonten Silben. Betonte Silben nennt man auch **Hebungen,** unbetonte **Senkungen**. Nicht immer zieht sich das zugrunde liegende Metrum durchgängig durch das ganze Gedicht. In einem solchen Fall musst du herausfinden, welches Versmaß – trotz Abweichungen – die Grundlage bildet.

Tipp

> Um das Metrum eines Gedichts zu bestimmen, ist es am besten, den Text **laut zu lesen**. Da das in der Prüfung nicht geht, solltest du versuchen, dir den Text „im Stillen vorzulesen“; begleitendes Kopfnicken oder leises Klopfen können helfen. Anschließend kennzeichnest du in jedem Vers die betonten und unbetonten Silben mit unterschiedlichen Zeichen, z. B. mit ´ für betont und mit ˇ für unbetont.

Man unterscheidet bei den Metren **Zweier- und Dreiertakte:**

- **Jambus:** ein Zweiertakt, bei dem die erste Silbe unbetont ist und die zweite Silbe betont. *(Fĭgúr, Păpíer, Vĕrstéck)*
- **Trochäus:** ein Zweiertakt, bei dem die erste Silbe betont ist und die zweite Silbe unbetont. *(Sónnĕ, Blúmĕ, lésĕn)*
- **Daktylus:** ein Dreiertakt, der mit einer betonten Silbe beginnt und mit zwei unbetonten Silben aufhört. *(Kő́nĭgĭn, Héilĭgĕr, Eítĕlkeĭt)*
- **Anapäst:** ein Dreiertakt, der mit zwei unbetonten Silben beginnt und mit einer betonten Silbe aufhört. Der Anapäst findet sich sehr selten. *(Zaŭbĕreí, Părădíes, Dĭămánt)*

Tipp

> **Am häufigsten** kommt der **Jambus** vor. Es empfiehlt sich also, bei einem Gedicht als Erstes zu prüfen, ob das zugrunde liegende Metrum ein Jambus ist.

Die Versenden werden **Kadenzen** genannt. Endet ein Vers mit einer Hebung, also mit einer betonten Silbe, so spricht man von einer **männlichen Kadenz**. Diese wirkt meist eher eindringlich und hart. Schließt ein Vers mit einer Senkung ab, so spricht man von einer **weiblichen Kadenz**. Diese wirkt in der Regel eher weich und harmonisch.

Beispiel

Sein Blick ist vom Vorübergehn der Stäbe	(weibliche Kadenz)
so müd geworden, dass er nichts mehr hält.	(männliche Kadenz)

Form und Inhalt zusammenführen

Es genügt nicht, die Formmerkmale eines Gedichtes nur zu benennen. Du musst außerdem sagen, welche **Wirkung** von ihnen ausgeht. Frage dich dazu, ob die Form zum Inhalt passt oder nicht. Es gibt verschiedene Möglichkeiten:

Harmonie + Harmonie: Der Inhalt ist harmonisch, und die Form ist regelmäßig gestaltet. **Disharmonie + Disharmonie:** Der Inhalt klingt verstörend und wirkt nicht harmonisch, und die Form weist keine oder nur wenige Regelmäßigkeiten auf.	Inhalt und Form passen zusammen.
Disharmonie + Harmonie: Der Inhalt klingt verstörend und wirkt nicht harmonisch. Trotzdem ist die Form ganz regelmäßig gestaltet. **Harmonie + Disharmonie:** Der Inhalt klingt harmonisch, die Form ist aber unregelmäßig gestaltet.	Inhalt und Form passen nicht zusammen.

Tipp

> Wenn Form und Sprache die Stimmung unterstreichen, die in einem Gedicht zum Ausdruck kommt, dann **passen** formale Darstellung und Inhalt **zusammen**. Das Gedicht strahlt dann einen **Gleichklang** aus: Entweder wirkt beides positiv (ruhig, fröhlich, feierlich ...) – oder beides wirkt negativ (kühl, dunkel, trostlos, hart ...).
>
> Wenn Inhalt und Form **nicht zusammenpassen**, hat das einen **Grund**. Die Leser*-innen sollen darauf aufmerksam werden und darüber nachdenken, warum es diese **Unstimmigkeiten** gibt. Frage dich in diesem Fall: *Warum passen Inhalt und Form nicht zusammen? Was besagt diese „Störung"?*

Arten von lyrischen Texten unterscheiden

Digitales Glossar: Begriffe nachschlagen

Ballade

Eine besondere Art von Gedicht ist die **Ballade**. Die Ballade gilt als Mischform der drei literarischen Gattungen Lyrik, Epik und Dramatik: Sie steht in Gedichtform, und es werden auch Gefühle geäußert (lyrisches Element). Gleichzeitig **erzählt** die Ballade aber eine **Geschichte** (episches Element) und zeigt einen **dramatischen Konflikt** mit Höhepunkt, der meist in **Dialogform** dargestellt wird (dramatisches Element). Das Ende ist oft tragisch. Häufige Themen sind Götter, Helden, Geister- und Naturmagie, Legenden, Ritter und geschichtliche Ereignisse.

Lied

Ein Lied setzt sich aus mehreren gleich gebauten, gereimten Strophen mit recht kurzen Versen zusammen. Es enthält oft einen **Refrain** (Kehrreim, regelmäßige Wiederholung eines oder mehrerer Verse an einer bestimmten Stelle jeder Strophe). Die Themen sind so vielfältig, dass man verschiedene Typen unterscheiden kann: z. B. Liebeslied oder politisches Lied.

Sonett

Ein Sonett hat eine feste äußere Form mit insgesamt vier Strophen, die immer gleich aufgebaut sind: Die ersten beiden Strophen bestehen aus vier Versen (Quartette), meist mit dem Reimschema abba/abba. Darauf folgen zwei dreizeilige Strophen (Terzette), die ebenfalls ein eigenes Reimschema aufweisen (cdc/cdc oder cde/cde oder ccd/eed). Zwischen den Quartetten und Terzetten besteht oft ein inhaltlicher Gegensatz.

Moderne Gedichte

Moderne Gedichte haben oft kein oder kein festes Metrum. Stattdessen sind sie in **freien Rhythmen** verfasst. In der Regel gibt es auch kein Reimschema, man nennt sie dann **reimlos**. Trotzdem handelt es sich um Gedichte. Man kann sehen, dass sie aus Versen bestehen, weil die Zeilen verkürzt sind. Typisch für moderne Gedichte ist auch, dass sie oft besonders schwer zu entschlüsseln sind. Das liegt daran, dass die Verfasser*innen häufig **mit der Sprache** und verschiedenen Bedeutungen **spielen**.

5 Form und sprachliche Gestaltung eines Textes

5.1 Sprachliche Mittel erkennen

Wenn nach der **Form** und der **sprachlichen Gestaltung** eines Textes gefragt wird, betrifft das nicht nur die Wörter und Sätze in einem Text. Auch der äußere Aufbau und das Erscheinungsbild spielen eine Rolle.
Manchmal ist die Aufgabenstellung so formuliert, dass es genügt, aufzuzeigen, welche sprachlichen Mittel **überhaupt** in einem Text zu finden sind. Es kann aber auch von dir verlangt werden, zu erklären, inwiefern die Form und die sprachliche Gestaltung einen **Einfluss auf den Textsinn** haben.
Es ist nicht erforderlich, dass du dich darum bemühst, **alle** sprachlichen Mittel **vollständig** zu benennen. In der Regel wird dir eine bestimmte Anzahl sprachlicher Mittel genannt, die du aufführen sollst (z. B. drei). Wichtig ist, dass du erkennst, welche sprachlichen Mittel bei einem Text **besonders auffallen**.

Wann aber fallen sprachliche Mittel besonders auf? Auffällig ist all das, was **anders** ist, als man es erwarten würde. Dazu ein Beispiel:

Beispiel *Das Eigenheim steht in einem Garten. Der Garten ist groß. Durch den Garten fließt ein Bach. Im Garten stehen zwei Kinder. Das eine der Kinder kann noch nicht sprechen. Das andere Kind ist größer. Sie sitzen auf einem Schlitten. Das kleinere Kind weint. Das größere sagt, gibt den Schlitten her. Das kleinere weint. Es schreit. […]*

So lautet der Anfang einer Kurzgeschichte (Helga M. Novak: Schlittenfahren). Was an dem Text auffällt, ist vor allem dies: Es sind **nur ganz kurze, einfache Hauptsätze** aneinandergereiht. Das würde man in einem literarischen Text nicht vermuten. Also muss man sich fragen: *Warum ist das so?* Und die Anschlussfrage lautet stets: *Wie wirkt das?* Wahrscheinlich wirst du sagen: *Das wirkt plump und fast kindlich* – und das wäre auch richtig.
Hinzu kommt, dass die Sätze **nicht einmal miteinander verbunden** sind (z. B. durch Konjunktionen oder Adverbien). Auch das ist auffällig. Eine solche Sprache wirkt sehr kühl; man hat den Eindruck, dass der Erzähler überhaupt keine Gefühle für die Figuren (hier: für die Kinder) empfindet. Das passt ganz genau zum Sinn des Textes – denn es geht in der Kurzgeschichte um das kalte und gleichgültige Verhalten eines Vaters seinen Kindern gegenüber. Folglich lässt sich in diesem Fall sagen: Das lieblose Verhalten des Vaters wird zusätzlich durch die Sprache deutlich.

Im Folgenden werden dir die wichtigsten **sprachlichen Gestaltungsmerkmale** eines Textes etwas genauer vorgestellt. Im Anschluss daran (auf S. 30 f.) findest du einen tabellarischen Überblick, in dem diese und noch einige weitere, weniger häufige sprachliche Merkmale in alphabetischer Reihenfolge aufgeführt sind. Anhand dieses Überblicks kannst du sehen, auf welche sprachlichen Merkmale du grundsätzlich achten kannst.

Stelle dir bei jedem Text zunächst die folgenden Fragen. Überlege dir dabei immer auch, welche Wirkung die einzelnen Merkmale haben.

Schritt für Schritt

Grundlagen sprachlicher Gestaltung erkennen

1. Welche verschiedenen **Satzarten** (z. B. Aussagesatz, Fragesatz, Aufforderungssatz) kommen im Text vor und wie sind sie verteilt? Ein Text, in dem verschiedene Satzarten wechseln, wirkt viel lebendiger, als ein Text, der nur aus Aussagesätzen besteht.
2. Handelt es sich hauptsächlich um **Satzgefüge** (aus Haupt- und Nebensätzen) oder einfache **Satzreihen** (nur Hauptsätze)? Ein Text, der nur aus einfachen Satzreihen besteht, wirkt wie das obige Beispiel dir gezeigt hat, schnell monoton.
3. Wird **direkte oder indirekte Rede** eingesetzt und wenn ja wie häufig? Der Einsatz von direkter oder indirekter Rede trägt wesentlich dazu bei, einen Text lebendig und abwechslungsreich wirken zu lassen.
4. Welche Sprachebene herrscht im Text vor (z. B. Hochsprache, Umgangssprache, Dialekt, Jugendsprache, Fachsprache)?

Nun kannst du weiter ins Detail gehen. Achte insbesondere auf die folgenden Aspekte:

Satzbau

Manche Textstellen fallen dadurch auf, dass einzelne Sätze oder Satzteile auf besondere Weise angeordnet sind. Auf solche Passagen musst du besonders achten, denn jede Umstellung des gewohnten Satzbaus dient dazu, etwas gezielt zu betonen und hervorzuheben.

- Wenn in zwei (oder mehreren) aufeinanderfolgenden Sätzen oder Teilsätzen alle Worte in der gleichen Reihenfolge angeordnet sind, dann spricht man von einem **Parallelismus**. (*Sie lachen laut, sie weinen still.*)
- Wenn die Worte in aufeinanderfolgenden (Teil-)Sätze hingegen in genau umgekehrter Reihenfolge angeordnet sind, spricht man von einem **Chiasmus**. (*Sie lachen laut, still weinen sie.*)
- Parallelismus und Chiasmus treten oft in Verbindung mit einem weiteren Stilmittel auf, dem Gegensatz (**Antithese**). Hier z. B.: *laut–still*
- Es kann auch vorkommen, dass die normale Satzstellung aufgehoben wird, um ein bestimmtes Wort hervorzuheben (**Inversion**). Besonders häufig wird es dann an den Satzanfang gestellt.
  Beispiel: *Dich habe ich gemeint …* statt: *Ich habe dich gemeint …*
- Wird ein Satz plötzlich abgebrochen und nicht zu Ende geführt, dann handelt es sich um eine **Ellipse**. Man muss die fehlenden Satzteile beim Lesen oder Zuhören selbst ergänzen. Ellipsen werden oft in der Alltagssprache verwendet, um das Reden zu verkürzen (*Endlich allein!* statt: *Endlich bin ich allein!*). Sie dienen aber auch dazu, z. B. etwas Unangenehmes nicht direkt auszusprechen (*Du willst doch wohl nicht …*).

Wiederholung
Ein wichtiges sprachliches Merkmal ist die **Wiederholung**. Wenn eine bestimmte Formulierung immer wieder auftaucht, solltest du also aufmerksam werden. Denn das bedeutet immer: Diese Textstellen sind wichtig! Dann solltest du dich fragen: Warum werden diese Worte ein paarmal wiederholt? Warum sind sie wichtig? Besonders häufig in literarischen Texten sind Wiederholungen gleicher Wörter oder Wortgruppen am Satzanfang (**Anapher**) oder -ende (**Epipher**).

Es sind nicht immer ganze Wörter oder Wortgruppen, die wiederholt werden. Manchmal kommen nur **einzelne Buchstaben mehrmals** vor. Interessant sind vor allem Textstellen, bei denen benachbarte Wörter mit dem gleichen Anfangsbuchstaben beginnen (**Alliteration**), wie in diesem alten Werbeslogan: *Milch macht müde Männer munter.*

Sprachbilder
Häufig werden Wörter in einem Text anders verwendet als im normalen Sprachgebrauch. Das ist z. B. bei sprachlichen Bildern der Fall. Sprachliche Bilder kennst du aus dem Alltag, z. B. aus Redewendungen. Statt zu sagen: „Du hast wohl schlechte Laune.“, könnte man sagen: „Dir ist wohl eine Laus über die Leber gelaufen.“

Man unterscheidet verschiedene Arten von Sprachbildern:

- **Bildhafter Vergleich:** Eine Person oder eine Sache wird mit etwas verglichen, das aus einem ganz anderen Lebensbereich stammt. Bildhafte Vergleiche erkennst du daran, dass sie eine Art „Gelenkstelle“ haben, z. B. „wie“ oder „als ob“.
  Sein Sohn war ihm wie aus dem Gesicht geschnitten.
  Es regnete so sehr, als ob der Weltuntergang bevorstünde.
- **Metapher:** Eine Metapher ist eine Art verkürzter Vergleich. Es gibt keine „Gelenkstelle“, sondern der bildhafte Ausdruck wird direkt für eine Person oder für eine Sache verwendet.
  Das Leben ist eine Wüste.
  Der Dschungel der Großstadt erschreckte das Mädchen.
- **Personifikation:** Bei einer Personifikation wird von einer unbelebten Sache so gesprochen, als wäre sie lebendig.
  Der Orkan hat viel Spaß an seinem Tun.
- **Symbol:** Dieses Sprachbild bringt einen tieferen Sinn zum Ausdruck. Einige Symbole sind allgemein bekannt, z. B. das Herz als Symbol der Liebe. Es gibt auch Texte, die in ihrer Gesamtheit einen symbolischen Sinn haben. Bei Gedichten, in denen vom *Herbst* die Rede ist, steht die *Jahreszeit Herbst* oft symbolisch für die *späte Lebensphase eines Menschen.*

Tipp

> Entscheidend ist immer, wie ein sprachliches Bild auf dich wirkt: Ist es ein schönes Bild? Oder ist es eher düster? Es genügt nicht zu sagen, dass ein bestimmtes sprachliches Bild in einem Text vorkommt, du solltest auch immer sagen, welche **Wirkung** von diesem ausgeht.

Ironie

Nicht immer meint ein Erzähler das, was er sagt. Manchmal ist eine Aussage auch ironisch zu verstehen. Ironie ist die „Kunst der Verstellung". Sie dient dazu, **auf humorvolle Weise Kritik an etwas zu üben**. Eine Handlung oder Verhaltensweise wird dann als positiv dargestellt, die in Wirklichkeit kritisiert werden soll. Die Kritik wird – zum Schein – als Lob oder Anerkennung ausgedrückt. Du kennst ironische Aussagen auch aus dem Alltag. Wenn jemand zu einem Freund, der vollkommen übernächtigt aussieht, sagt: „Du siehst ja heute gut aus!", dann meint er das ganz anders. In Wirklichkeit meint er nämlich: „Oje, was ist denn mit dir los? Hast du schlecht geschlafen?"

Wenn jemand mündlich eine ironische Aussage macht, merkst du das sofort: Mimik und Tonfall passen dann nicht zu dem Gesagten. Bei einem schriftlichen Text ist es nicht leicht zu erkennen, ob eine Aussage ironisch gemeint ist. Man sieht den Erzähler ja nicht und hört ihn nicht sprechen. In einem schriftlich vorliegenden Text kannst du eine ironisch zu verstehende Aussage dennoch daran erkennen, dass sie „irgendwie nicht passt". Sie passt entweder nicht zu anderen Textaussagen oder nicht zu deinen Erfahrungen. Du weißt in diesem Fall, dass viele Menschen deine Meinung, dass die Darstellung **unpassend oder widersprüchlich** wirkt, teilen würden.

Ein Stilmittel, das oft auch in ironischer Absicht verwendet wird, ist die **Übertreibung** (Hyperbel). Viele Übertreibungen sind längst so in unserem Sprachgebrauch verankert, dass man sie kaum mehr bemerkt *(todmüde, blitzschnell, vor Neid platzen).*

Flashcards: Wichtiges wiederholen

5.2 Sprachliche Mittel im Überblick

Rhetorische Mittel werden in Texten bewusst eingesetzt, um eine bestimmte Wirkung zu erzielen. Aus der großen Vielzahl an Stilmitteln werden hier nur die häufigsten aufgeführt. Ihre Wirkung (→) wird nur allgemein beschrieben, im Einzelfall musst du sie auf den Text abstimmen.

Allegorie: bildliche Darstellung von etwas Abstraktem, oft Personifikation; anders als das ↑ Symbol direkte Verkörperung des jeweiligen Begriffs
→ Veranschaulichung, erhöhte Einprägsamkeit, starke sprachliche Verdichtung
Beispiel: *Sensemann (Tod), Amor (Liebe), Justitia (Gerechtigkeit)*

Alliteration: gleicher Anlaut aufeinanderfolgender Wörter
→ Betonung, erhöhte Einprägsamkeit, lautmalerisch, melodisch
Beispiel: *Kind und Kegel, wahre Wunder*

Anapher: Wiederholung gleicher Vers- oder Satzanfänge (Gegenteil: ↑ Epipher)
→ Hervorhebung, oft Ausdruck von Gefühlen
Beispiel: *Das Wasser rauscht/das Wasser schwoll.*

Antiklimax: Reihung mit stufenweiser Abschwächung (Gegenteil: ↑ Klimax)
→ Betonung, Hervorhebung
Beispiel: *Großvater, Vater, Kind*

Antithese: Gegensatz, Entgegenstellung von Begriffen und Gedanken
→ Gegenüberstellung von Positivem und Negativem, Betonung des Gegensatzes
Beispiel: *Friede den Hütten/Krieg den Palästen, Himmel und Hölle*

Archaismus: veralteter Begriff, der nicht mehr der aktuellen Ausdrucksweise entspricht (Gegenteil: ↑ Neologismus)
→ Charakterisierung des Sprechers, Darstellung von bestimmtem Zeitgeist
Beispiel: *Oheim* (für: *Onkel*), *Fremdenverkehrsamt* (für: *Touristen-Information*)

Assonanz: Gleichklang von Vokalen in benachbarten Wörtern, Vokalhäufung, v. a. in der Lyrik
→ Erzeugen einer bestimmten Stimmung, melodisch
Beispiel: *Ottos Mops kotzt, will verblühen – in der Frühe*

Beispiel: → Veranschaulichung, Verdeutlichung
Kinder lieben Süßes; wenn sie z. B. an einem Süßigkeitenstand vorbeikommen …

Chiasmus: Überkreuzstellung von ähnlichen Sätzen oder Satzteilen
→ Verstärkung, Betonung
Beispiel: *Ich weiß nicht, was ich will, ich will nicht, was ich weiß.*

Ellipse: verkürzter, unvollständiger Satz durch Auslassung von Satzteilen
→ erregtes, gefühlsbetontes Sprechen als Ausdruck von Freude, Angst, Entsetzen oder Verzweiflung
Beispiel: *Je früher (du kommst), desto besser (finde ich es).*

Enjambement: Zeilensprung in der Lyrik, ein Satz erstreckt sich über mehrere Verse
→ Lebendigkeit, Abwechslung, Hervorhebung bestimmter Wörter
Beispiel: *Sein Blick ist vom Vorübergehn der Stäbe / so müd geworden, dass er nichts mehr hält.*

Epipher: Wiederholung gleicher Vers- oder Satzenden (Gegenteil: ↑ Anapher)
→ Hervorhebung, oft Ausdruck von Gefühlen
Beispiel: *Doch alle Lust will Ewigkeit –, – will tiefe, tiefe Ewigkeit!*

Euphemismus: beschönigender Ausdruck; Ersetzung/Umschreibung eines unangenehmen oder anstößigen Ausdrucks durch einen weniger verletzenden (Gegenteil: ↑ Pejorativum)
→ Verschleierung, Abmilderung
Beispiel: *entschlummern, ableben, entschlafen* (statt: *sterben*)

Hyperbel: sehr starke Übertreibung
→ Verdeutlichung, z. T. ironisch und mit versteckter Kritik
Beispiel: *ein Meer von Tränen, himmelhoch jauchzend, zu Tode betrübt*

Inversion: Umstellung der normalen Satzstellung
→ Verstärkung, Hervorhebung eines Wortes oder Satzteils
Beispiel: *Unendlich mühsam war der Weg!, Nicht für erforderlich hält man dagegen, ...*

Ironie: versteckter, feiner Spott, meint das Gegenteil des Vorgegebenen
→ Verschleierung der Wahrheit, versteckte Kritik, Bloßstellung von Missständen
Beispiel: *Du bist mir ein schöner Freund.*

Klimax: Reihung mit stufenweiser Steigerung (Gegenteil: ↑ Antiklimax)
→ Betonung, Hervorhebung
Beispiel: *Ich kam, sah und siegte. Sie arbeitet täglich acht, zehn, zwölf Stunden.*

Lautmalerei: Nachahmung von Klängen, Lauten
→ Veranschaulichung, Verlebendigung, Spiel mit der Sprache
Beispiel: *Das Feuer leckt, knistert und zischt., Klingeling*

Litotes: doppelte Verneinung
→ Hervorhebung durch Untertreibung, meint an sich das Gegenteil
Beispiel: *nicht selten* (statt: *oft*), *nicht ohne Eleganz* (statt: *elegant*)

Metapher: bildhafter Ausdruck mit übertragener Bedeutung, nicht wortwörtlich zu verstehen, Vergleich (↑) ohne Vergleichswort
→ Veranschaulichung, sprachliche Verdichtung, Betonung
Beispiel: *Flug der Gedanken* (statt: *Die Gedanken bewegen sich so leicht, als ob sie fliegen könnten.*), *Bücher verschlingen* (statt: *sehr gerne lesen*), *Rabenvater* (statt: *schlechter Vater*)

Neologismus: Wortneuschöpfung, nicht im gängigen Sprachgebrauch enthalten (Gegenteil: ↑ Archaismus)
→ starke Aussagekraft, Originalität, oft heitere, lustige Wirkung, Sprachspielerei
Beispiel: *wirrflirrbunt*

Oxymoron: Verbindung von gegensätzlichen bzw. einander ausschließenden Begriffen
→ stutzig oder auf einen mehrdeutigen Sachverhalt aufmerksam machen
Beispiel: *stummer Schrei, verschlimmbessern*

Paradoxon: scheinbar widersinnige, unlogische Aussage
→ Aufmerksamkeit, stutzig machen, Mehrdeutigkeiten aufdecken, evtl. Komik
Beispiel: *Ich weiß, dass ich nichts weiß., Dunkel wars, der Mond schien helle ...*

Parallelismus: Folge von gleich oder ähnlich gebauten Sätzen oder Satzteilen
→ Verstärkung, Betonung
Beispiel: *Schnell lief er hin, langsam kam er zurück.*

Parenthese: Einschub in einen Satz
→ erregtes Sprechen, ergänzender, kommentierender Gedanke, Betonung
Beispiel: *Die Errichtung der Mauer – wir werden es nie vergessen – hat uns viel Unglück gebracht.*

Pejorativum: abwertender Ausdruck (Gegenteil: ↑ Euphemismus)
→ bewusst negative Darstellung
Beispiel: *Weib, Weibsbild* (statt: *Frau*), *Schuppen* (statt: *Bar, Disco*)

Personifikation: Gegenstände oder abstrakte Begriffe werden vermenschlicht
→ Veranschaulichung, Verlebendigung
Beispiel: *Vater Staat, die Säge kreischt*

Pleonasmus: überflüssige Information durch die Verbindung mehrerer Wörter mit gleicher Bedeutung, in der Regel unterschiedliche Wortarten (im Gegensatz zur ↑ Tautologie)
→ Verstärkung, Betonung, auch: Ironisierung
Beispiel: *zwei Zwillinge, schweig still*

Pointe: Überraschungseffekt; Höhe-/Schlusspunkt bei Anekdote, Glosse, Kurzgeschichte oder Witz

Rhetorische Frage: scheinbare Frage, die keine Antwort erwartet
→ Betonung einer Aussage, Anregung zum Nachdenken
Beispiel: *Machen wir nicht alle Fehler?*

Sarkasmus: beißender Spott, verletzender Hohn, extrem gesteigerte Ironie
→ bloßstellen, Missstände aufdecken

Satire: Kritik durch scharfen Witz, Übertreibung, Ironie und beißenden Spott (↑ Sarkasmus, ↑ Zynismus)
→ etwas oder jemanden der Lächerlichkeit preisgeben, angreifen

Symbol: Sinnbild, verweist (anders als die ↑ Metapher) nicht nur auf einen einzelnen Begriff, sondern auf einen umfassenden Bereich, der meist in einer sprachlichen oder kulturellen Tradition begründet ist und mit dem eine Vielzahl von Vorstellungen und Gefühlen verbunden sind
→ Veranschaulichung, starke sprachliche Verdichtung, Betonung
Beispiel: *Teufel (Symbol des Bösen), Ring (Symbol der Treue)*

Synästhesie: Vermischung mehrerer Sinnes- bzw. Wahrnehmungsbereiche, z. B. sehen und tasten, hören und riechen usw.
→ Intensivierung, Veranschaulichung
Beispiel: *Golden weh'n die Töne nieder; ein schreiendes Pink*

Synonyme: verschiedene Wörter mit gleicher oder sehr ähnlicher Bedeutung
→ Umschreibung, sprachliche Abwechslung, Bekräftigung einer Aussage
Beispiel: *Pferd, Ross, Gaul, Mähre, Reittier; sagen, sprechen, reden usw.*

Tautologie: überflüssige Information durch die Verbindung mehrerer Wörter mit gleicher Bedeutung, meist gleiche Wortart bzw. Zwillingsformel (im Gegensatz zum ↑ Pleonasmus)
→ Verstärkung, Betonung, auch: Ironisierung
Beispiel: *Hab und Gut, nie und nimmer, angst und bange, Geschäft ist Geschäft*

Vergleich: Verbindung eines bildhaften Ausdrucks mit dem eigentlich gemeinten Begriff mithilfe eines Vergleichswortes (z. B. *wie, als ob*)
→ Veranschaulichung
Beispiel: *hell <u>wie</u> die Sonne*

Wiederholung: → Hervorhebung, Betonung
Beispiel: *Sein Lachen wirkt ansteckend, sein Lachen erfüllt den Raum.*

Wortspiel: Ausnutzen von sprachlicher Vieldeutigkeit
→ witzig, komisch, geistreich
Beispiel: *Ich habe den Saal schon voller und leerer gesehen, aber so voller Lehrer noch nie.*

Zynismus: beißender Spott, rohe Offenheit, Schamlosigkeit, herausforderndes, verächtliches Verhalten und bewusste Verletzung anderer Menschen
→ Missstände aufdecken, Protest

Prüfungsteil II: Schreiben

II.A Textproduktion (Wahlaufgabe)

6 Den Schreibprozess steuern

Flashcards: Wichtiges wiederholen

Wenn du einen Text erstellst, solltest du vermeiden einfach draufloszuschreiben! Vor dem Schreiben kommt das Planen: Durchdenke die Schreibaufgabe gründlich und bereite dich sorgfältig vor. Was du in die Vorbereitung investierst, sparst du anschließend beim Schreiben. Außerdem verhilft dir eine gute Planung dazu, deinen Text auch ansprechend zu gestalten. Du wirst dann nur selten etwas durchstreichen müssen, und auch Ergänzungen und Fußnoten erübrigen sich meist. Das macht einen guten Eindruck!

Vorbereiten

Überlege dir zunächst, ob du nahe am Text arbeiten möchtest oder lieber etwas freier schreibst: Von den beiden Schreibaufgaben, die dir in der Prüfung zur Auswahl vorgelegt werden, bezieht sich in der Regel nur eine direkt auf den **Prüfungstext**. Die zweite Wahlaufgabe greift zwar meist das Thema des Textes auf, zur Bearbeitung der Aufgabe brauchst du den Text jedoch nicht. Hier sollst du in erster Linie auf dein **Erfahrungswissen** zurückgreifen.

Zu der Aufgabe, für die du dich entschieden hast, erstellst du als Erstes einen **Schreibplan**. Gehe dabei so vor:

Schritt für Schritt

Das Schreiben vorbereiten

1. Lies die Aufgabe genau durch und überlege, was von dir verlangt wird. Stelle dir folgende Fragen und **notiere** dazu **in Stichworten** die Antworten:
   - Wie lautet das **Thema**?
   - Welche **Art von Text** sollst du schreiben: einen berichtenden, erzählenden ...?
   - Wird eine bestimmte **Textsorte** verlangt? Z. B. ein Brief, Tagebucheintrag ...
   - **Wer** schreibt den Text? Welches **Ziel** soll mit dem Text erreicht werden?
   - An welche **Leserschaft** wendet sich der Text? Welche **Erwartungen** hat diese an den Text?
2. **Sammle Ideen** zum Thema. Halte alles, was dir in den Sinn kommt, stichwortartig fest. Am besten notierst du es in Form einer Tabelle, eines Clusters oder einer Mindmap.
3. Ordne deine Ideen. Bringe sie in eine **sinnvolle Reihenfolge**. Du kannst deine Stichworte z. B. nummerieren. Das ist dein **Schreibplan**.
4. Überlege, wie dein Text **anfangen** soll. Versuche geschickt zum eigentlichen Thema hinzuführen. Halte deine Ideen wieder stichwortartig fest.
5. Überlege, wie dein Text **enden** soll. Du kannst nicht einfach nach dem letzten Stichpunkt aufhören. Frage dich, wie du deine Ausführungen überzeugend abrundest.

Schreiben

Orientiere dich beim Schreiben deines Textes an dem Schreibplan, den du erstellt hast. Beginne mit der Einleitung, schreibe danach den Hauptteil und runde deinen Text durch einen geeigneten Schluss ab. Am besten verfährst du so:

Schritt für Schritt

Eine Schreibaufgabe bearbeiten

1. Am schwierigsten ist der Einstieg, also die **Einleitung**. Nimm deshalb ein extra Blatt und schreibe probeweise deine Einleitung auf. Eventuell brauchst du mehrere Entwürfe. Wenn du mit einem davon zufrieden bist, überträgst du ihn auf das Schreibpapier. Zwei bis drei Sätze genügen.
2. Beginne nun den **Hauptteil**. Nimm dir nach und nach alle notierten Stichworte vor und formuliere deine Gedanken sorgfältig aus. Gehe so vor:
   - Lies jeden Satz, den du fertiggestellt hast, durch, bevor du den nächsten Satz beginnst. Das kostet nicht viel Zeit, hilft dir aber, ungeschickte Formulierungen sofort zu erkennen und zu korrigieren.
   - Beginne jeweils einen neuen Absatz, wenn du dich dem nächsten Stichwort aus deinem Schreibplan zuwendest. Das ist leserfreundlich, und es zeigt auch, dass du ein klares Konzept für deinen Text hast.
   - Zähle deine Gedanken nicht nur auf. Finde geschickte Überleitungen zwischen den einzelnen Sätzen und Absätzen. Verwende passende Konjunktionen (z. B. *wenn, aber*), Adverbien (z. B. *deshalb, trotzdem*) und Pronomen (z. B. *er, dieser*), um Verbindungen zwischen deinen Aussagen herzustellen.
3. Nachdem du dein letztes Stichwort ausgeführt hast, schreibst du den **Schluss**. Es ist nicht leicht, ein überzeugendes Ende zu finden. Probiere wieder mehrere Entwürfe auf einem extra Blatt aus. Wenn du mit einem Entwurf für den Schluss zufrieden bist, überträgst du ihn unter deinen Text. Es genügen wieder zwei bis drei Sätze.

Beispiel

In dem folgenden Auszug aus einem Brief an die Schulleiterin sind die Sätze geschickt durch Konjunktionen oder Adverbien miteinander verbunden:

Immer mehr Schülerinnen und Schüler kommen ohne Frühstück zur Schule. Das führt dazu, dass sich viele von ihnen spätestens ab der dritten Stunde nicht mehr richtig auf den Unterricht konzentrieren können, weil ihnen der Magen knurrt.

Tipp

Um **Sätze geschickt** miteinander zu **verbinden**, kannst du auch komplette **adverbiale Bestimmungen** einfügen, z. B. so: „Immer mehr Schülerinnen und Schüler kommen ohne Frühstück zur Schule. Schon im Laufe der ersten Schulstunden haben deshalb viele von ihnen Konzentrationsprobleme.“ Wenn du adverbiale Bestimmungen an den Satzanfang stellst, hat das zudem den Vorteil, dass die Reihenfolge der Satzglieder nicht immer gleich ist. Durch diese Abwechslung im Satzbau wirkt dein Text nicht monoton.

Überarbeiten

Lies deinen Text noch einmal sorgfältig durch. Korrigiere dabei ungeschickte Formulierungen und Fehler. Gehe so vor:

Schritt für Schritt

Den ausformulierten Text überarbeiten

1. Versuche, deinen Text **innerlich laut zu lesen**; dann bemerkst du mögliche Schwachstellen am ehesten.
2. Suche nach Fehlern und ungeschickten Formulierungen:
   - **Vermeide** unschöne **Wiederholungen**. Wenn z. B. in aufeinanderfolgenden Sätzen (oder im selben Satz) zweimal derselbe Ausdruck fällt, klingt das unbeholfen. Ersetze das wiederholte Wort besser durch ein Synonym oder Pronomen.
   - Wenn du im Text **Pronomen** verwendet hast (z. B. Demonstrativpronomen wie *dieses* oder *das*), frage dich immer, ob es eindeutig ist, **worauf sie sich beziehen**. Du selbst weißt natürlich, wofür diese „Platzhalter" stehen. Aber der Leserin oder dem Leser ist vielleicht nicht klar, wer *er* oder was *das* sein soll.
3. **Korrigiere** die Fehler und Schwachstellen, die dir aufgefallen sind. Gehe so vor:
   - Kleinere Korrekturen nimmst du direkt im Text vor: Streiche z. B. ein falsch geschriebenes Wort sauber durch (mit Lineal!) und füge die richtige Schreibweise darüber ein.
   - Bei größeren Korrekturen streichst du die ganze Textstelle durch. Versieh sie mit einem Zeichen z. B. mit * oder *a)* oder *1.* Schreibe die korrigierte Version unter Wiederholung dieses Zeichens auf ein extra Blatt, das du deiner Arbeit beifügst.
   - Solltest du einmal vergessen haben, einen neuen Absatz zu beginnen, kennzeichnest du die Stelle mit ⌐. So wird deutlich, dass hier ein neuer Gedanke beginnt.

Beispiel

Wenn die Schüler selbst eine Cafeteria betreiben,

Verantwortung

lernen sie ~~Verandwortung~~ zu tragen.

Sie müssen ~~dann einkaufen und verkaufen.~~)*

**) sich dann um die Einkäufe kümmern und auch den Verkauf übernehmen.*

Tipp

Achte darauf, dass deine **Korrekturen eindeutig** sind. Wenn du mehr als einmal eine größere Textstelle korrigieren musst, nimm jedes Mal ein anderes Zeichen z. B. *, **, *** oder *a), b), c)* oder *1, 2, 3.* Beim Lesen muss klar sein, welche Korrektur für welche Textstelle gelten soll. Schreibe die Korrekturen auch nicht durcheinander auf dein Korrekturblatt, sondern richte dich von der Reihenfolge her nach ihrem Vorkommen im Text.

7 Schreibaufgaben lösen

Es gibt vier übergeordnete **Textarten**, die in der Prüfung die Grundlage für die Schreibaufgaben bilden können: **Erzählen**, **Berichten**, **Beschreiben** und **Argumentieren**. Darüber hinaus kann dir eine bestimmte **Textsorte**, z. B. ein Brief oder ein Tagebucheintrag, vorgegeben werden.

Beispiel

Wird keine bestimmte Textsorte von dir verlangt, könnte die Aufgabenstellung z. B. so lauten: *Ist die Vorgabe von Wahlaufgaben in der Abschlussprüfung sinnvoll?* ***Argumentiere*** *dafür und dagegen.*

Beispiel

Es könnte aber auch heißen: *Ist die Vorgabe von Wahlaufgaben in der Abschlussprüfung sinnvoll? Schreibe einen* ***Brief*** *an die Schulleitung, in dem du dafür und dagegen* ***argumentierst****.*

Bei dieser Aufgabenstellung sollst du also eine **Argumentation** (Textart) in Form eines **Briefs** (Textsorte) verfassen.

In den folgenden Kapiteln werden dir die vier verschiedenen Textarten ausführlich vorgestellt. Einen Überblick über die einzelnen Textsorten findest du auf den Seiten 45–49.

Tipp

Lies die Aufgabenstellung immer ganz genau durch. Beantworte dir dann die folgenden Fragen:

- Welche **Textart** wird verlangt?
- Soll der Aufsatz in Form einer bestimmten **Textsorte** verfasst werden?
  Wenn ja: Um welche handelt es sich? Welche besonderen Merkmale zeichnen einen solchen Text aus? Welche Form und welche Sprache sind passend für diese Textsorte?

Am besten hältst du die wesentlichen Aspekte der Aufgabe stichwortartig auf einem extra Blatt fest.

7.1 Erzählen

Interaktive Aufgaben: Erzählen

Freies Erzählen

Bei einer freien, d. h. nicht textgebundenen Aufgabenstellung erzählst du von etwas, das du selbst erlebt hast oder von dem du (z. B. in den Medien) gehört oder gelesen hast. Selbstverständlich kannst du auch selbst eine Geschichte erfinden. Wähle eine **treffende Überschrift** und informiere am besten schon in der Einleitung über Ort und Zeit des Geschehens. Eine Erzählung sollte in der Regel **Spannung aufbauen**, indem sie auf einen überraschenden **Höhepunkt** zuläuft. Ziel deiner Erzählung ist es, die Leser*innen mit deiner Geschichte zu fesseln. Achte daher darauf, in einer möglichst lebendigen Sprache zu schreiben. Verwende z. B. viele treffende Adjektive und Verben, wörtliche Rede und sprachliche Bilder. Du kannst sowohl in der Ich-Form schreiben als auch aus der Perspektive eines Er-/Sie-Erzählers. Tempus ist in der Regel das Präteritum.

Textgebundenes Erzählen

Besonders bei literarischen Prüfungstexten werden häufig Schreibaufgaben gestellt, die von dir verlangen, dass du auf der Grundlage des Originaltextes einen neuen Text schreibst.

Entweder sollst du

- den Text **umgestalten** (z. B. ein Gedicht in eine Geschichte umwandeln) oder
- eine **Fortsetzung** zu einem Text schreiben oder
- die **Perspektive einer der beteiligten Figuren** einnehmen und dich aus ihrer Sicht schriftlich äußern.

Die **Informationen**, die du dem **Originaltext** entnehmen kannst, bilden die Grundlage für dein Schreiben. Wenn du z. B. eine **Fortsetzung zu einem Text** schreiben sollst (z. B. zu einer Kurzgeschichte), muss der Inhalt, den du dir überlegst, dazu passen. Auch muss dein Text möglichst im gleichen Stil wie der Originaltext geschrieben sein. Wenn dir aufgetragen wird, aus der **Sicht einer Figur** zu schreiben, ist es wichtig, dass du dich in die Situation der betreffenden Figur aus dem Text hineinversetzt, denn es geht immer auch darum, dass du Gefühle, Gedanken und Eindrücke so schilderst, als ob du die betreffende Figur wärst. Greife auch hierfür die Informationen auf, die der Text dazu enthält. Verwende die Ich-Form oder die personale Erzählperspektive sowie eine Sprachebene, die der Figur entspricht (z. B. Umgangssprache, Fachsprache).

Wie bei allen Schreibaufgaben musst du vor dem Schreiben als Erstes die Aufgabenstellung genau durchdenken:

- **Wer schreibt** den Text?
  Was für eine Person ist es? Was will diese Person erreichen? Was weiß sie, was weiß sie nicht? In welcher Situation befindet sich die Person? Welche Sprache wird sie verwenden?
- **An wen** ist der Text **adressiert**?
  An welche Leser*innen richtet sich der Text? Welche Meinung(en) könnten sie zu dem Thema vertreten? Was wissen sie, was wissen sie nicht? Welche Erwartungen haben sie an Sprache und Form des Textes?
- Um welches **Thema** geht es?
  Welche Informationen vermittelt der Text dazu? Welches Erfahrungswissen hast du zu diesem Thema?
- Soll die Erzählung in einer bestimmten **Textsorte** (z. B. Brief, Tagebucheintrag) verfasst werden? Welche Merkmale kennzeichnen diese?

Wähle dann eine Sprache und Form, die zur schreibenden Person, zur Leserschaft und gegebenenfalls zur Textsorte passt und auch dem Thema gerecht wird.

Tipp

Bei **textgebundenen Schreibaufgaben** solltest du dich unbedingt am Text orientieren, denn deine Darstellung muss stimmig sein und genau dazu passen. Schreibe nichts, was dem Text widerspricht! Erfinde z. B. kein Happy End, wenn der Originaltext das nicht nahelegt.

Trotzdem musst du auch deine **Fantasie** spielen lassen, d. h., du solltest die Darstellung in deinem Text durch dein **Erfahrungswissen** anreichern. Überlege also, was sich glaubhaft hinzuerfinden lässt. Denke dir passende Einzelheiten aus!

Interaktive Aufgaben: Berichten

7.2 Berichten

Mit einem berichtenden Text vermittelt die Verfasserin oder der Verfasser den Leserinnen und Lesern Kenntnisse zu einem bestimmten Sachverhalt. Typische Beispiele sind unter anderem Unfallbericht oder Praktikumsbericht. Wenn du also solch einen berichtenden Text schreiben willst, solltest du über genügend Wissen zu diesem Thema verfügen. Wenn du eine textbezogene Wahlaufgabe bearbeitest, kannst du dieses Wissen zu einem Großteil dem Text entnehmen. Für deinen Aufsatz musst du dann die entscheidenden Informationen sinnvoll auswählen, sie geschickt anordnen und verständlich darstellen. Bei einer nicht textbezogenen Wahlaufgabe musst du auf dein Erfahrungswissen zurückgreifen.

Folgendes solltest du beim Verfassen eines berichtenden Textes beachten:

- Ein berichtender Text muss immer Antworten auf die sieben W-Fragen geben:
  Was? (Was ist geschehen?)
  Wer? (Wer war daran beteiligt?)
  Wo? (Ort des Geschehens)
  Wann? (Datum, Uhrzeit, Zeitspanne des Ereignisses)
  Wie? (genauer Ablauf des Geschehens)
  Warum? (Warum kam es dazu? Welche Gründe/Ursachen gab es für das Ereignis?)
  Welche Folgen? (Welche Auswirkungen hat das Geschehen?)
- Schreibe **neutral**. Persönliche Wertungen und Kommentare äußerst du nicht. (Ausnahme: Im Schluss deines Textes kannst du unter Umständen kurz auf deine eigene Meinung zum Thema eingehen.)
- **Sprache** und **Stil** sind klar, sachlich-präzise und faktenorientiert. Der Satzbau sollte einfach und knapp sein.
- Die Zeitform ist meist das **Präteritum**.
- **Achte** darauf, **eigene Worte** zu verwenden. Umgangssprachliche Ausdrücke solltest du aber vermeiden. Schreibe möglichst immer in der **Standardsprache**.
- Verwende die **indirekte Rede**, um Meinungsäußerungen oder Zeugenaussagen wiederzugeben.

Schritt für Schritt

Einen berichtenden Text schreiben

1. **Informationen sammeln:**
   - Wenn sich die Schreibaufgabe auf den Prüfungstext bezieht, lies diesen noch einmal gründlich und suche dabei nach wesentlichen Auskünften zum Thema. Markiere die entsprechenden Textstellen oder schreibe sie heraus. Informationen, die inhaltlich zusammengehören, kennzeichnest du mit gleichen Buchstaben oder Zeichen. Finde Zwischenüberschriften für diese „Informations-Gruppen", z. B.: *Problem, Häufigkeit* etc.
   - Bezieht sich die Schreibaufgabe **nicht** auf den Prüfungstext, notiere dir in einer Art „Brainstorming" alle Informationen, die dir zum Thema in den Sinn kommen ungeordnet auf einem extra Blatt. Wenn du genügend Stichpunkte gesammelt hast, versuche sie zu ordnen, z. B. in Form einer Mindmap.
2. **Die Informationen selektieren:** Überlege dir, welche Informationen wirklich relevant sind, um den Sachverhalt darzustellen. Streiche überflüssige Punkte.
3. **Die Reihenfolge bestimmen:** Lege für deine Stichpunkte bzw. Zwischenüberschriften eine sinnvolle Reihenfolge fest, indem du sie nummerierst.
4. **Den Schreibplan erstellen:** Trage die Stichpunkte bzw. Zwischenüberschriften in deinen Schreibplan ein. Sie gehören in den Hauptteil. Ergänze dann im Schreibplan stichwortartig deine Ideen für die Einleitung und den Schluss.
5. **Die Einleitung schreiben:** Wecke das Interesse der Leser*innen und beantworte die W-Fragen: Was ist geschehen? Wann und wo ist es geschehen? Wer war beteiligt?
6. **Den Hauptteil schreiben:** Nimm dir nacheinander die einzelnen Stichpunkte vor, die du in deinem Schreibplan notiert hast, und formuliere sie aus. Zähle die Informationen aber nicht bloß auf, sondern stelle Zusammenhänge her, z. B. mithilfe von Konjunktionen und Adverbien. Für den **Aufbau** des **Hauptteils** gilt: vom Allgemeinen zum Besonderen. Beantworte also nacheinander diese Fragen: a) Was lässt sich **grundlegend** über das Thema sagen? b) Welche **Besonderheiten** sind zu erkennen? c) Welche **Probleme** gibt es damit?
7. **Den Schluss schreiben:** Formuliere ein Fazit, indem du weiterführende Gedanken zum Thema äußerst. Du kannst z. B. sagen, welche Meinung du dazu hast. Wichtig: Vermeide die Wiederholung von Aussagen, die du bereits im Hauptteil gemacht hast!

Tipp

Wenn du zu einem Thema über keine geeigneten Kenntnisse verfügst, kannst du auch Informationen **erfinden**. In der Prüfung geht es ja nicht darum, dein tatsächliches Faktenwissen zu überprüfen. Du sollst vielmehr unter Beweis stellen, dass du die Formmerkmale eines berichtenden Textes kennst und anwenden kannst. Achte aber darauf, dass deine erfundenen Informationen **plausibel** und **wirklichkeitsnah** sind.

7.3 Beschreiben

Interaktive Aufgaben: Beschreiben

Beim Beschreiben eines Gegenstandes, einer Person oder eines Vorgangs geht es vor allem um Genauigkeit. Nachdem man deinen Text gelesen hat, sollte man sich ein konkretes Bild von dem Beschriebenen machen können.
Auf folgende Punkte solltest du beim Verfassen eines beschreibenden Textes besonders achten:

- Gehe vom Großen zum Kleinen: Beschreibe zunächst die Merkmale, die sofort ins Auge fallen, und gehen dann ins Detail.
- Achte auf **logische Verknüpfungen:** Bei Vorgangsbeschreibungen ist es besonders wichtig, dass die zeitliche Abfolge nachvollziehbar ist. Bei der Beschreibung von Gegenständen oder Personen solltest du so vorgehen, dass sich das Objekt langsam vor deinem inneren Auge aufbaut. Beschreibe z. B. nicht zuerst den Kopf und dann die Füße, sondern der Reihenfolge nach Kopf, Hals, Rumpf etc.
- Bleibe **sachlich**. Eine bildhafte und emotionale Sprache gehört nicht in eine Beschreibung. Verfasse deinen Text immer im **Präsens**.

Hinweis

Gelegentlich können die **Aufgabenstellungen** so formuliert sein, dass sich der Begriff „beschreiben" nicht auf eine nüchtern-sachliche Gegenstands-, Vorgangs- oder Personenbeschreibung bezieht, sondern vielmehr auf die **Schilderung von Wahrnehmungen und Sinneseindrücken**. Es kann in der Aufgabenstellung beispielsweise heißen *„Beschreibe, wie ein plötzlicher Wintereinbruch deine Stimmung beeinflusst hat."* In diesem Fall liegt die Aufgabe an der Grenze zum Verfassen eines erzählenden Textes. Denn natürlich sollst du deine Wahrnehmungen möglichst detailliert und anschaulich beschreiben, aber du wirst es kaum vermeiden können, bei der Darstellung eines plötzlichen Wintereinbruchs etwas Spannung zu erzeugen, und auch eine sachbezogene, nüchterne Sprache, wie sie z. B. für eine Gegenstandsbeschreibung typisch ist, wäre hier unpassend.
Schreibe im Falle einer solchen Aufgabenstellung einen persönlichen, eventuell auch emotionalen Text, der erzählende Elemente enthalten kann. Achte aber stets darauf, den Schwerpunkt auf die genaue und anschauliche Beschreibung deiner Wahrnehmungen, Sinneseindrücke etc. zu legen. Als Zeitform kommen je nach Aufgabenstellung Präsens oder Präteritum infrage.

Eine literarische Figur charakterisieren

Hin und wieder bekommst du den Auftrag, die Persönlichkeit einer literarischen Figur zu beschreiben. Dann musst du **aus den Verhaltensweisen**, die sie zeigt, ihre **Charaktereigenschaften ableiten**. Bei literarischen Texten ist es selten der Fall, dass der Erzähler direkt sagt, welche Eigenschaften eine Figur auszeichnen. Ob jemand stolz, neidisch, eifersüchtig, habgierig oder hilfsbereit ist, kann man in der Regel nur anhand seiner Verhaltensweisen erkennen.
Wenn man die Persönlichkeit einer literarischen Figur beschreiben soll, verfasst man eine **Charakteristik**. Eine Charakteristik baust du so auf:

Schritt für Schritt

Eine Figurencharakteristik schreiben

1. In der **Einleitung stellst du die Figur**, um die es geht, **vor**. Nenne ihren Namen, ihr Geschlecht, ihr Alter, ihren Familienstand, ihren Beruf, ihre Wohnverhältnisse u. Ä., soweit der Text diese Informationen gibt. Auch das Aussehen gehört dazu.
2. Im **Hauptteil** beschreibst du ihren **Charakter**. Formuliere Aussagen zu ihren Charaktereigenschaften und stelle dar, woran du sie erkennst. Belege deine Aussagen anhand von Textstellen, aus denen sich diese Eigenschaften ablesen lassen. Beachte dabei die Hinweise zum richtigen Umgang mit Textbelegen (S. 50).
3. Am **Schluss** rundest du deine Charakteristik ab, z. B., indem du die Figur **bewertest**. Wenn deine Bewertung negativ ausfallen sollte, kannst du auch versuchen, eine Erklärung dafür zu finden: Befindet sich die Figur in einer misslichen Situation? Wird sie von anderen unterdrückt oder ausgenutzt?

Tipp

Um aus den Verhaltensweisen einer Figur die entsprechenden Charaktereigenschaften abzuleiten, musst du auf dein **Erfahrungswissen** zurückgreifen. Frage dich jeweils: *Wann verhält man sich so? Was sagt das normalerweise über einen Menschen aus?* Danach orientierst du dich wieder am Text. Überlege, ob dein Erfahrungswissen zum Text passt. Gegebenenfalls musst du **mehrere Textstellen** berücksichtigen, um das Verhalten einer Figur eindeutig beurteilen zu können.

Interaktive Aufgaben: Argumentieren

7.4 Argumentieren: Erörterung und Stellungnahme

Ziel eines argumentativen Texts ist es in der Regel, die Leser*innen von der Richtigkeit der eigenen Meinung zu einem Thema zu überzeugen. Oft möchte man sie auch zu einer Handlung bewegen. Um diese Ziele zu erreichen, muss man **überzeugende Argumente** anführen. Es gibt Pro- und Kontra-Argumente: Mit einem Pro-Argument äußert man seine Zustimmung, ein Kontra-Argument drückt Ablehnung aus.
Einige Schreibaufgaben verlangen von dir, dass du dich auf **dein Erfahrungswissen** beziehst, um einen argumentativen Text zu verfassen. Es gibt aber auch Schreibaufgaben auf der **Basis eines Textes**. Dann musst du die Textinformationen berücksichtigen, um eine Argumentation zu entwickeln.

Die Struktur von Argumenten kennen

Ein überzeugendes Argument besteht in der Regel aus drei Teilen: einer **These** (Behauptung), einer ausführlichen **Begründung** und einem passenden **Beispiel**. Die Reihenfolge der einzelnen Bestandteile eines Arguments ist nicht festgelegt. Man kann mit einer These beginnen und die Begründung (mit Beispiel) folgen lassen. Es ist aber auch möglich, als Erstes ein Beispiel anzuführen, das man anschließend erläutert *(Was zeigt dieses Beispiel?)*. Danach folgt eine Schlussfolgerung; das ist in diesem Fall die These.
Besonders „rund“ wirkt ein Argument, wenn es am Anfang und am Ende von einer These „eingerahmt“ wird. Die These, mit der man das Argument

beschließt, klingt dann wie eine Bekräftigung der Anfangsthese. Man muss nur aufpassen, dass man die These am Anfang des Arguments anders ausdrückt als am Schluss. (Wenn dir das nicht gelingt, solltest du lieber auf die Bekräftigungsthese verzichten.)

Beispiel *Sollten Schüler*innen am Nachmittag einen Nebenjob annehmen?*
Zu dieser Frage könnte ein **Pro-Argument** so aussehen:

These	Es ist eine gute Idee, wenn Schüler*innen nachmittags einen Nebenjob annehmen.
Begründung, Veranschaulichung durch **Beispiele,** weitere Erläuterungen zur Begründung	Denn so verdienen sie eigenes Geld, und wenn sie sich davon hin und wieder etwas Neues kaufen, z. B. ein Kleidungsstück oder eine CD, dann können sie sich nicht nur über ihre Einkäufe freuen, sondern sie können sich auch voller Stolz sagen: „Das habe ich mir erarbeitet!" Jugendliche, die kein eigenes Geld verdienen, kennen dieses Gefühl nicht.
Schlussfolgerung (= Bekräftigung der These)	Deshalb kann man es allen Jugendlichen nur empfehlen, nachmittags einen Job anzunehmen.

Tipp

> Wenn dir kein **passendes Beispiel** einfällt, um die Begründung in einem Argument zu veranschaulichen, kannst du dir notfalls auch eines **ausdenken**. Vielleicht gehst du einfach von dir selbst aus, z. B.: *Ich würde gern durch einen Nebenjob ein wenig Geld verdienen. Das würde ich sparen, um mir davon später meinen Führerschein zu finanzieren.* Falls dir auch das nicht gelingt, musst du versuchen, deine Begründung ohne Beispiel möglichst ausführlich zu gestalten.

Arten von argumentativen Texten unterscheiden

Bei den argumentativen Texten musst du **Stellungnahme** und **Erörterung** unterscheiden:

- Mit einer **Stellungnahme** äußerst du ausführlich und begründet deine Meinung zu einem Thema. Du beziehst dabei von vornherein eine bestimmte Position und gibst diese gleich zu Anfang bekannt. Anschließend führst du zwei bis drei Argumente aus, um deine Position zu begründen. Am Schluss formulierst du ein Ergebnis, in dem du deine Meinung noch einmal bekräftigst.
- Bei der **Erörterung** gelangst du erst am Ende zu einem Ergebnis. Man unterscheidet zwei Formen: die **lineare** und die **kontroverse** Erörterung.
  - Bei einer **linearen Erörterung** behandelst du eine Fragestellung aus nur einer Blickrichtung. Dementsprechend besteht der Hauptteil in der Regel nur aus einem Abschnitt (eingliedrige Erörterung). So kann es z. B. sein, dass du nach den Vorteilen einer Entwicklung gefragt wirst

(nur nach den Vorteilen!). Oder du sollst für ein bestimmtes Problem eine Erklärung oder Lösungsmöglichkeiten suchen. Du führst dann mehrere passende Überlegungen an (z. B. verschiedene Vorteile, Erklärungsansätze oder Lösungsvorschläge) und begründest sie. Das sind deine Argumente. Ordne sie so an, dass eine Steigerung nach Wichtigkeit zu erkennen ist. Zum Schluss kommst du zu einem Ergebnis.

- Bei einer **kontroversen Erörterung** betrachtest du ein Thema von zwei Seiten: Du wägst Für und Wider ab und gelangst so am Schluss zu deiner Meinung. Eine solche Erörterung ist meist zweigliedrig, d. h., der Hauptteil besteht aus zwei Abschnitten: einem Pro- und einem Kontra-Teil. Im Hauptteil trägst du nacheinander mehrere Argumente für jede Seite vor. Ordne die Argumenten-Blöcke (Pro, Kontra) so an, dass du am Ende des Hauptteils nahtlos zu der Position überleiten kannst, die du selbst einnimmst: Wenn du die Pro-Meinung vertrittst, beginnst du die Erörterung mit den Kontra-Argumenten; bist du für die Kontra-Seite, beginnst du mit den Pro-Argumenten.

Im **Aufbau** unterscheiden sich die beiden **Erörterungsarten** nur in Bezug auf den Hauptteil; ansonsten sind sie ähnlich strukturiert: In der **Einleitung** führt man zur Fragestellung hin: Entweder nennt man ein passendes Beispiel oder man erklärt, weshalb man sich mit dem Thema befassen will. Im **Hauptteil** trägt man die Argumente oder Erklärungsansätze vor. Und am **Schluss** gelangt man zu einem Ergebnis.

Beispiel

So könnten Aufgaben zu Stellungnahme und Erörterung lauten.

- **Stellungnahme:** *Einige Politiker fordern, dass Eltern von Kindern, die regelmäßig die Schule schwänzen, das Kindergeld entzogen wird. Nimm begründet Stellung zu dieser Forderung.*
- **Lineare Erörterung:** *Es gibt immer wieder Schüler*innen, die anfangen, regelmäßig die Schule zu schwänzen. Welche Gründe kann es dafür geben? Erörtere diese Frage.*
- **Kontroverse Erörterung:** *Sollte Eltern, deren Kinder regelmäßig die Schule schwänzen, das Kindergeld entzogen werden? Argumentiere das Für und Wider dieser Forderung.*

Tipp

Auch bei einer Stellungnahme ist es geschickt, wenn du neben deinen eigenen Argumenten ein bis zwei **Argumente der Gegenseite** anführst. Damit signalisierst du, dass du gründlich über das Thema nachgedacht hast, und du wirkst **überzeugender**, als wenn du nur deine eigene Position vertrittst. Allerdings solltest du bei einem Argument der Gegenseite schnell deutlich machen, dass du es schwach findest. Lege das Argument so an, dass man beim Lesen geradezu auf das erlösende „Aber“ wartet, z. B. so: *Zwar ist es richtig, dass … Aber man darf nicht vergessen, dass …*

Einen argumentativen Text gestalten

Diese Punkte solltest du beim Schreiben jedes argumentativen Texts beachten:

- Führe **nicht zu viele Argumente** an: Die Anzahl ist nicht das Entscheidende. Vier überzeugende Argumente sind besser als sechs schwache!
- Ordne deine Argumente nach dem **Prinzip ansteigender Wichtigkeit**: Beginne mit einem Argument, dem du eher wenig Gewicht beimisst. Erläutere dann zunehmend bedeutsame Aspekte. Am Schluss führst du das überzeugendste Argument aus. (Bei den Argumenten der Gegenseite verfährst du umgekehrt: Beginne mit einem einleuchtenden Argument und füge dann noch eines oder zwei weniger wichtige hinzu.)
- Zähle deine Argumente nicht nur auf, sondern stelle **Überleitungen** zwischen ihnen her. Eigentlich gibt es nur zwei Möglichkeiten:
  - Zwei aufeinanderfolgende Argumente passen zusammen, z. B. weil beide Pro-Argumente sind. Dann wählst du eine Überleitung, die eine Reihung zum Ausdruck bringt, z. B.: *Hinzu kommt, dass … Außerdem sollte man berücksichtigen, dass …*
  - Zwei aufeinanderfolgende Argumente passen nicht zusammen, z. B. weil das erste ein Pro-Argument und das zweite ein Kontra-Argument ist. Dann wählst du eine Überleitung, die einen Gegensatz ausdrückt, z. B.: *Aber … Andererseits … Allerdings …*
- Strukturiere deine Argumentation durch **Absätze:** Stelle jedes Argument in einem eigenen Absatz dar. Beginne also mit jedem neuen Argument einen neuen Absatz.
- Vorherrschendes Tempus ist bei allen argumentativen Textsorten das **Präsens** (für die Darstellung einer Entwicklung, für die eigenen Gedanken). Wenn du dich auf vergangene Sachverhalte beziehst, solltest du jedoch Präteritum oder Perfekt (gelegentlich auch Plusquamperfekt) einsetzen. Wenn du auf Zukünftiges verweist (z. B. am Schluss einen Ausblick gibst), musst du natürlich das Futur verwenden.

Hinweis

Stellungnahme oder Erörterung können mit oder ohne Bezug auf eine bestimmte Textsorte verlangt werden. Die wichtigsten Textsorten im Bereich **argumentativen Schreibens** sind Kommentar und (Leser-)Brief. (Zu den Textsortenmerkmalen vgl. S. 45–49). Ergänzend kannst du dir auch noch einmal in Ruhe die verschiedenen Textsortenmerkmale im Kapitel „Sachtexte verstehen“ auf S. 16 f. durchlesen.

Für alle argumentativen Textsorten gilt: In der Aufgabenstellung kann nach deiner **eigenen** Meinung gefragt werden oder aber nach der einer anderen Person, aus deren Sicht heraus du argumentieren sollst.

Digitales Glossar: Begriffe nachschlagen

7.5 Textsorten unterscheiden

Es gibt Textsorten, die relativ eindeutig mit einer bestimmten Textart verknüpft sind: Bei Kommentar oder Leserbrief weißt du z. B. immer, dass du eine Argumentation schreiben musst.

Einige Textsorten, etwa der Brief, können aber verschiedenen Textarten zugeordnet werden. Es kann z. B. von dir verlangt werden einen Brief zu verfassen, in dem du von einem Ferienerlebnis erzählst. In diesem Fall ist die zugrunde liegende Textart das „Erzählen“. Die Aufgabe könnte aber auch so gestellt sein, dass du einen Brief an die Schulleitung verfassen sollst, in dem du zu einem Sachverhalt Stellung nimmst. In diesem Fall ist die zugrunde liegende Textart das „Argumentieren“.

Tipp

Lies dir die Aufgabenstellung immer ganz genau durch. Gerade bei Textsorten, die nicht eindeutig einer bestimmten Textart zugeordnet werden können, wird dir in der Regel in der Aufgabenstellung sehr genau erklärt, **welche Inhalte** dein Text haben sollte und **wie** du ihn verfassen sollst.

Kommentar

Wenn in der Aufgabenstellung von dir verlangt wird, einen Kommentar aus deiner eigenen Perspektive zu schreiben, dann unterscheidet sich dieser Arbeitsauftrag im Prinzip nur wenig von dem Arbeitsauftrag *„Nimm Stellung!“*. Schreibe in diesem Fall eine Stellungnahme wie auf Seite 42 f. beschrieben. (Du kannst versuchen, deinen Text etwas „journalistischer“ zu gestalten als bei einer Stellungnahme. Ein Kommentar kann ernsthaft und angriffslustig formuliert sein; aber auch Ironie ist als Stilmittel möglich. Verwende Fach- und Fremdwörter, wertende Adjektive, Wortspiele, Gegensätze, Vergleiche oder Übertreibungen.) Es kann auch von dir erwartet werden, den Kommentar aus einer Fremdperspektive zu verfassen. Hier musst du im Gegensatz zu einer einfachen Stellungnahme von deiner eigenen Position abstrahieren und dich in die Rolle der Person versetzen, aus deren Sicht du den Kommentar verfassen sollst. Achte vor allem darauf, Sprache und Stil der Stellung der betreffenden Person (Schüler, Politiker, Sänger, …) anzupassen.

Rede

Wenn du eine Rede schreiben sollst, dann geht es in der Regel darum, einen argumentativen Text zu verfassen, mit dem du das Publikum von deiner (oder einer dir in der Aufgabenstellung vorgegebenen) Position überzeugen sollst. Wie nahezu jeder Text gliedert sich auch die Rede in eine Einleitung, einen Hauptteil und einen Schluss. Zunächst begrüßt du das Publikum und nennst den Grund für deine Rede. Im Hauptteil beschreibst du die Problematik, stellst deine Meinung dar und begründest sie mit Argumenten, um die Zuhörenden zu überzeugen. Zum Schluss formulierst du einen Appell, vielleicht mit der Wiederholung deines stärksten Arguments, und bedankst dich dafür, dass man dir zugehört hat.

Brief

- Der **Leserbrief** ist eine Stellungnahme in Briefform. Er enthält die Meinungsäußerung einer Leserin oder eines Lesers, in der Regel als Reaktion auf einen in einer Zeitung oder Zeitschrift erschienenen Pressetext.
  Adressiert ist der Leserbrief zunächst an die Redaktion, hauptsächlich aber an die anderen Leser*innen der Zeitung/Zeitschrift. Achte darauf, den Leserbrief mit Orts- und Datumsangabe und einer entsprechenden Anrede zu beginnen sowie mit einer passenden Schlussformel *(Mit freundlichen Grüßen …)* zu beenden.
  Wie beim Kommentar solltest du für deinen Leserbrief eine deutliche, gelegentlich auch ein wenig pointierte oder provozierende Sprache verwenden, um die eigene Meinung klar zum Ausdruck zu bringen. Der Leserbrief kann jedoch subjektiver und emotionaler formuliert werden als ein Kommentar; Umgangssprache ist stellenweise möglich.

- Auch **formale Briefe** sind sehr häufig argumentativ. Ziel eines formalen Briefs ist es, ein bestimmtes Anliegen (z. B. eine Bitte, Beschwerde o. Ä.) vorzubringen. Adressiert ist er meist an eine Behörde, eine Institution oder ein Unternehmen. Beginne deinen Brief immer mit einem Briefkopf (Name und Anschrift des Absenders, Datum, Name und Anschrift des Empfängers). Darunter nennst du in der Betreffzeile das Anliegen, darauf folgt die höfliche Anrede des Empfängers. Im eigentlichen Brieftext nimmst du zunächst Bezug auf den Anlass des Schreibens, trägst das Anliegen vor und begründest es ausführlich (je nach Aufgabenstellung aus eigener oder fremder Perspektive). Anschließend bringst du zum Ausdruck, was du mit deinem Schreiben erreichen möchtest. Beende deinen Brief mit Grußformel und Unterschrift. Verfasse deinen Brief höflich und sachlich in Standardsprache. Scheue dich aber auch nicht davor, hin und wieder deutlich an den Empfänger zu appellieren, denn in der Regel ist es das Ziel deines Briefs, ihn zu einer bestimmten Handlung aufzufordern.
  Es ist auch möglich, dass du z. B. einen Bericht oder eine Personenbeschreibung in Briefform verfassen sollst. Beachte in diesem Fall die Merkmale eines Briefs und formuliere den Briefinhalt entsprechend der geforderten Textart.

- Bei einem **persönlichen Brief** geht es um den schriftlichen Austausch mit einer vertrauten Person. Die Darstellung sollte einfühlsam sein und sich in der Sprache an deren Erwartungen orientieren, aber ebenso zur schreibenden Person passen. Zeitformen sind in der Regel Präsens und Perfekt. Beachte auch beim persönlichen Brief die äußere Form mit Absender- und Empfängeradresse, Orts- und Datumsangabe, Anrede und Schlussformel. Handelt es sich um einen textgebundenen Brief, dann musst du meist aus der Perspektive einer Figur aus dem Text schreiben, in deren Lage du dich versetzen sollst. In einem persönlichen Brief musst du je nach Aufgabenstellung z. B. eine Geschichte erzählen, etwas beschreiben oder argumentieren, z. B., wenn du einen Freund von etwas überzeugen möchtest.

Tagebucheintrag

Ein Tagebucheintrag ist persönlich gestaltet, da hier Probleme, Sorgen, Gedanken und Gefühle geschildert werden. Das Tagebuch ähnelt darin einem Brief an einen sehr guten Freund. Das Schreiben selbst ist aber, im Gegensatz zum Brief, an keine bestimmte Person gerichtet. Der Text wirkt spontan. Er ist so geschrieben, wie es der schreibenden Person in den Sinn kommt. Tempus ist das Perfekt oder Präteritum für die Darstellung des Erlebten sowie Präsens und Futur für die Gedanken über das Erlebte.
Das Schreiben eines Tagebucheintrags steht dem „Erzählen" sehr nahe, da z. B. von einem besonderen Tageserlebnis erzählt werden kann. Beachte aber, dass es bei einem Tagebucheintrag in der Regel nicht darum geht, Spannung zu erzeugen. Wichtig ist vielmehr die Aufarbeitung des Erlebten, die Darstellung der Gedanken und Gefühle.

Innerer Monolog

In einem inneren Monolog werden Gedanken, Gefühle, Vorstellungen und Erinnerungen wiedergegeben, die in Wirklichkeit unausgesprochen bleiben. Zeitform ist die 1. Person Singular Präsens („stummes Selbstgespräch"); die Sätze folgen meist spontan und zusammenhanglos-sprunghaft aufeinander.

Beispiel *Wie lang' wird denn das noch dauern? Ich muss auf die Uhr schauen … schickt sich wahrscheinlich nicht in einem so ernsten Konzert. Aber wer sieht's denn? Wenn's einer sieht, so passt er gerade so wenig auf, wie ich, und vor dem brauch' ich mich nicht zu genieren …*

Dialog

Ein Dialog kann z. B. in einer Schreibaufgabe verlangt werden, die sich auf einen literarischen Text bezieht. Bei einem Dialog besteht die Schwierigkeit darin, dass du dich in zwei verschiedene Figuren hineinversetzen musst. Achte darauf, dass sich die Aussagen der Redenden aufeinander beziehen und dass das Gespräch möglichst lebendig wirkt. Die Figuren können sich z. B. auch einmal ins Wort fallen oder für einen Moment schweigen (das markierst du dann mit Auslassungspunkten „…"). Versuche dem Dialog einen Spannungsverlauf zu geben, z. B. mit einem Höhepunkt in der Mitte oder am Schluss.
Es kann auch von dir erwartet werden, einen Dialog in Form eines **Streitgesprächs** zu verfassen. In diesem Fall musst du eine Pro-Kontra-Argumentation schreiben, bei der die beiden Redenden konträre Positionen vertreten.

Interview

In der Regel besteht das Interview aus einer Abfolge von Fragen und Antworten in wörtlicher Rede, wobei der Gesprächsverlauf durch die Art der Fragen bestimmt wird. Ziel ist es, die Leser*innen vor allem über die Meinung des/der Befragten zu einem bestimmten Sachverhalt zu informieren. In deinem Aufsatz musst du sowohl Fragen als auch Antworten selbst schreiben. Gehe dabei so vor:

- Versetze dich in die Rolle der Person, aus deren Sicht du das Interview führen sollst. Überlege dir, welche Fragen sie stellen würde. Die Fragen sollten aufeinander aufbauen und vom Allgemeinen zum Besonderen hinführen. Sie können sachlich, aber auch provozierend gestellt werden. Typisch für Wortwahl und Stil ist die Nähe zur mündlichen bzw. gesprochenen Sprache.
- Versetze dich nun in die Rolle der befragten Person. Welche Antworten sind aus ihrer Sicht sinnvoll? Der Stil der Antworten hängt von der befragten Person ab. Wenn du aus der Perspektive eines Schülers schreibst, kannst du die Antworten beispielsweise jugendsprachlicher gestalten als z. B. die eines Lehrers.
- Bei einer textgebundenen Schreibaufgabe musst du darauf achten, dass deine Fragen und Antworten auf Informationen aus dem Text aufbauen.

Der Inhalt eines Interviews kann je nach Aufgabenstellung variieren. Es ist denkbar, dass du deine Meinung oder die einer anderen Person in Form eines argumentativen Interviews entwickeln sollst. Möglich wäre aber auch, dass du z. B. den Augenzeugen eines Unfalls interviewen oder ein Gespräch zu eher persönlichen Fragen formulieren sollst.

Werbetext

Der Appell an die Leser*innen, sich für ein bestimmtes Produkt oder eine bestimmte Handlung (z. B. Wahl einer Partei, Reise etc.) zu entscheiden, ist das Wesentliche an einem Werbetext. Durch direkte Anrede, rhetorische Fragen oder scheinbare Dialoge (z. B. mit einem potenziellen Kunden) soll das Interesse des Leser*innen geweckt werden. Ein Werbetext hat die Absicht, das beworbene Produkt unverwechselbar und einzigartig zu machen (hoher Wiedererkennungswert). Wenn du aufgefordert wirst, einen Werbetext zu verfassen, solltest du daher versuchen, dir möglichst wirkungsvolle und einprägsame Werbeslogans auszudenken. Sprache und Stil eines Werbetextes sind anschaulich und bildhaft, es werden Wortneuschöpfungen (z. B. *unkaputtbar*), Wortspiele (z. B. *da, wo das Möbel haust*), Umgangssprache, Fremdwörter/-sprache, Schlagwörter und viele rhetorische Figuren verwendet. Der Satzbau beschränkt sich meist auf kurze einfache Sätze, Aufzählungen, Ausrufe- und Fragesätze. Bei Werbetexten spielt auch die Gestaltung des Textes (Layout) eine entscheidende Rolle. Durch sie wird der Leser überhaupt erst auf den Text aufmerksam. In der Prüfung sind deine gestalterischen Möglichkeiten natürlich beschränkt. Versuche aber z. B. durch Unterstreichungen oder Wörter in Großbuchstaben Akzente zu setzen.

Satirische Texte

Ein satirischer Text ist eine besondere Form der Stellungnahme. Satiren dienen dazu, gesellschaftliche Missstände oder menschliche Verhaltensweisen zu verspotten und so zu kritisieren. Die schreibende Person drückt ihre Meinung dabei nicht direkt aus, sondern „verpackt" sie mithilfe einer Reihe sprachlicher Mittel: Ironie, Über- und Untertreibung, überzogene Vergleiche,

Wortneuschöpfungen, Wortspiele und die Einbeziehung von Klischeevorstellungen. Du brauchst nicht alle hier genannten Merkmale zu verwenden, solange die satirische Absicht in deinen Ausführungen erkennbar ist. Satirische Texte können in Form verschiedener Textsorten verfasst werden: als Brief, Geschichte, Tagebucheintrag, Zeitungsartikel für die Schülerzeitung etc. Kurze satirische Artikel, die in Zeitungen oder Zeitschriften erscheinen, bezeichnet man als Glosse (Formmerkmale vgl. S. 17).

8 Einen Text überzeugend gestalten

8.1 Geschickt formulieren

Um einen guten Text zu schreiben, genügt es nicht, dass du etwas Interessantes zu sagen hast; du musst deine Informationen auch so „verpacken", dass die Leser*innen sich **durch die Darstellung angesprochen** fühlen.

Von einem guten Text erwartet man diese Darstellungsqualitäten:

- Verwende **treffende Wörter:** Schreibe z. B. nicht: *Sie machte das Fenster auf.* Besser ist: *Sie öffnete das Fenster.*
- Vermeide **unübersichtliche Satzkonstruktionen:** Am besten verwendest du Satzgefüge, die jeweils aus nur einem Hauptsatz und einem Nebensatz bestehen. Vermeide unübersichtliche „Schachtelsätze", in denen zwei nebensatzeinleitende Konjunktionen direkt aufeinanderfolgen wie z. B. in diesem Satz: *Viele Schüler*innen denken, <u>dass</u>, <u>wenn</u> sie keine Markenkleidung tragen, sie gemobbt werden.* Besser ist es so: *Viele Schüler*innen denken, dass sie gemobbt werden, wenn sie keine Markenkleidung tragen.*
- Platziere wichtige **Informationen richtig:** Schreibe Hauptsätze, um deine wichtigen Aussagen zum Ausdruck zu bringen. In die Nebensätze gehören die Zusatzinformationen, die eher als beiläufig anzusehen sind.
- Gestalte **Satzanfänge unterschiedlich:** Beginne nicht immer mit dem Subjekt. Stelle auch einmal eine adverbiale Bestimmung an den Satzanfang. Das macht deinen Text abwechslungsreicher und interessanter.
- Verbinde **Sätze sinnvoll:** Wähle zum Verknüpfen von Sätzen gezielt passende Konjunktionen und Adverbien aus, um den Zusammenhang zu verdeutlichen. Schreibe nicht *und*, *auch* oder *außerdem*, um einen Grund, eine Bedingung oder einen Gegensatz auszudrücken. Verwende besser die Konjunktionen *weil* oder *denn* für einen Grund, *wenn* oder *falls* für eine Bedingung und *aber* oder *doch* für einen Gegensatz.
- Wähle eine **angemessene Sprache:** Verwende keine umgangssprachlichen Ausdrücke in Textsorten, die man in der Standardsprache schreibt. Umgangssprachlich ist es auch, wenn du Wörter unangemessen verkürzt. Schreibe also z. B. nicht *reinkommen*, korrekt heißt es *hereinkommen*.

– Vermeide **Wiederholungen:** Achte darauf, einzelne Nomen nicht unnötig zu wiederholen. Ersetze sie durch passende Pronomen oder Synonyme, z. B. so: *Große Männer sind erfolgreicher als kleinere. Sie verdienen mehr Geld.*
– Achte auf die **äußere Form:** Denke daran: Ein guter Text macht **auch äußerlich einen ansprechenden Eindruck**. Achte darauf, dass deine Schrift sauber und gut zu lesen ist, dass du Aussagen, die inhaltlich zusammengehören, in **Absätzen** zusammenfasst und dass du rund um den Text einen ausreichenden **Rand** (zwei bis drei Zentimeter) lässt.

8.2 Zitate gezielt einsetzen

Bei der Arbeit mit Texten musst du deine Aussagen immer wieder anhand von Zitaten belegen. Dabei geht es weniger darum, dass du möglichst viele Zitate anführst. Entscheidend ist vielmehr, dass du deine Thesen mit **besonders aussagekräftigen Textstellen** untermauerst. Dies ist vor allem bei den Aufgaben zum Erschließen des Textsinns und zur Untersuchung der Sprache notwendig.

So zitierst du richtig:

– Schreibe **wortwörtlich** auf, was im Text steht. Verfälsche nichts! Du musst nicht immer ganze Sätze zitieren. Manchmal genügen auch einzelne Wörter. Du kannst Sätze auch durch Auslassungspunkte verkürzen: *„Gestern […] war er auf der Halfpipe."*
– Setze wörtlich zitierte Textstellen immer in **Anführungszeichen**.
– Ergänze nach dem Zitat die **Zeilennummer**. Dann können die Leser*innen deines Aufsatzes schnell im Text nachschauen, in welchem Zusammenhang das Zitat steht. Setze die Zeilenangabe in Klammern: *(Z. …).*
– **Verknüpfe** die Zitate gut mit deinem eigenen Text.
  Füge nicht nur das Zitat ein: *„xxx …" (Z. …).*
  Führe **mit eigenen Worten** dazu hin, z. B. durch eine deutende Aussage zum Text: *Dass die junge Frau in Wirklichkeit gar nicht so selbstsicher ist, wie es den Anschein hat, wird an ihrem Verhalten deutlich. So heißt es: „xxx …" (Z. …).*
– **Erläutere** jeweils auch den **Sinn** der Zitate.
  Es genügt oft nicht, eine Textstelle nur zu zitieren oder womöglich nur eine Zeilenangabe zu machen. Mit der Erläuterung machst du deutlich,
  - warum die zitierte Textstelle eine Aussage unterstützt, die du zum Inhalt oder zur Darstellung des Textes gemacht hast, oder
  - was man an der Textstelle hinsichtlich der Handlung oder einer Figur erkennen kann.

  Die Erläuterung kann dem Zitat vorangestellt sein oder ihm nachfolgen.

II.B Sprachliche Richtigkeit

Grobe Verstöße gegen die Regeln der Rechtschreibung und Zeichensetzung solltest du in deinem **Prüfungsaufsatz** (Prüfungsteil II.A) vermeiden, denn sie führen immer zu Punktabzug. (Im Prüfungsteil I – Lesen wird die Sprachrichtigkeit deiner Antworten nicht bewertet.)
Während bei der Bewertung deines Aufsatzes jedoch Inhalt, Aufbau und Form sowie deine sprachliche Ausdrucksfähigkeit im Vordergrund stehen, geht es in dem gesonderten **Aufgabenblock zur sprachlichen Richtigkeit** ausschließlich darum, deine Kenntnisse in Rechtschreibung, Zeichensetzung und Grammatik zu prüfen. Es werden dir geschlossene Aufgabenarten gestellt wie z. B. Korrekturaufgaben, Multiple-Choice-Aufgaben, Einsetzaufgaben und Zuordnungsaufgaben (zu den Aufgabenarten vgl. S. 6–9).

9 Prinzipien der Rechtschreibung kennen

Interaktive Aufgaben: Rechtschreibung und Zeichensetzung

In Bezug auf die Schreibweise von Wörtern gelten im Deutschen verschiedene Prinzipien.

Laut-Buchstaben-Prinzip

Es gilt die Regel: **ein Laut = ein Buchstabe**. Das heißt, wenn du in einem Wort z. B. ein *b* hörst, dann schreibst du auch ein *b*. Der Laut *b* ist in den Wörtern *Ra**b**e* und ***b**aden* zu hören.

Hinweis: Für einige Laute schreibt man mehrere Buchstaben, z. B. *ch* und *sch*.

Das Laut-Buchstaben-Prinzip hat allerdings einige **Ausnahmen:**

- **Lehnwörter**
  Bei Lehnwörtern, also Wörtern, die **aus einer anderen Sprache** übernommen wurden, richtet sich die Schreibweise oft noch nach der Herkunftssprache, z. B. *Sympathie* (nicht: *Sümpatie*) oder *Pommes Frites* (nicht: *Pomm Fritz*).
- **Gleicher Buchstabe – unterschiedliche Laute**
  Im Deutschen gibt es mehr Laute als Buchstaben. Also muss mitunter ein einziger Buchstabe verwendet werden, um unterschiedliche Laute zu verschriftlichen. Der Buchstabe *e* findet sich in *Meter* und *Messer*. Die Aussprache des *e* ist aber einmal lang und einmal kurz.
- **Gleicher Laut – unterschiedliche Schreibung**
  Es gibt auch den Fall, dass Laute gleich klingen, aber unterschiedlich geschrieben werden. Insbesondere bei den Konsonanten **b/p**, **d/t** und **g/k** kann es zu Zweifeln kommen, denn am Wortende klingen auch die weichen Buchstaben *b*, *d* und *g* hart, also wie *p*, *t*, und *k*. Das nennt man **Auslautverhärtung**.

Wortstammprinzip

Es gilt die Regel: Der **Wortstamm** von Wörtern der **gleichen Wortfamilie** wird immer gleich geschrieben. Wer also die Schreibweise eines Wortes aus einer Wortfamilie sicher kennt, kann sich die Schreibweisen aller Wörter ableiten, die mit diesem Wort verwandt sind.

Beispiel Der Wortstamm des Wortes *fahren* ist **fahr-**. Daher sind folgende Schreibungen richtig: *fahren, Fahrer, Fahrzeug, Fahrrad, Gefährt, Fährte*

Manchmal kann es sein, dass sich ein Vokal **innerhalb** einer **Wortfamilie** in einen **Umlaut** ändert, also **a** in **ä**, **o** in **ö** oder **u** in **ü**.

Beispiel *Faust – F**ä**uste, offen – **ö**ffnen, Luft – l**ü**ften*

Tipp

> Um das Wortstammprinzip anwenden zu können, musst du natürlich wissen, welche Wörter miteinander verwandt sind. Du solltest dir also angewöhnen, auf solche Wortverwandtschaften zu achten.
>
> Du weißt z. B., dass man *ste**h**len* mit Dehnungs-h schreibt. Dadurch weißt du gleichzeitig auch, dass man *gesto**h**len* und *Diebsta**h**l* mit *h* schreibt.

Das Silbenprinzip

Wörter bestehen aus Silben. Die kürzesten Wörter haben nur eine Silbe (z. B. *Hut, bis*), viele Wörter bestehen aus zwei Silben (z. B.: *Hose, gehen, Grenze*); einige Wörter haben mehr als zwei Silben (z. B.: *Margarine, fotografieren*). Am Ende einer Silbe kann man ein mehrsilbiges Wort trennen, wenn der Platz am Zeilenende nicht mehr reicht.
Es gibt nur wenige Wörter, bei denen eine Silbe mit einem Vokal aufhört und die darauffolgende Silbe mit einem Vokal beginnt (z. B.: *Bau|er, sä|en*). In der Regel markiert ein Konsonant den Beginn der Folgesilbe (z. B.: *be|ten, Ma|de, Re|gen*).
Ein Sonderfall ist das **h** als Kennzeichen des Beginns einer neuen Silbe (z. B.: *ge|hen, zie|hen, lei|hen*). Beachte hier das Stammprinzip: Das *h* bleibt in allen Wörtern, die zur selben Wortfamilie gehören, erhalten – auch dann, wenn es nicht mehr am Silbenanfang steht (z. B.: *geht, zieht, leiht*).

Das Prinzip von Wort und Bedeutung

Für das, was eine (einzige) Bedeutung hat (eine „Sache“ ist), schreibt man auch nur ein Wort, z. B.: *Kinderbett* (und nicht: *Kinder Bett*), *notlanden* (und nicht: *Not landen*), fortsetzen (und nicht: *fort setzen*).

Das Prinzip der Groß- und Kleinschreibung

Im Deutschen schreibt man **Eigennamen** und Nomen sowie **Satzanfänge**, **Anfänge von Überschriften** und höfliche **Anredepronomen** (*Sie, Ihnen, Ihr*) mit einem großen Anfangsbuchstaben. Alle anderen Wörter schreibt man klein. Was die Großschreibung von Nomen betrifft: Es kommt nicht unbedingt darauf an, wie ein Wort im Wörterbuch registriert ist. Von Bedeutung ist, wie es in einem Satz verwendet wird. Wenn ein Wort, das ursprünglich einer anderen Wortart angehört, in einem Satz als Nomen verwendet wird, spricht man von einer **Nominalisierung**.

Beispiel *Es war ein Kommen und Gehen, was ihn beim Lesen störte.*
Was soll dieses ewige Hin und Her?
Man darf die Straße bei Rot nicht überqueren.

*Über den QR-Code kannst du **Lernvideos** zu wichtigen Rechtschreibregeln abrufen.*

10 Grundregeln der Rechtschreibung kennen

Neben den grundsätzlichen Prinzipien gibt es auch feste Regeln zur Rechtschreibung. Im Folgenden sind die wichtigsten zusammengefasst:

10.1 Vokale und Konsonanten

Regeln zur Kennzeichnung von kurzen betonten Vokalen

Kurze betonte Vokale musst du folgendermaßen kennzeichnen:

Kennzeichnung	Regel	Beispiele
Doppel-konsonant	Auf einen kurzen Vokal folgen stets **zwei Konsonanten**.	k**alt**, H**elm**, s**ind**
	Hörst du nach dem Vokal nur einen Konsonanten, dann muss er **verdoppelt** werden.	K**inn**, s**oll**en, K**utt**e
	Ausnahmen und Besonderheiten:	
	• Ein Doppelkonsonant, der zum Wortstamm gehört, **bleibt** in allen Wortformen **erhalten**, auch dann, wenn ein weiterer Konsonant folgt.	best**ell**en – best**ell**t k**enn**en – bek**annt**
	• Bei **manchen einsilbigen Wörtern** schreibt man trotz kurz gesprochenen Vokals keinen Doppelkonsonanten.	d**as**, m**it**, **ob**, z**um**
ck oder tz	Die Konsonanten **k** und **z** werden nicht verdoppelt. Man schreibt nach kurzem betonten Vokal immer **ck** oder **tz**.	M**ück**e, W**itz**e
	Nur in einigen Fremdwörtern kann eine Verdoppelung von **k** und **z** vorkommen.	M**okk**a, P**izz**a
	Merke dir auch folgende Regel: Nach **l**, **m**, **n**, **r** das merke ja – folgt nie **tz** und nie **ck**.	Bal**k**en, Im**k**er, Mün**z**e, Ar**z**t

Regeln zur Kennzeichnung von langen betonten Vokalen

Zur Kennzeichnung von langen betonten Vokalen gibt es folgende Regeln:

Kennzeichnung	Regel	Beispiele
keine Kennzeichnung	Bei den meisten Wörtern wird der lange Vokal **nicht extra gekennzeichnet**.	T**a**g, l**e**sen, B**o**te, fr**a**gen, M**u**t
ie	Ein **langes i** wird in der Regel mit **ie** wiedergegeben. Handelt es sich um ein **Fremdwort**, steht ein einfaches **i**.	T**ie**r, l**ie**ben, Kn**ie** Not**i**z, K**i**no, V**i**rus
Doppelvokal	Es gibt auch Wörter, in denen der **Vokal verdoppelt** wird. Diese Wörter musst du **auswendig lernen**.	**Aa**l, M**ee**r, M**oo**r
Dehnungs-h	Wenn auf den langen betonten Vokal **l**, **m**, **n** oder **r** folgt, wird bei **einigen** Wörtern ein **Dehnungs-h** eingeschoben. Du musst **auswendig lernen**, welche Wörter ein Dehnungs-h haben und welche nicht.	St**uh**l, R**ah**m, S**ah**ne, f**ah**ren **Ohne** Dehnungs-h: Schal, Dame, Mond Schere
silbentrennendes h	In einigen Wörtern kann es sein, dass auf einen **langen** Vokal ein **kurzer** folgt. Dann wird ein sogenanntes **silbentrennendes h** eingefügt, um deutlich zu zeigen, dass eine neue Silbe anfängt.	ge | **h**en, flie | **h**en, se | **h**en

Tipp

Zu den langen Vokalen zählen nicht nur ein lang gesprochenes **a, e, i, o** oder **u**, sondern auch **Doppellaute** wie **au** und **ei**.

Regeln zur Schreibung von s-Lauten

S-Laute können stimmhaft oder stimmlos ausgesprochen werden. Wenn du einen s-Laut **stimmhaft** aussprichst, hört er sich **weich** an, so ähnlich wie das Summen einer Biene. Sprichst du ihn dagegen **stimmlos** aus, klingt er **scharf** wie das Zischen einer Schlange.

Die Schreibweise von s-Lauten hängt von zweierlei ab: von der **Länge des vorangehenden Vokals** und von der **Aussprache des s-Lauts**.

s-Laute richtig schreiben	
s	**Einfaches s** schreibst du, wenn das s **stimmhaft** ist. *Hase, leise, lesen*
ß	**Scharfes ß** schreibst du, wenn der s-Laut **stimmlos** ist und nach **langem Vokal** steht. *Ruß, Füße, beißen, heiß*
ss	**Doppel-s** schreibst du, wenn der s-Laut **stimmlos** ist und nach **kurzem Vokal** steht. *wissen, Kissen, Masse, nass*

10.2 Rechtschreibstrategien anwenden

Wenn du unsicher bist, wie du ein Wort schreiben musst, kannst du bestimmte **Rechtschreibstrategien** anwenden, um die richtige Schreibweise herauszufinden. Sie helfen dir zu hören, welchen Buchstaben du in einem Wort schreiben musst.

Verlängerungsprobe

Wenn du am Ende eines Wortes unsicher bist, ob du **b** oder **p**, **d** oder **t**, **g** oder **k** schreiben musst, verlängerst du es zur Probe:

- Bei **Adjektiven** bildest du die **Steigerungsform**.
  lieb – lieber, wild – wilder, laut – lauter, stark – stärker
- Bei **Nomen** bildest du die **Mehrzahl**.
  Grab – Gräber, Welt – Welten, Wald – Wälder, Zwerg – Zwerge
- Bei **Verben** bildest du die **Grundform**.
  Gib mir das! – geben, er mag – mögen, er rät – raten

Führe auch bei s-Lauten **am Wortende** immer die **Verlängerungsprobe** durch! Im Deutschen wird das stimmhafte *s* am Wortende nämlich zu einem stimmlosen *s*. Indem du die Verlängerungsprobe durchführst, kannst du erkennen, ob das *s* **tatsächlich stimmlos** ist oder ob es **eigentlich stimmhaft** gesprochen wird.

Beispiel

Bei *Maus* hört man nach einem langen Vokal ein stimmloses *s* und müsste daher eigentlich *ß* schreiben, die Verlängerungsprobe zeigt aber, dass das *s* eigentlich stimmhaft ist: *Maus* → *Mäuse*.

Grundformprobe

Wenn du unsicher bist, ob du in einem Wort **ä** oder **e** beziehungsweise **äu** oder **eu** schreiben musst, bildest du zur Probe die Grundform:

- Bei **Adjektiven** bildest du die **nicht gesteigerte Form**.
  älter – alt, fester – fest, feuchter – feucht
- Bei **Nomen** bildest du die **Einzahl**.
  Äste – Ast, Felle – Fell, Mäuse – Maus, Freunde – Freund
- Bei **Verben** bildest du die **Grundform**.
  fährt – fahren, kehrt – kehren, lässt – lassen

Verwandtschaftsprobe

Wenn du den gesuchten Buchstaben weder mit der Verlängerungsprobe noch mit der Grundformprobe hörbar machen kannst, suchst du nach einem anderen Wort aus derselben **Wortfamilie**, an dem du die richtige Schreibweise erkennen kannst.

Zweifelsfall	Beispiele	verwandt mit …	richtige Schreibung
ä oder e?	St___rkung ver___ngen	st**a**rk **e**ng	Stärkung verengen
äu oder eu?	absch___lich F___lnis	Absch**eu** f**au**l	abscheulich Fäulnis
b oder p? **d oder t?** **g oder k?**	Lo___ Wu___ Betru___	lo**b**en wü**t**end betrü**g**en	Lob Wut Betrug
Doppelkonsonant oder einfacher Konsonant?	Sa___lung Gewi___ unfa___bar Ho___nung	sa**mm**eln gewi**nn**en fa**ss**en ho**ff**en	Sammlung Gewinn unfassbar Hoffnung
Dehnungs-h oder nicht?	Diebsta___l schä___len	ste**h**len Schale	Diebstahl schälen

Zerlegprobe

Wenn du dir nicht sicher bist, ob ein Konsonant in der Wortmitte verdoppelt wird oder nicht, kannst du das Wort auch in seine Bestandteile zerlegen. Das ist besonders hilfreich bei Wörtern mit **Vorsilben**, die auf einen Konsonanten enden z. B. *ab – bauen*, *Ent – täuschung*, *ver – raten*.

Tipp

> Lerne die am häufigsten vorkommenden Vorsilben am besten auswendig: **ab-** , **an-** , **auf-** , **aus-** , **ein-** , **ent-** , **er-** , **hin-** , **her-** , **ver-** , **vor-** , **um-**, **weg-** , **zer-**

Die Vokallänge überprüfen

Um herauszufinden, wie du die Konsonanten schreiben musst, die auf einen betonten Vokal folgen, solltest du immer darauf achten, ob du den Vokal **lang** oder **kurz** sprichst. Wenn du dir die Regeln zur Kennzeichnung von lang und kurz gesprochenen Vokalen (vgl. S. 53 f.) gut einprägst, gibt dir die Vokallänge in der Regel Auskunft über die Schreibweise der darauffolgenden Konsonanten.

Beispiel *renen* oder *rennen*? Das betonte *e* wird kurz gesprochen, deshalb muss das darauffolgende *n* verdoppelt werden.

stelen oder *stehlen*? Das betonte *e* wird lang gesprochen, und es folgt ihm ein *l*. Daraus kannst du schließen, dass du ein Dehnungs-h einfügen musst.

Tipp

> Rechtschreibstrategien lassen sich häufig nur bei Problemschreibungen im **Wortinnern** oder am **Wortende** anwenden. Wenn du also nicht weißt, mit welchem Buchstaben ein Wort am Anfang geschrieben wird (z. B. Vogel oder Fogel?), solltest du es im **Wörterbuch** nachschlagen. Wenn du es dort nicht finden kannst, schlägst du bei einem **anderen Anfangsbuchstaben** nach, der auch passen könnte.

10.3 Groß- und Kleinschreibung

Nomen und als Nomen verwendete Wörter (Nominalisierungen) schreibt man im Deutschen groß. Ob es sich bei einem Wort um ein Nomen handelt oder nicht, erkennst du an den typischen Nomenendungen und/oder an typischen Begleitwörtern.

Diese **Nomenendungen** kommen am häufigsten vor:
-heit, -keit, -nis, -ung, -schaft, -tum, -ion, -ling

Beispiel *Schönheit, Übelkeit, Hindernis, Wertung, Gesellschaft, Brauchtum, Stadion, Fremdling*

Tipp

> Um herauszufinden, ob es sich bei einem Wort um ein Nomen handelt, mache immer zuerst die **Zerlegprobe:** Zerlege das Wort in seine Silben und achte darauf, ob die letzte Silbe eine typische **Nomenendung** ist (z. B.: *Schön + heit*).

Wenn du keine typische Nomenendung erkennen kannst, dann überprüfe, ob dem Nomen ein typisches Begleitwort vorangestellt ist. Die folgende Tabelle zeigt dir die häufigsten **Begleitwörter** von Nomen im Überblick. Besonders, um Nominalisierungen schnell zu erkennen, ist es wichtig, dass du dir diese Begleitwörter gut einprägst.

Begleitwörter von Nomen	
Artikel	der, die, das, ein, eine *das Haus, das Betreten, ein Berg, ein Grinsen*
Demonstrativ-pronomen	dieser, diese, dieses, jener, jene, jenes *dieses Gebäude, dieses Warten*
Possessiv-pronomen	mein, dein, sein, ihr … *mein Ring, dein Singen, ihr Lächeln, unser Alter*
Mengenangaben	viel, wenig, etwas, alle, kein … *viel Freude, wenig Neues, alles Gute, kein Zurück*
beschreibende Adjektive	Das sind Adjektive, die sich auf ein Nomen beziehen und dieses genauer beschreiben. Die Adjektive sind dann gebeugt, d. h., sie stehen in dem gleichen Fall wie das Nomen. *starker Regen, treues Begleiten, faires Spielen, lautes Weinen*
Präpositionen	bei, ohne, mit, auf, in, an, über … *bei Rot, ohne Mühe, ohne Wenn und Aber, mit Ach und Krach*

Oft sind zwischen Begleitwort und Nomen weitere Wörter eingeschoben. Wenn du dir nicht sicher bist, **auf welches Wort sich der Begleiter bezieht,** streichst du mit Bleistift einfach alle Wörter durch, die direkt auf den Begleiter folgen und auf die man verzichten könnte.

Beispiel *Sie hatte ein ~~auffallend helles, fröhliches und vor allem herzliches~~ Lachen.*
→ *ein* bezieht sich auf *Lachen*. Somit wird das Verb *lachen* hier als Nomen verwendet.

Tipp

> Manchmal werden Nomen auch **ohne Begleitwörter** verwendet. Dann kannst du die **Begleitwort-Probe** machen: Stelle probeweise ein passendes Begleitwort vor das Nomen. Klingt der Satz dann noch sinnvoll, handelt es sich bei dem Wort um ein Nomen.
> Beispiel: *Schwimmen ist gesund!* Begleitwort-Probe: *Das Schwimmen ist gesund!*
> → *Schwimmen* wird hier als Nomen verwendet.

10.4 Getrennt- und Zusammenschreibung

Werden zwei Wörter, die in einem Satz nebeneinanderstehen, getrennt oder zusammengeschrieben? Das zu entscheiden, ist nicht immer leicht.
Am besten merkst du dir diese Grundregel: **ein Ding = ein Wort**.
Wenn zwei Wörter zusammen ein und dieselbe Sache bezeichnen, müssen sie zusammengeschrieben werden. Sie bilden dann gemeinsam ein **Kompositum**, also ein **zusammengesetztes Wort**.

Beispiel

Er besorgte sich vor der Reise Tickets.
→ Hier bezeichnen die Wörter *Reise* und *Tickets* zwei verschiedene Dinge.

Weil er sie verlegt hatte, suchte er überall nach seinen Reisetickets.
→ Hier bezeichnen die Wörter *Reise* und *Tickets* das gleiche Ding.

Meine Oma ist auf der Treppe schwer gefallen.
→ Sie ist schlimm gefallen. → Getrenntschreibung

Mathe ist mir schon immer schwergefallen.
→ Mathe hat mir Probleme bereitet. → Zusammenschreibung

Tipp

> Merke dir diese **Grundregel:** Zwei benachbarte Wörter schreibt man getrennt, wenn jedes Wort seine eigene Bedeutung hat. Haben sie gemeinsam nur eine Bedeutung, schreibt man sie zusammen.

Komposita kannst du auch an der **Aussprache** erkennen: Gibt es bei zwei benachbarten Wörtern nur **eine Hauptbetonung**, handelt es sich um ein Kompositum, das du **zusammenschreiben** musst. Sind dagegen **zwei Betonungen** erkennbar – eine in jedem Wort – musst du die Wörter **getrennt schreiben**.

Beispiel

Barbara hat bei ihrem Referat fréi gespróchen.
→ Es gibt **zwei** Hauptbetonungen. → Getrenntschreibung

Der Richter hat den Angeklagten fréigesprochen.
→ Es gibt nur **eine** Hauptbetonung. → Zusammenschreibung

Tipp

> Im Zweifelsfall orientierst du dich an der **Betonung**. Achte darauf, dass du die Wörter in ihrem **Satzzusammenhang** aussprichst.

Verbindungen mit Nomen

Verbindungen	Regel
Nomen + Nomen	Die Verbindung zweier Nomen schreibt man zusammen, wenn sie eine Sache bezeichnen. Beispiele: *Geldbörse, Haustür, Sackgasse …*
Nomen + Adjektiv	Die Verbindung von Adjektiv und Nomen schreibst du zusammen, wenn das Adjektiv in der Grundform vorangestellt ist. Ist das Adjektiv gebeugt, musst du getrennt schreiben. Beispiele: *Spitzhacke, Buntspecht* aber: *die spitze Hacke, ein bunter Specht*
Verb + Nomen	Wenn dem Nomen ein Verbstamm vorangestellt ist, schreibst du zusammen. Beispiele: *Schwimmbecken, Kaugummi, Schreibtisch*

- **Buchstabenhäufung**
  Beim Zusammensetzen von Wörtern können manchmal auch mehrere gleiche Buchstaben aufeinandertreffen. Dabei darf **kein Buchstabe verloren gehen:**
  Schifffahrt (Nomen + Nomen), *Verrat* (Vorsilbe + Nomen), *Frechheit* (Adjektiv + Nachsilbe)
- **Fugenbuchstaben**
  Wörter mit einem Fugenbuchstaben (meist **s/es**, **e** oder **n/en**) schreibt man zusammen.
  Zeitung + Lektüre → Zeitungslektüre, Freund + Kreis *→ Freundeskreis, Hund + Leine → Hundeleine, Klasse + Fahrt → Klassenfahrt*

Verbindungen mit Verben

Zwei aufeinanderfolgende Verben werden in der Regel getrennt geschrieben.

Verbindungen	Regel
Verb + Verb	Trifft ein Verb im Infinitiv auf ein anderes Verb, schreibst du getrennt. Beispiel: *Wollen wir spazieren gehen?* Ausnahme: Wenn die beiden Verben zusammen **als Nomen verwendet** werden, musst du sie **zusammenschreiben:** Beispiel: *Beim Spazierengehen traf er Nadine.* Bei Verbindungen mit den Verben **bleiben** und **lassen** ist bei übertragener Bedeutung auch Zusammenschreibung möglich. Beispiel: *Du kannst ruhig sitzen bleiben.* wörtliche Bedeutung → nur Getrenntschreibung möglich *Du wirst am Ende des Schuljahres sitzen bleiben/ sitzenbleiben.* übertragene Bedeutung → Getrennt- oder Zusammenschreibung
Nomen + Verb	Wenn das Nomen seine eigenständige Bedeutung behält, schreibst du getrennt: *Auto fahren, Eis essen* Hat das Nomen seine eigenständige Bedeutung verloren, schreibt man klein und zusammen: Beispiel: *stattfinden* (Das Nomen „Stätte" ist nicht mehr als eigenes Wort erkennbar.)

	Als Nominalisierung schreibst du die Verbindung aus Nomen und Verb aber zusammen. Du erkennst sie daran, dass sich ein Begleitwort voranstellen lässt. Beispiel: *das Autofahren*
Adjektiv + Verb	Steht nach einem Adjektiv ein Verb, und das **Adjektiv lässt sich steigern**, musst du die beiden Wörter getrennt schreiben. Beispiele: *laut singen → lauter singen,* *schnell sprechen → schneller sprechen* Verbindungen mit *sein* werden immer getrennt geschrieben Beispiele: *fertig sein, glücklich sein* Partizipien, die wie Adjektive verwendet werden, schreibst du in der Regel ebenfalls getrennt vom Verb. Beispiele: *getrennt schreiben, gefangen nehmen* Wenn Adjektiv und Verb zusammen eine **besondere Bedeutung** haben, musst du sie **zusammenschreiben.** Beispiele: *schwarzarbeiten, krankschreiben*
Adverb + Verb	Zusammenschreibung: *entlanglaufen, abhandenkommen* Ausnahme: Getrenntschreibung, wenn das Adverb in zwei Wörtern geschrieben werden kann. Beispiel: *zugrunde liegen,* da auch *zu Grunde liegen* möglich ist
Präposition + Verb	Zusammenschreibung: Beispiele: *aufessen, vorlesen, nachmachen*

Verbindungen mit Adjektiven und Partizipien

Zwei aufeinanderfolgende Adjektive sowie Partizipien, die wie Adjektive verwendet werden, schreibst du in der Regel getrennt.

Verbindungen	Regel
Adjektiv + Adjektiv	Treffen zwei Adjektive aufeinander, schreibst du in der Regel getrennt: Beispiele: *riesig groß, verführerisch leicht* Sind die beiden Adjektive jedoch gleichrangig, so schreibt man sie zusammen. Beispiele: *nasskalt, grünblau, taubstumm*
Partizip + Adjektiv	Getrenntschreibung: *rasend schnell, strahlend schön*
Verb + Adjektiv oder Partizip	Steht vor dem Adjektiv oder Partizip ein Verbstamm, dann schreibst du zusammen: Beispiele: *spielstark, gehbehindert* Partizipien werden zusammengeschrieben, wenn das zugrunde liegende Verb zusammengeschrieben wird. Beispiel: *teilnehmen → die teilnehmenden Personen*
Nomen + Adjektiv oder Partizip	Du schreibst zusammen, wenn das Nomen eine Wortgruppe abkürzt. Beispiel: *fehlerfrei* (statt: *frei von Fehlern*)
Bedeutungsverstärkendes / -abschwächendes Element + Adjektiv/Partizip	Dem Adjektiv oder Partizip kann ein Bestandteil vorangestellt sein, dass seine Bedeutung verstärkt oder abschwächt. In diesem Fall musst du zusammenschreiben. Beispiele: *hochgiftig, bitterkalt, halbstark, dunkelbraun*

Interaktive Aufgaben: Rechtschreibung und Zeichensetzung

10.5 Grundregeln der Zeichensetzung: Kommas richtig setzen

Im folgenden Kapitel erhältst du eine Übersicht über die wichtigen Stellen, an denen du in einem Text ein Komma setzen musst.

Merke dir zunächst diese Grundregel: **Kommas dürfen keine Satzglieder vom Rest des Satzes trennen.**

Beispiel *Jeden Morgen um sieben Uhr klingelt bei Max Müller der Wecker.*

Nach der Wortgruppe *Jeden Morgen um sieben Uhr* macht man eine kleine Sprechpause. Trotzdem darfst du kein Komma setzten! Denn bei der Wortgruppe handelt es sich um eine Zeitangabe (Temporaladverbiale) und damit um ein Satzglied.

Tipp

> Wenn du nicht sicher bist, ob es sich bei einer Textstelle um ein Satzglied handelt, gehst du so vor: Prüfe, ob ein **Subjekt** und ein **Prädikat** enthalten sind. Ist das der Fall, dann handelt es sich bei der Textstelle um einen Satz, und du darfst ein Komma setzen. Wenn beides nicht enthalten ist, hast du es nur mit einem Satzglied zu tun, das du nicht durch ein Komma abtrennen darfst.

Komma bei Aufzählungen

Das Komma trennt die einzelnen **Glieder von Aufzählungen**. Vor den Konjunktionen *und, oder* und *sowie* steht jedoch **kein Komma**.
Aufzählungen können bestehen aus:

- **Einzelwörtern**
  *Vor ihrer Abreise packte Elisa Zahnpasta, Seife, Creme **und** Mascara ein.*
- **Wortgruppen**
  *Schon am Abend vorher hatte sie ihre Jeans, den neuen Minirock, drei T-Shirts **sowie** eine warme Strickjacke in den Koffer gepackt.*
- **ganzen Sätzen**
  *Elisa stieg in ein Taxi, der Fahrer gab Gas **und** sie erreichte noch den Zug.*

Komma als Markierung von Gegensätzen

Das Komma trennt Einzelwörter, Wortgruppen oder Sätze, mit denen ein **Gegensatz** zum Ausdruck gebracht wird. Gegensätze erkennst du an entsprechenden **Konjunktionen** wie *aber, doch* und *sondern*.

Beispiel Der Zug war *alt, **aber** gemütlich*.
Elisa ging nicht *in den Speisewagen, **sondern** in ihr Abteil*.
Es roch zwar *köstlich, **doch** sie hatte keinen Hunger*.

Aber und *doch* können auch **Füllwörter** sein, die keinen Gegensatz, sondern eher eine Art Erstaunen ausdrücken. Prüfe daher, ob du *aber/doch* weglassen kannst, bevor du ein Komma setzt.

Beispiel *Du bist (aber) groß geworden.; Das kannst du (doch) nicht machen!*

Komma als Kennzeichen von Satzgrenzen: Satzreihen

Eine Satzreihe besteht aus **zwei** oder **mehreren Hauptsätzen.** (Mehr zu Satzarten findest du ab S. 75.) Hauptsätze, die wie bei einer Aufzählung aufeinanderfolgen, werden durch **Punkt** getrennt. Wenn man die **Satzgrenze nicht** so stark **hervorheben** will, kann man auch ein Komma setzen.

Beispiel *Sie zog ihre Regenjacke an, dann griff sie nach ihrem Schirm.*
Die Vorstellung war vorbei, der Zuschauerraum leerte sich.

Wenn zwei vollständige Hauptsätze durch **und** bzw. **oder** miteinander verbunden sind, muss kein Komma stehen, aber du kannst es setzen.

Beispiel *Der Postbote klingelte(,) und Mark öffnete die Tür.*
Es gibt zwei Subjekte (Postbote, Mark) → zwei Hauptsätze → Kommasetzung ist möglich.
aber: *Mark öffnete die Tür und sah den Postboten.*
Hier gibt es nur ein Subjekt (Mark), d. h., es sind keine zwei vollständigen Hauptsätze; du darfst kein Komma setzen.

Komma als Kennzeichen von Satzgrenzen: Satzgefüge

Ein Satzgefüge besteht aus mindestens **einem Hauptsatz** und **einem Nebensatz.** (Mehr zu Satzarten findest du ab S. 75.) Haupt- und Nebensätze werden **grundsätzlich** durch Komma voneinander getrennt. Dabei spielt es keine Rolle, ob der Nebensatz dem Hauptsatz folgt oder umgekehrt. Ist der Nebensatz in den Hauptsatz **eingeschoben**, musst du ein Komma vor und nach dem Nebensatz setzen.

Beispiel *Niklas staunte nicht schlecht, als er von der Schule nach Hause kam.*
Obwohl er nichts bestellt hatte, lag ein Päckchen vor der Haustür.
Er öffnete das Paket, auf dem sein Name stand, mit einer Schere.

Komma bei Infinitiven

Infinitivsätze erfüllen die gleiche Funktion wie Nebensätze. Anstelle eines gebeugten Verbs steht das Verb hier in der Grundform (Infinitiv) mit dem Wörtchen **zu**.
Infinitivgruppen werden mit Komma abgetrennt, wenn

- sie mit *als*, *anstatt*, *außer*, *ohne*, *statt* oder *um* eingeleitet werden.
  Anstatt zu bremsen, fuhr der Lkw einfach weiter.
  Tina ging weiter, ohne sich noch einmal umzudrehen.
  Mark half im Café aus, um sich etwas dazuzuverdienen.
- im vorangehenden Hauptsatz auf die Infinitivgruppe hingewiesen wird, z. B. mit Wörtern wie *es*, *darum*, *daran*, *darauf*.
  Tom freut sich darauf, mit Tina am Sonntag ins Kino zu gehen.
- der Infinitiv von einem Nomen abhängt.
  Mir gefiel die Idee, einen Spaziergang zu machen.

Komma bei Anreden und Einschüben

Die **Anrede von Personen** und **nachträgliche Einschübe**, die ein Nomen näher bestimmen, werden durch Komma vom restlichen Satz abgetrennt.

Beispiel *Wie geht es Ihnen, Frau Müller?*

Tom, der Freund von Tina, geht heute ins Kino.
Der Reichstag steht in Berlin, der Hauptstadt Deutschlands.

Komma bei wörtlicher Rede

Ein Komma trennt wörtliche Rede von **Redebegleitsätzen**, wenn diese zwischen oder nach der wörtlichen Rede stehen.

Beispiel *„Richtig", sagt die Lehrerin, „heute entfällt die letzte Stunde."*
„Dürfen wir dann früher heimgehen?", fragt Linda.

Steht in der wörtlichen Rede ein **Aussagesatz** und folgt der Begleitsatz **nach** der wörtlichen Rede, so musst du den Punkt am Satzende weglassen.

Beispiel *„Ich gehe auf jeden Fall nach Hause", sagt Mark.*

Vorsicht! Bei **Ausrufe-** und **Fragesätzen** bleiben die Satzschlusszeichen (Fragezeichen, Ausrufezeichen) bei **nachfolgendem Begleitsatz** stehen.

Beispiel *„Komm sofort zurück!", sagte die Lehrerin.*

10.6 Die Wörter „das" und „dass" unterscheiden

Fällt es dir schwer, zwischen **das** und **dass** zu unterscheiden? Zum Glück gibt es klare Merkmale, an denen du den Unterschied erkennen kannst:

Zwischen „das" und „dass" unterscheiden	
dass	„Dass" ist immer eine **Konjunktion**, die einen **Nebensatz** einleitet. Beispiel: *Er weiß, dass es schon spät ist.* Beachte: Der Nebensatz kann auch an erster Stelle stehen. Beispiel: *Dass wir uns so schnell wiedersehen, hätte ich nicht gedacht.*
das	„Das" kann dreierlei sein: • **Artikel** *das Geld, das Essen, das Spiel* • **Relativpronomen** Relativpronomen beziehen sich immer auf etwas zurück, das im zugehörigen Hauptsatz gerade erwähnt worden ist. Beispiel: *Kennst du das Mädchen, das dort drüben geht?* • **Demonstrativpronomen** Demonstrativpronomen (von demonstrieren = zeigen) zeigen auf Wörter, Wortgruppen oder sogar auf einen ganzen Satz. Das Zeigen ist meist rückwärtsgewandt: Das, worauf sich ein Demonstrativpronomen bezieht, wurde in der Regel kurz vorher genannt. Beispiel: *Du bist ja tatsächlich pünktlich. Das hätte ich nicht erwartet.*

So kannst du ganz leicht herausfinden, ob du *das* oder *dass* schreiben musst:

- Lässt sich das Wort *das/dass* durch das Relativpronomen *welches* ersetzen, schreibst du **das**.
- Lässt sich das Wort *das/dass* durch das Demonstrativpronomen *dieses/dies* ersetzen, schreibst du auch **das**.
- Nur wenn kein Austausch möglich ist, handelt es sich um die Konjunktion **dass**.

Tipp

> Die Konjunktion **dass** folgt in der Regel nach Formulierungen, die ausdrücken, dass jemand **etwas denkt, fühlt oder sagt:** *Ich weiß, dass … Mein Freund hat gesagt, dass …* Das gilt auch für Sätze, in denen es heißt, dass mehrere Personen etwas denken, fühlen oder sagen: *Viele Menschen glauben, dass …, Man hat gehört, dass …, Es ist bekannt, dass …* Am besten prägst du dir diese **typische Satzstruktur** gut ein.

11 Grundregeln der Grammatik kennen

Interaktive Aufgaben: Grammatik

11.1 Wortarten

Flashcards: Wichtiges wiederholen

Wir unterscheiden im Deutschen **verschiedene Wortarten**, je nach ihrer Funktion. Sechs davon **verändern** bei ihrem Einsatz **ihre Grundform**, das heißt, sie werden **konjugiert** (Verben) oder **dekliniert** (Artikel, Nomen, Adjektive, Pronomen und Zahlwörter). Adjektive können zudem auch durch **Steigerung** verändert werden. Die übrigen Wortarten sind **unveränderlich:** Präpositionen, Konjunktionen, Adverbien, Interjektionen und Partikeln.

Übersicht über die wichtigsten Wortarten

Bezeichnung	Formen	Beispiele
Artikel (Begleiter)	• bestimmte Artikel • unbestimmte Artikel	der, die das ein, eine
Nomen/ Substantive (Hauptwörter)	• Eigennamen • Personen, Lebewesen • Gegenstände • Gefühle • abstrakte Begriffe (typische Endungen: *-heit, -keit, -ung, -tum, -nis*)	Kim, Herr Kunz, Frankfurt, Main Großvater, Professor, Pferd Stift, Ofen, Auto Liebe, Hass, Freude, Angst Faulheit, Wirklichkeit, Endung, Eigentum, Geheimnis
Verben (Zeitwörter)	• Vollverben • Hilfsverben • Modalverben	gehen, schlafen, essen haben, sein, werden können, wollen, müssen, sollen, mögen, dürfen

Adjektive (Eigenschaftswörter)	typische Endungen: -ig, -lich, -bar, -haft, -sam, -los	schön, frisch, geizig, fröhlich, sonderbar, zauberhaft, aufmerksam, lustlos, rot, schwarz
Numerale (Zahlwörter)		fünf, zwanzig, dritter, achtes, zweitens, einmal, mehrmals
Pronomen	• Personalpronomen	ich, du, er/sie/es, wir, ihr, sie
	• Reflexivpronomen	mich, dich, sich, uns, euch, sich
	• Possessivpronomen	mein, dein, sein/ihr, unser, euer, ihr
	• Demonstrativpronomen	dieser/diese/dieses, jener/jene/jenes
	• Relativpronomen	der/die/das, welcher/welche/welches
	• Indefinitpronomen	man, jemand, etwas, nichts, alle(s)
	• Fragepronomen	wer? wo? wann? was? warum?
Präpositionen (Verhältniswörter)		über, unter, neben, in, vor, hinter, bei, mit, gegen, zwischen, wegen
Adverbien (Umstandswörter)	• der Zeit (temporal)	vorher, heute, jetzt, nachts, oft
	• des Ortes (lokal)	dort, hier, überall, links, unten
	• der Art und Weise (modal)	hiermit, dadurch, gern, kaum, sehr, dummerweise
	• des Grundes (kausal)	deshalb, dennoch, infolgedessen, somit, vorsichtshalber, notfalls
Konjunktionen (Bindewörter)	• nebenordnende	und, oder, denn, aber
	• unterordnende	weil, obwohl, während, als
Interjektionen (Ausrufewörter)		au, igitt, aha, nanu, na
Abtönungspartikeln		auch, ja, eben, halt, doch, wohl, eigentlich, mal

11.2 Die Deklination (Die vier Fälle)

Je nachdem, in welchem Zusammenhang wir bestimmte Wortarten verwenden, können sie und ihre Begleiter von ihrer Grundform abweichen. Die Veränderung erfolgt für jedes **grammatische Geschlecht** (Maskulinum, Femininum, Neutrum) nach festen Regeln und wird als **Deklination** bezeichnet.

Tipp

> Von der **Deklination** betroffen sind **Nomen** sowie ihre Stellvertreter und alle typischen Begleitwörter von Nomen: **Artikel, Adjektive, Pronomen und Zahlwörter.**

Beispiel

Die Schüler bereiten sich auf die Prüfungen vor.
Den Schülern machen die Prüfungen bisweilen sogar Angst.
Doch keiner der Schüler braucht sich vor den Prüfungen zu fürchten.

Bei der Deklination unterscheiden wir also
- zwischen **Singular** (Einzahl) und **Plural** (Mehrzahl).
- zwischen **vier Fällen** (Kasus). Zu jedem Fall gibt es eine passende Frage, mit der man den richtigen Fall herausfinden kann:
  1. Fall: Nominativ → wer oder was?
  2. Fall: Genitiv → wessen?
  3. Fall: Dativ → wem?
  4. Fall: Akkusativ → wen oder was?

Übersicht über die Deklination im Singular und Plural

SINGULAR	**Maskulinum**	**Femininum**	**Neutrum**
Nominativ (Wer oder was?)	der Schüler	die Blume	das Buch
Genitiv (Wessen?)	**des** Schüler**s**	**der** Blume	**des** Buch**es**
Dativ (Wem?)	**dem** Schüler	**der** Blume	**dem** Buch
Akkusativ (Wen oder was?)	**den** Schüler	**die** Blume	**das** Buch

PLURAL	**Maskulinum**	**Femininum**	**Neutrum**
Nominativ (Wer oder was?)	die Schüler	die Blumen	die Bücher
Genitiv (Wessen?)	**der** Schüler	**der** Blumen	**der** Bücher
Dativ (Wem?)	**den** Schüler**n**	**den** Blumen	**den** Bücher**n**
Akkusativ (Wen oder was?)	**die** Schüler	**die** Blumen	**die** Bücher

Die vier Fälle helfen dir, die **Funktion von Wörtern im Satz** zu verstehen. Anhand der Kasus können die verschiedenen **Satzglieder** voneinander unterschieden werden. (Mehr zum Thema „Satzglieder" findest du ab Seite 73.)

11.3 Die Konjugation des Verbs: Personalformen, Tempora, Modi, Aktiv und Passiv

Digitales Glossar: Begriffe nachschlagen

Wie du vielleicht schon festgestellt hast, ist das Verb unter den Wortarten ein wahres Multitalent. Als **Prädikat** hat es eine tragende Rolle in der Architektur eines Satzes: Alle Satzglieder stützen sich auf das konjugierte Verb. Wenn du ein Verb im Wörterbuch nachschlägst, findest du es im **Infinitiv**, das heißt in der Grundform. Das erkennst du an der Endung *-en (lach**en**, tanz**en** ...).* Meistens aber werden die Verben beim Schreiben oder Sprechen in der **konjugierten**, d. h. gebeugten Form gebraucht. Mit seinen vielfältigen Formen und in Zusammenarbeit mit den Hilfsverben *haben, sein* und *werden* beschreibt das Verb nicht nur eine Tätigkeit oder Handlung an sich, sondern **gibt zusätzlich Auskunft darüber**

- **wer** etwas tut (Personalform: grammatische Person, Singular/Plural).
  Ich lerne
  Du lernst
  ...

- **wann** etwas getan wird (Zeitform).
  Ich schwimme
  Ich schwamm
  Ich bin geschwommen
  …
- ob es sich um **Tatsachen**, um **Möglichkeiten und Vorstellungen**, um die **Wiedergabe einer Aussage** von anderen oder um eine **Aufforderung** handelt (Modus: Indikativ, Konjunktiv oder Imperativ).
  Ich lerne heute für die Prüfung.
  Tom sagt, er lerne heute für die Prüfung.
  Tom, lerne heute für die Prüfung!
- ob die **handelnde Person** oder die **Handlung** im Vordergrund steht (Aktiv/Passiv).
  Niklas streichelt seinen Kater Sammy.
  Der Kater Sammy wird von Niklas gestreichelt.

Die Personalformen des Verbs

Jeder grammatischen Person ist eine bestimmte Verbendung zugeordnet. Je nachdem, welche Person die beschriebene Handlung ausführt, wird an den Wortstamm also eine andere Endung angehängt. Wir unterscheiden sechs verschiedene Personalformen, drei im Singular (Einzahl) und drei im Plural (Mehrzahl).

	Singular	Plural
1. Person	**ich** sing-**e**	**wir** sing-**en**
2. Person	**du** sing-**st**	**ihr** sing-**t**
3. Person	**er/sie/es** sing-**t**	**sie** sing-**en**

Tipp

Besondere Verben sind die sogenannten Modalverben. Sie treten fast immer zusammen mit einem weiteren Verb, einem Vollverb, auf. Dabei verändern die Modalverben die Aussage des Vollverbs.
Bei der Verwendung von Modalverben steht das **Vollverb im Infinitiv** (im Beispiel: *gehen*), nur das **Modalverb** wird in die Personalform gesetzt, d. h. **konjugiert**.

Beispiele: *Tim muss / darf / will in die Schule gehen.*

Merke dir die sechs Modalverben: *dürfen, können, mögen, müssen, sollen, wollen.*

Die Tempora (Zeitformen)

Wir unterscheiden sechs grammatische Zeiten:

1. **Präsens (Gegenwart)**
   Das Präsens wird ohne Hilfsverb gebildet. Es wird verwendet, …
   - um **Gegenwärtiges** zu beschreiben.
     Das Wetter ist schön. Julia isst ein Eis. Die Kinder gehen schwimmen.
   - um **Allgemeingültiges** darzustellen.
     Die Erde ist eine Kugel. Der Satz des Pythagoras lautet $a^2 + b^2 = c^2$.
   - um Vorgänge wiederzugeben, **die sich wiederholen** und nicht an die Gegenwart gebunden sind.
     Die Olympischen Spiele finden alle vier Jahre statt. Opa trinkt täglich ein Glas Rotwein.
   - um auf etwas **Zukünftiges** hinzuweisen.
     In den Sommerferien fahren wir ans Meer. Morgen gibt es Zeugnisse.

2. **Perfekt (vollendete Gegenwart)**
   Das Perfekt wird mit dem Hilfsverb *haben* oder *sein* und dem Partizip II (Partizip Perfekt) gebildet. Es …
   - stellt Handlungen in der **Vergangenheit** dar, die einen **Bezug zur Gegenwart** haben (oft die Folge oder das Ergebnis der Handlung).
     Anne hat gestern ihr Zimmer aufgeräumt. Wir sind gerade angekommen.
   - drückt **Vorzeitigkeit** in Bezug zum **Präsens** aus.
     Weil er gestern seiner Mutter beim Kochen geholfen hat, darf er heute ins Kino gehen.
     Nachdem er die Matheaufgabe verstanden hat, kann er die restlichen Aufgaben alleine rechnen.
   - **ersetzt** im Mündlichen und in der Umgangssprache oft das **Präteritum**.
     Bis zu seinem Tod hat unser Opa jeden Tag ein Glas Wein getrunken.

3. **Präteritum (Imperfekt/Erzähl-Vergangenheit)**
   Das Präteritum wird ohne Hilfsverb gebildet. Es wird verwendet …
   - für alle Vorgänge, die in der Vergangenheit begonnen und auch abgeschlossen wurden.
     Nach der Schule ging er nach Hause, aß etwas und erledigte anschließend seine Hausaufgaben.
     Das Mittelalter war eine finstere Zeit.
   - in schriftlichen Texten und Erzählungen, z. B. in Märchen und Romanen
     *Es **war** einmal ein Müller, der **war** arm, aber er **hatte** eine schöne Tochter.* (Brüder Grimm: Rumpelstilzchen)
     *Als Gregor Samsa eines Morgens aus unruhigen Träumen **erwachte**, **sah** er sich in ein ungeheures Ungeziefer verwandelt.* (Franz Kafka: Die Verwandlung)

4. **Plusquamperfekt (vollendete Vergangenheit)**
Das Plusquamperfekt wird mit dem Hilfsverb *haben* oder *sein* und dem Partizip II (Partizip Perfekt) gebildet. Es …
– drückt **Vorzeitigkeit** in Bezug zum **Präteritum** aus.
Nachdem die Gangster das Geld erbeutet hatten, verschwanden sie mit dem Fluchtauto über alle Berge.

5. **Futur I (Zukunft)**
Das Futur I wird mit dem Hilfsverb *werden* und dem Infinitiv des Verbs gebildet. Es wird verwendet …
– zur Darstellung von **Ereignissen**, die noch **bevorstehen**.
In den Sommerferien werden wir ans Meer fahren.
– zur Wiedergabe von **Hoffnungen** oder **Vermutungen**.
Wenn das Wetter so bleibt, wird unser Ausflug wohl ins Wasser fallen.
– bei **Aufforderungen** und Verboten.
Du wirst sofort dein Zimmer aufräumen! Das wirst du bleiben lassen!
– zum Ausdruck von **Nachzeitigkeit** in Bezug zum **Präsens**.
Wenn ich heute im Lotto gewinne, werde ich eine Weltreise machen. Tom ist ein toller Fußballer; sicher wird er später mal in der Nationalmannschaft spielen.

6. **Futur II (vollendete Zukunft)**
Das Futur II wird mit den Hilfsverben *werden* + *haben* oder *sein* und dem Partizip II (Partizip Perfekt) gebildet. Es wird verwendet, …
– um Ereignisse darzustellen, die zu einem bestimmten Zeitpunkt **in der Zukunft bereits stattgefunden haben** und beendet sind.
Nächstes Jahr um diese Zeit werden wir schon ins neue Haus eingezogen sein. Wenn ich vom Einkaufen zurückkomme, wirst du den Hamsterkäfig gereinigt haben.
– wenn eine **Vermutung über Vergangenes** ausgedrückt werden soll.
Die Klassenarbeit wird schon nicht so schlecht ausgefallen sein. Dein Freund wird dich sicher nicht vergessen haben.

Die Konjugation der Vollverben im Überblick

		Präsens	Präteritum	Perfekt
Singular	1. Pers.	ich lerne	ich lernte	ich habe gelernt
	2. Pers.	du lernst	du lerntest	du hast gelernt
	3. Pers.	er/sie/es lernt	er/sie/es lernte	er/sie/es hat gelernt
Plural	1. Pers.	wir lernen	wir lernten	wir haben gelernt
	2. Pers.	ihr lernt	ihr lerntet	ihr habt gelernt
	3. Pers.	sie/Sie lernen	sie/Sie lernten	sie/Sie haben gelernt

		Plusquamperfekt	Futur I	Futur II
Singular	1. Pers.	ich hatte gelernt	ich werde lernen	ich werde gelernt haben
	2. Pers.	du hattest gelernt	du wirst lernen	du wirst gelernt haben
	3. Pers.	er/sie/es hatte gelernt	er/sie/es wird lernen	er/sie/es wird gelernt haben
Plural	1. Pers.	wir hatten gelernt	wir werden lernen	wir werden gelernt haben
	2. Pers.	ihr hattet gelernt	ihr werdet lernen	ihr werdet gelernt haben
	3. Pers.	sie/Sie hatten gelernt	sie/Sie werden lernen	sie/Sie werden gelernt haben

Die Konjugation der Hilfsverben im Überblick

Zeitform	haben	sein	werden
Präsens	ich habe	ich bin	ich werde
Präteritum	ich hatte	ich war	ich wurde
Perfekt	ich habe gehabt	ich bin gewesen	ich bin geworden
Plusquam-perfekt	ich hatte gehabt	ich war gewesen	ich war geworden
Futur I	ich werde haben	ich werde sein	ich werde werden
Futur II	ich werde gehabt haben	ich werde gewesen sein	ich werde geworden sein

Die Modi des Verbs

Verben begegnen uns in verschiedenen **Aussageweisen**, sogenannten Modi (Einzahl: Modus) – je nachdem, ob die Wirklichkeit, ein Wunsch oder ein Befehl ausgedrückt werden soll.

Indikativ

Der häufigste Modus ist die **Wirklichkeitsform**, der Indikativ.

Damit werden **reale Vorgänge, Ereignisse** und **allgemeingültige Tatsachen** beschrieben.

Beispiel *Tim geht in die Schule.* (realer Vorgang, Tatsache)
Der Tag hat vierundzwanzig Stunden. (Allgemeingültiges)

Mit dem Indikativ kann aber auch **Erfundenes** wiedergegeben werden, das (z. B. im Zusammenhang einer Erzählung) real erscheinen soll. Auch kann er dazu dienen, **Möglichkeiten** auszudrücken, deren „Wahrwerden" weder ganz unwahrscheinlich noch ausgeschlossen ist.

Beispiel *Gollum zeigte Frodo und Sam den Weg nach Mordor.* (Erfundenes)
Wenn Tim eine Eins schreibt, schenken seine Eltern ihm ein neues Handy. (Mögliches)

Konjunktiv
Der zweite Modus ist der Konjunktiv. Es gibt ihn in zwei Formen: Konjunktiv I und Konjunktiv II. Der Konjunktiv wird oft benötigt, wenn man einen **Wunsch** oder eine **Möglichkeit** ausdrücken will. Deshalb heißt er auch **Möglichkeitsform**.

Der **Konjunktiv I** begegnet dir vor allem in der **indirekten Rede**, d. h., wenn man die Äußerungen von jemand anderem wiedergeben will. Aber auch in Anleitungen, z. B. in Kochrezepten, findet diese Form Verwendung.

Beispiel *Der Patient sagt, es gehe ihm besser und er habe wieder Hunger.*
Man nehme Butter, Zucker, Mehl und Eier und knete daraus einen Teig.

Tipp

Von der direkten zur indirekten Rede – diese Regeln musst du dabei beachten:
- Die **Anführungszeichen** fallen weg.
- Der **Modus** des Verbs verändert sich vom Indikativ zum Konjunktiv.
- Meist verändern sich die Pronomen (Personalpronomen, Reflexivpronomen), z. B. *er* statt *ich*, *sein* statt *mein* usw.

Beispiele:
Direkte Rede: *Tim sagt: „Ich gehe zur Schule, weil es mir gefällt."*
Indirekte Rede: *Tim sagt, er gehe zur Schule, weil es ihm gefalle.*
Direkte Rede: *Die Ministerin sagt: „Ich weiß nichts von Steuererhöhungen."*
Indirekte Rede: *Die Ministerin sagt, sie wisse nichts von Steuererhöhungen.*

Den Konjunktiv I gibt es in **drei Zeitformen:** Gegenwart, Vergangenheit und Zukunft. Bei den beiden letzten benötigt man zur Bildung ein Hilfsverb:

Beispiel *Tim sagt, er gehe zur Schule.* (Gegenwart)
Tim sagt, er sei zur Schule gegangen. (Vergangenheit)
Tim sagt, er werde zur Schule gehen. (Zukunft)

Der **Konjunktiv II** dient vor allem der Wiedergabe von nicht realen Sachverhalten, z. B. von **Wünschen** oder **gedanklichen Vorstellungen**.

Beispiel *Wenn ich ein Vöglein wäre und auch zwei Flügel hätte, flöge ich zu dir.*
Wenn ich Millionär wäre, würde ich um die Welt reisen.

Der Konjunktiv II wird auch verwendet, um Bitten und Aufforderungen **besonders höflich** auszudrücken.

Beispiel *Dürfte ich Ihr Badezimmer benutzen?*

Die Bildung des Konjunktivs II basiert auf der **Präteritum-Form** des jeweiligen Verbs. Bei starken Verben wird dabei der Vokal zu einem **Umlaut**.

Beispiel *ich flog → ich flöge*
er war → er wäre
sie kam → sie käme

Tipp

> In bestimmten Fällen wird anstatt der Form des Konjunktivs II die **Ersatzform mit *würde*** verwendet, nämlich dann, …
> - wenn die Form des Konjunktivs II sehr **altertümlich** klingt.
>   Beispiel: *Ich flöge zu dir.* → *Ich würde zu dir fliegen.*
> - wenn der Konjunktiv II **gleichlautend** mit dem Präteritum des Indikativs ist.
>   Beispiel: *Ich reiste um die ganze Welt.* → *Ich würde um die ganze Welt reisen.*

Imperativ

Der Imperativ ist der Modus des **Befehls** oder der **Aufforderung**. Zur Kennzeichnung verwendet man oft Ausrufezeichen.

Beispiel *Mach deine Hausaufgaben! Komm bitte pünktlich! Sei vorsichtig!*

Aktiv und Passiv

In der Fachsprache nennt man Aktiv und Passiv die beiden Genera Verbi (Einzahl: Genus Verbi). Die beiden Formen stellen zwei **unterschiedliche Blickrichtungen** auf die beschriebene Tätigkeit oder Handlung dar:

– Bei der **Aktiv-Form** steht die **handelnde Person** im Zentrum (**Wer** tut was?). Das Aktiv ist der „Normalfall", es wird wesentlich häufiger verwendet als das Passiv.

Beispiel *Nils hält ein Biologiereferat.*

– Beim **Passiv** (früher: „Leideform") steht die **Tätigkeit selbst** im Vordergrund (**Was** wird getan?). Die handelnde Person ist weniger wichtig und kann sogar ganz weggelassen werden, wenn sie z. B. nicht bekannt ist. Das Passiv wird mit dem Hilfsverb *werden* und dem Partizip II (Partizip Perfekt) gebildet.

Beispiel *Ein Biologiereferat wird (von Nils) gehalten.*

Tipp

> **Vom Aktiv zum Passiv** – was sich dabei verändert:
> - In der **Aktiv-Form** bildet die **handelnde Person** das **Subjekt** des Satzes. Der Gegenstand der Tätigkeit erscheint als Objekt.
> - Bei der Umformung in einen **Passiv-Satz** wird das **Objekt zum Subjekt**, die **handelnde Person** wird zum **Objekt** (oder wird gar nicht mehr genannt).
>
> **Aktiv:** *Nils hält ein Biologiereferat.*

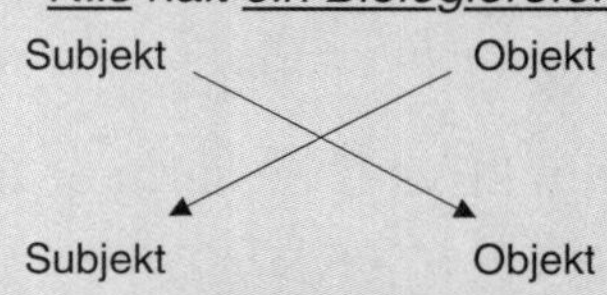

> **Passiv:** *Ein Biologiereferat wird (von Nils) gehalten.*

Aktiv und Passiv in allen Zeiten

	Aktiv	Passiv
Präsens	Sie putzt das Fahrrad.	Das Fahrrad wird geputzt.
Präteritum	Sie putzte das Fahrrad.	Das Fahrrad wurde geputzt.
Perfekt	Sie hat das Fahrrad geputzt.	Das Fahrrad ist geputzt worden.
Plusquamperfekt	Sie hatte das Fahrrad geputzt.	Das Fahrrad war geputzt worden.
Future I	Sie wird das Fahrrad putzen.	Das Fahrrad wird geputzt werden.
Futur II	Sie wird das Fahrrad geputzt haben.	Das Fahrrad wird geputzt worden sein.

Man unterscheidet zwei verschiedene Passivformen: das **Vorgangspassiv** und das – seltenere – **Zustandspassiv**. Die oben beschriebene Form wird als **Vorgangspassiv** bezeichnet.
Wenn aber **nur das Ergebnis** eines Vorgangs ausgedrückt werden soll, verwendet man das Zustandspassiv (auch: *sein*-Passiv). Diese Form wird mit dem Hilfsverb *sein* gebildet, die handelnde Person wird in der Regel nicht erwähnt.

Beispiel *Der Tisch ist gedeckt.*
Die Schuhe sind geputzt.
Die Arbeit ist erledigt.

11.4 Satzglieder

Die vier wichtigsten Satzglieder sind: **Subjekt, Prädikat, Objekt** und **adverbiale Bestimmung.**

Subjekt und Prädikat
Um einen **vollständigen Satz** zu bilden, werden mindestens zwei Satzglieder benötigt: Subjekt und Prädikat.
- Das **Subjekt** steht immer im **Nominativ** (1. Fall). Du kannst es also durch die Frage *Wer oder was tut etwas?* ermitteln.
- Das **Prädikat** ist ein **Verb** und bildet den Kern des Satzes. Von ihm hängen alle anderen Satzglieder ab. Die passende Frage lautet: *Was tut das Subjekt?*

Beispiel

Tim	*schläft.*
Subjekt	**Prädikat**
Wer oder was schläft?	*Was tut Tim?*

Objekte
Die meisten Sätze sind aber komplexer, weil wir sie durch zusätzliche Satzbausteine ergänzen, z. B. durch **Objekte**.

Man unterscheidet das **Genitiv-Objekt** (2. Fall), das **Dativ-Objekt** (3. Fall) und das **Akkusativ-Objekt** (4. Fall). Genitiv-Objekte sind im heutigen Sprachgebrauch nur noch sehr selten. Die beiden anderen Objekte begegnen uns hingegen häufig. Mithilfe der **Fragewörter**, die den einzelnen Fällen zugeordnet sind (siehe Seite 65 f.), kannst du das jeweilige Satzglied bestimmen.

Beispiel

Der Angeklagte ist des Verbrechens schuldig. (Genitiv-Objekt: *Wessen* ist der Angeklagte schuldig?)
Hanna striegelt ihrem Pferd das Fell. (Dativ-Objekt: *Wem* striegelt Hanna das Fell?)
Hanna striegelt ihrem Pferd das Fell. (Akkusativ-Objekt: *Wen oder was* striegelt Hanna?)

Adverbiale Bestimmungen
Auch durch adverbiale Bestimmungen lassen sich Sätze erweitern. Diese vier solltest du kennen:
- Adverbiale Bestimmung **der Zeit** (temporal)
- Adverbiale Bestimmung **des Ortes** (lokal)
- Adverbiale Bestimmung **des Grundes** (kausal)
- Adverbiale Bestimmung **der Art und Weise** (modal)

Beispiel

Temporal: Wann/wie lange? *täglich*
Lokal: Wo? *in der Schule*

Tim schläft.

Kausal: Warum? *aus Langeweile*
Modal: Wie? *tief und fest*

Mit diesen Bausteinen lässt sich die Kernaussage präziser gestalten, z. B.:
Tim | schläft | täglich | in der Schule | aus Langeweile | tief und fest.

Tipp

Kennzeichen aller Satzglieder ist, dass man sie umstellen kann, ohne dass sich die Aussage verändert. Dabei bleiben Wörter, die zu ein und demselben Satzglied gehören, immer beieinander. Um festzustellen, welche Wortgruppen ein Satzglied bilden, wendest du also die **Umstellprobe** an.

Beispiele:
Täglich | schläft | Tim | in der Schule | aus Langeweile | tief und fest.
Aus Langeweile | schläft | Tim | täglich | in der Schule | tief und fest.
Tief und fest | schläft | Tim | aus Langeweile | täglich | in der Schule.

Wo ein Satzglied beginnt und wieder aufhört, ist besonders schwierig zu erkennen, wenn die Satzglieder zusätzlich durch **Attribute** erweitert sind. Attribute sind Beifügungen, die immer **fest zum jeweiligen Satzglied** gehören. Auch hier hilft die Umstellprobe.

Beispiele:

| *Wegen des **bevorstehenden** Turniers* | *striegelt* | *Hanna* | *dem **schwarzen** Pferd **ihrer Schwester*** | *in der **staubigen** Stallgasse* | *sorgfältig* | *das **glänzende** Fell*.

| *Dem **schwarzen** Pferd **ihrer Schwester*** | *striegelt* | *Hanna* | *in der **staubigen** Stallgasse* | *wegen des **bevorstehenden** Turniers* | *sorgfältig* | *das **glänzende** Fell*.

11.5 Sätze

Man unterscheidet **Hauptsätze** von **Nebensätzen.**

Hauptsatz

Unter einem Hauptsatz versteht man einen **selbstständigen Satz**, der mindestens aus einem Subjekt und einem Prädikat besteht.

Beispiel *Alex lernt. Alina geht schwimmen.*

Der Hauptsatz kann durch verschiedene Satzglieder erweitert werden (z. B. Objekte, adverbiale Bestimmungen; siehe S. 74 f.). Einzelne Satzglieder werden nicht durch Kommas voneinander getrennt.

Beispiele
- *Alex lernt Vokabeln.* (Akkusativ-Objekt)
- *Alex lernt täglich Vokabeln.* (Adverbiale Bestimmung der Zeit)
- *Alex lernt wegen der Prüfung täglich Vokabeln.* (Adverbiale Bestimmung des Grundes)
- *Alex lernt wegen der Prüfung täglich intensiv Vokabeln.* (Adverbiale Bestimmung der Art und Weise)

Tipp

Haupt- und Nebensätze lassen sich am besten an der **Position des Prädikats**, also des konjugierten (gebeugten) Verbs, unterscheiden.

Im **Hauptsatz** ist es das Satzglied, das **an zweiter Stelle** steht. Nur im Fragesatz rückt es an die erste Stelle.

Beispiel:
Alex lernt täglich Vokabeln. Lernt Alex täglich Vokabeln?

Im **Nebensatz** dagegen steht das **Prädikat am Ende.**

Beispiel:
Ich weiß, dass Alex täglich Vokabeln lernt.

Nebensatz

Nebensätze haben folgende Kennzeichen:

- Sie sind inhaltlich **dem Hauptsatz untergeordnet**, sind also **nicht selbstständig** und geben für sich allein keinen Sinn.
- Das **Prädikat** (Verb) rückt darin ans **Satzende**.
- An ihrem Anfang steht häufig ein **Verbindungswort** (Konjunktion oder Relativpronomen).
- Sie werden durch **Komma** vom Hauptsatz getrennt.

Beispiel

Hauptsatz

Alex, der bald Prüfung macht, lernt Vokabeln, weil er eine gute Note anstrebt.

Nebensatz 1 **Nebensatz 2**

Relativpronomen — Prädikat des Nebensatzes 1 — Konjunktion — Prädikat des Nebensatzes 2

Die beiden häufigsten Nebensatzarten hast du in diesem Beispiel bereits kennengelernt: Relativsätze und Konjunktionalsätze.

Relativsätze

Relativsätze sind Nebensätze, die durch ein **Relativpronomen** eingeleitet werden. Es gibt Relativpronomen in allen grammatischen Geschlechtern (Maskulinum, Femininum, Neutrum) sowie in Singular und Plural:

	Singular	Plural
Nominativ	der, die, das	die
Genitiv	dessen, deren, dessen	deren
Dativ	dem, der, dem	denen
Akkusativ	den, die, das	die

Weitere Relativpronomen sind *welcher, welche, welches, wer, was, wo.*

Das Relativpronomen steht **stellvertretend** für ein Wort oder eine Wortgruppe, von der im **Satz zuvor** die Rede ist.

Beispiel *Das ist der Junge, der immer Fußball spielt.*
Es hat viel geregnet, was in vielen Gebieten zu Überschwemmungen führte.

Der Relativsatz kann direkt auf den Hauptsatz **folgen oder** in den Hauptsatz **eingeschoben** sein.

Beispiel *In der Stadt trafen wir einen Jungen, der Breakdance konnte.*
Die Frau, die bestohlen wurde, stand an der Bushaltestelle.

Tipp

> Beachte, dass dem Relativpronomen eine **Präposition vorangestellt** sein kann.
> Beispiele: *Der Bach, in dem sich viele Fische tummeln, hat ganz klares Wasser.*
> *Die Familie, neben der wir wohnen, ist zurzeit im Urlaub.*

Die Wörter *der, die* und *das* können sowohl Relativpronomen als auch Demonstrativpronomen oder Artikel sein. Es gibt zwei Wege, um zu prüfen, **ob es sich um ein Relativpronomen handelt**, das einen Relativsatz einleitet:

- durch die Position des **konjugierten Verbs:** Im Relativsatz (= Nebensatz) steht es immer am **Satzende**.
- durch die **Ersatzprobe:** Ein Relativpronomen kann durch ***welcher, welche*** oder ***welches*** ersetzt werden, ohne dass sich der Sinn verändert.

Beispiel

Gestern traf ich einen Freund, den ich jahrelang nicht gesehen hatte.
Gestern traf ich einen Freund, welchen ich jahrelang nicht gesehen ***hatte****.*
→ **Relativsatz**, da Ersatzprobe möglich + konjugiertes Verb am Satzende (*den* = Relativpronomen)

Gestern traf ich einen Freund, den ***hatte*** *ich jahrelang nicht gesehen.*
Gestern traf ich einen Freund, ~~welchen~~ ***hatte*** *ich jahrelang nicht gesehen.*
→ **kein Relativsatz**, sondern Hauptsatz, da Ersatzprobe nicht möglich + konjugiertes Verb an zweiter Stelle (*den* = Demonstrativpronomen)

Konjunktionalsätze

Konjunktionalsätze sind an der **einleitenden Konjunktion** zu erkennen. Hier findest du eine Übersicht über die wichtigsten Konjunktionalsätze:

Satzart	Konjunktionen	Beispiel
Kausalsatz (Grund)	weil, da, zumal	Alex lernt Vokabeln, *weil* er eine gute Note anstrebt.
Temporalsatz (Zeit)	nachdem, bevor, als, wenn, bis, seit(dem), während, solange, ehe	*Nachdem* er den Raum verlassen hatte, holten alle ihre Handys heraus.
Modalsatz (Art und Weise)	indem, ohne dass, dadurch dass	Sie vertrieben sich die Zeit, *indem* sie sich gegenseitig Nachrichten schickten.
Konzessivsatz (Einräumung)	obwohl, obgleich	*Obwohl* Alex keine Lust dazu hat, lernt er Vokabeln.
Konditionalsatz (Bedingung)	wenn, falls, sofern	*Wenn* er eine Eins schreibt, schenken ihm seine Eltern einen Roller.
Konsekutivsatz (Folge)	(so …) dass, sodass	Er hat *so* viel gelernt, *dass* er keine Angst vor der Prüfung haben muss.
Finalsatz (Zweck, Absicht)	damit, um … zu	Er lernt aber noch weiter, *damit* er den Roller auf jeden Fall bekommt.
Adversativsatz (Gegensatz)	während (hingegen), wohingegen	Dann kann er mit dem Roller fahren, *während* die anderen zu Fuß gehen müssen.
neutral	dass, ob, wie	Ich weiß, *dass* ihm das gefallen wird.

Indirekte Fragen

Bei den **direkten Fragesätzen** unterscheidet man zwei Formen: Fragen, auf die man mit „Ja“ oder „Nein“ antworten kann, und W-Fragen.

Beispiel *Gehst du gerne in die Schule?* → mögliche Antworten: Ja / Nein
Wer bist du?/Wo wohnst du? etc. → offene / ausführlichere Antwort

Gibt man die Fragesätze in indirekter Rede wieder, spricht man von indirekten Fragen. Bei **Ja/Nein-Fragen** verwendet man hierbei die Konjunktion ***ob***; bei **W-Fragen** übernehmen die **Fragewörter** die Funktion von Konjunktionen.

Beispiel *Sie wollte wissen, ob er gerne in die Schule gehe.*
Er fragte sie, wer sie sei / wo sie wohne / welche Musik sie höre.

Tipp Indirekte Fragesätze erkennst du wie alle Nebensätze an der Position des **konjugierten Verbs am Satzende**. Darüber hinaus ist die Verwendung des **Konjunktivs** oft ein Hinweis darauf, dass es sich um eine indirekte Frage handelt.

Satzreihe und Satzgefüge

Hängt man zwei oder mehrere **Hauptsätze** aneinander, die gleichwertig sind, entsteht eine **Satzreihe**. Statt des Kommas könnte hier auch ein Punkt die beiden Sätze trennen, da keiner dem anderen untergeordnet ist.
Wird ein **Hauptsatz** mit einem oder mehreren **Nebensätzen** verbunden, spricht man von einem **Satzgefüge**.

Beispiel *Alex lernt Vokabeln, Alina geht schwimmen.*
(zwei Hauptsätze → **Satzreihe**)
Alex lernt Vokabeln, während Alina schwimmen geht.
(Hauptsatz + Nebensatz → **Satzgefüge**)

Der Nebensatz kann in einem Satzgefüge **vor oder nach** dem Hauptsatz stehen. Es ist auch möglich, den Nebensatz in den Hauptsatz **einzubetten**. Dann werden zwei Kommas benötigt, die den Nebensatz abtrennen.

Beispiel *Alex lernt Vokabeln, weil er eine gute Note anstrebt.*
Weil Alex eine gute Note anstrebt, lernt er Vokabeln.
Alex, der eine gute Note anstrebt, lernt Vokabeln.

Übungsaufgaben im Stil der Abschlussprüfung

Abschlussprüfung Deutsch an Realschulen in Hessen
Übungsaufgabe 1

Kerstin Viering: Ängstliche Riesen

Bienen verjagen Elefanten

Schon beim Summen von kleinen Bienen machen sich Elefanten schleunigst aus dem Staub, denn die grauen Riesen haben panische Angst vor den Insekten. Das nutzen afrikanische Bauern in Kenia, um sie von ihren Dörfern fernzuhalten.

An den Abend des 29. August 2007 sollte sich Felix Mathenge noch lange erinnern. Es war gegen 22 Uhr, als das Unheil über seine kleine Farm im kenianischen Laikipia-Distrikt hereinbrach. Eine Gruppe von 18 Elefanten hatte beschlossen, dass auf dem Maisfeld des Bauern genau die richtige Mahlzeit für ihre hungrigen Mägen wuchs. Wie eine Naturgewalt walzte die Herde über den Acker, fraß und zertrampelte den Großteil der Pflanzen. Erst die herbeigerufene Polizei konnte die Tiere schließlich in die Flucht schlagen, indem sie etliche Male in die Luft schoss. Achtzig Prozent seiner Maisernte hatte Felix Mathenge an diesem einen Abend verloren.

Lucy King, die für die Elefantenschutzorganisation „Save the Elephants" in Nairobi arbeitet, hat solche Berichte über plündernde Dickhäuter in den vergangenen Jahren immer wieder gehört. Für ihre Doktorarbeit an der Universität Oxford hat sie untersucht, wie sich solche für Mensch und Tier gefährlichen Zusammenstöße verhindern lassen – und kommt dabei zu einem verblüffenden Ergebnis. Gegen aufdringliche Elefanten kann demnach ein summender Verbündeter helfen: die Afrikanische Honigbiene Apis mellifera scutellata. […]

Elefanten und Menschen geraten in etlichen Regionen Afrikas heute häufiger aneinander als in früheren Jahrzehnten. Denn zum einen haben sich die Elefanten vielerorts zumindest ein wenig von den Wilderei-Exzessen der 1970er und 1980er Jahre erholt. Gleichzeitig aber schrumpft ihr Lebensraum, weil die wachsende Bevölkerung immer größere Teile davon für sich beansprucht. „Die Tiere müssen in einer dicht besiedelten Welt voller Menschen und Infrastruktur, Felder und Vieh zurechtkommen", erläutert Lucy King.

So hat Kenia zwar ein durchaus beeindruckendes Netz von Schutzgebieten eingerichtet. Doch Elefanten sind Wanderer, die auf der Suche nach Wasser und Futter immer wieder die Grenzen dieser Refugien überschreiten. Und wenn sich so eine Herde über die Felder eines Kleinbauern hermacht, kann das die gesamte Existenz seiner Familie bedrohen.

Die grauen Riesen von ihrem Zerstörungswerk abzuhalten, ist allerdings gar nicht so einfach. Um die Felder gezogene Steinwälle oder Umfriedungen aus Dornengestrüpp durchbrechen sie oft, und selbst Elektrozäune bieten nicht immer Schutz: „In Kenia funktionieren die oft nicht, weil die Elefanten zum Beispiel die Zaunpfähle umwerfen oder den Draht mit den Stoßzähnen abreißen", berichtet Lucy King.

Daher haben sich etliche Verhaltensforscher in den vergangenen Jahren mit der Frage beschäftigt, was die Dickhäuter alles nicht leiden können – in der Hoffnung, eine einfache, preisgünstige und wirksame Abschreckungsmethode zu finden.

Krach machen ist zum Beispiel eine naheliegende Idee. Das Problem ist nur, dass sich Elefanten von Trommeln, Feuerwerkskörpern und anderen Angriffen auf ihre Ohren meist nicht lange beeindrucken lassen. Schon nach ein paar Wochen haben sie die Geräusche als ungefährlich erkannt und nehmen ihre Plünderungen wieder auf.

Bessere Erfahrungen haben Loki Osborn und Guy Parker vom „Mid-Zambezi Elephant Project" in Simbabwe mit dem beißenden Rauch verbrennender Chili-Schoten gemacht: „Daran haben sich die Tiere lange nicht so schnell gewöhnt wie an Lärm", erinnert sich Guy Parker. Chili scheint den empfindlichen Rüssel der Tiere so stark zu reizen, dass sie lieber einen Bogen darum machen. Inzwischen haben die Projektmitarbeiter aus den scharfen Schoten daher eine ganze Palette an Abwehrmitteln entwickelt. Bauern können Chili-Spray auf die vierbeinigen Plünderer sprühen, Chili-Dung-Briketts verbrennen oder Chili-Öl auf die Zäune um ihre Felder schmieren.

Schon im Jahr 2002 hatten Fritz Vollrath und Iain Douglas-Hamilton, die ebenfalls an der Universität Oxford und für „Save the Elephants" arbeiten, eine erstaunliche Entdeckung gemacht: Akazienbäume mit bewohnten oder leeren Bienenstöcken schienen vor den Attacken hungriger Elefanten bestens geschützt zu sein. Und etliche Bauern und Safari-Guides konnten auch von Episoden erzählen, in denen die Elefanten vor Bienenschwärmen Reißaus genommen hatten. Konnte man die Insekten also vielleicht auch als Wächter für Felder einsetzen?

Um das herauszufinden, hat Lucy King zunächst die Reaktion der grauen Riesen auf die Insekten getestet. Dazu hat sie das Summen gereizter Bienen auf Band aufgenommen und es Elefanten-Familien in zwei Schutzgebieten im Norden Kenias vorgespielt. Und tatsächlich: In 30 der 32 getesteten Gruppen begannen die insgesamt 250 Tiere, Staub aufzuwirbeln und heftig den Kopf zu schütteln – womöglich, um vermeintlich angreifende Insekten loszuwerden. Dann zogen sie sich schleunigst zurück und brachten einen Abstand bis zu hundert Metern zwischen sich und das bedrohliche Geräusch.

„Ich habe oft beobachtet, dass sogar andere Elefanten aus den Büschen auftauchten und sich der flüchtenden Familie anschlossen", erinnert sich Lucy King. Inzwischen weiß sie auch, woran das liegt. Nämlich an einem ganz speziellen grollenden Geräusch, das die zurückweichenden Tiere ausstoßen. Als Lucy King Aufnahmen von diesen tiefen Tönen anderen Elefanten vorspielte, reagierten diese ebenfalls wie von der Biene gestochen: Staub aufwirbeln, Kopfschütteln, Rückzug. Dabei war weit und breit kein Insekt in der Nähe.

Offenbar gibt es unter den Dickhäutern also eine Art Bienen-Alarm, mit dem sie ihre Artgenossen warnen.

Ein Schwarm wütender Insekten ist schließlich auch für die Giganten der Savanne eine ernst zu nehmende Gefahr. Die bis zu drei Zentimeter dicke und sehr widerstandsfähige Haut schützt zwar den größten Teil ihres Körpers vor Stichen. Doch hinter den Ohren, vor allem aber um die Augen und im Inneren des Rüssels hat auch ein Elefant Schwachstellen.

Lucy King kennt zum Beispiel den Fall eines Bullen in Tansania, der beim Fressen versehentlich ein Wildbienen-Nest an einer Akazie aufgebrochen hatte. „Die Bienen flogen ihm ins Gesicht und offenbar auch in seinen Rüssel, sodass er durchdrehte, schrie und laut trompetete", schildert sie das für den Elefanten zweifellos schmerzhafte Erlebnis.

Möglicherweise müssen die Tiere aber gar nicht selbst gestochen werden, um Angst vor Bienen zu entwickeln. Vielleicht genügt es auch schon, wenn sie betroffene Verwandte beobachten. Oder sie lernen einfach nur vom Rest der Herde, dass man auf Summen am besten mit Flucht reagiert.

Jedenfalls lässt sich diese Reaktion nach Ansicht von Lucy King durchaus nutzen, um vierbeinige Plünderer abzuschrecken. Die Forscherin hat dazu einen speziellen Zaun aus mit Draht verbundenen Bienenstöcken entwickelt. Diese Anlage soll gleich zwei Fliegen mit einer Klappe schlagen: Der Bauer kann damit nicht nur seine Ernte schützen, sondern auch noch Honig für den Eigenbedarf oder zum Verkauf gewinnen. Erste Versuche auf 17 verschiedenen Farmen im Norden Kenias verliefen bereits vielversprechend. Innerhalb von zwei Jahren brach nur ein einziger Bulle durch einen solchen Bienenzaun, 13 Elefantengruppen aber trotteten nur auf die Barriere zu und machten dann kehrt.

Damit erwies sich die neue Methode als deutlich wirksamer als die traditionellen Umfriedungen aus Dornengestrüpp. Und während Felix Mathenge in jener fatalen Augustnacht seinen Mais in rupfenden Rüsseln und unter trampelnden Füßen verschwinden sah, blieben die von einem Bienenzaun geschützten Felder seines Nachbarn von unerwünschtem Besuch verschont.

Quelle: Kerstin Viering: Bienen verjagen Elefanten, http://www.fr.de/wissen/wissenschaft/natur/aengstliche-riesen-bienen-verjagen-elefanten-a-890011, 16.12.2011

Teil I: Lesen

1. Kreuze die richtige Aussage an. Es gibt jeweils nur eine richtige Lösung. 5 Pkt.

   a) Felix Mathenge verlor durch den Angriff der Elefanten …
      - ☐ mehr als drei Viertel seiner Maisernte.
      - ☐ gut die Hälfte seiner Maisernte.
      - ☐ knapp zwei Drittel seiner Maisernte.
      - ☐ seine gesamte Maisernte.

   b) Lucy King suchte im Rahmen ihrer Doktorarbeit nach Möglichkeiten, …
      - ☐ den Kontakt zwischen Menschen und Elefanten zu verhindern.
      - ☐ die nur für Menschen gefährlichen Zusammenstöße mit Elefanten zu vermeiden.
      - ☐ Menschen und Elefanten vor gefährlichen Zusammenstößen zu schützen.
      - ☐ Elefanten vor den Menschen zu schützen.

   c) Bei ihren Wanderungen …
      - ☐ bleiben die Elefanten in den Schutzgebieten.
      - ☐ lassen sich die Elefanten von Elektrozäunen abhalten.
      - ☐ schrecken die Elefanten vor Steinwällen zurück.
      - ☐ überschreiten die Elefanten die Grenzen der Schutzgebiete.

   d) Lärm ist keine wirksame Abschreckungsmethode gegen Elefanten, weil …
      - ☐ sie schwerhörig sind.
      - ☐ laute Geräusche sie aggressiv machen.
      - ☐ sie sich nicht von lauten Geräuschen beeindrucken lassen.
      - ☐ sie die Geräusche nach kurzer Zeit als ungefährlich erkennen.

   e) Fritz Vollrath und Iain Douglas-Hamilton von „Save the Elephants“ haben entdeckt, dass …
      - ☐ Akazienbäume ein beliebtes Futter für hungrige Elefanten sind.
      - ☐ Elefanten Akazienbäume mit Bienenstöcken meiden.
      - ☐ afrikanische Bienen gerne in Akazienbäumen nisten.
      - ☐ Elefanten keine Akazien mögen.

2. Kreuze die richtige Aussage an. Es gibt jeweils nur eine richtige Lösung. 4 Pkt.

a) „lieber einen Bogen darum machen" (Z. 79) bedeutet hier, dass die Elefanten …

- ☐ sich kreisförmig aufstellen.
- ☐ dem Rauch ausweichen.
- ☐ mit ihrem Rüssel einen Bogen formen.
- ☐ mit Pfeil und Bogen vertrieben werden.

b) „eine ganze Palette an Abwehrmitteln" (Z. 81 f.) bedeutet hier, dass …

- ☐ man mit Paletten Elefanten vertreiben kann.
- ☐ Zäune aus Paletten ein Hindernis für Elefanten sind.
- ☐ man zur Abwehr von Elefanten Paletten voller Chilischoten benötigt.
- ☐ es verschiedene Abwehrmittel aus Chili gegen Elefanten gibt.

c) „[…] vor allem aber um die Augen […] hat auch ein Elefant Schwachstellen" (Z. 130–132) bedeutet hier, dass …

- ☐ Elefanten nicht besonders gut sehen.
- ☐ die Elefantenhaut an bestimmten Stellen besonders dünn ist.
- ☐ die Muskulatur bei Elefanten unterschiedlich stark ausgebildet ist.
- ☐ manche Elefanten schwächer sind als andere.

d) „gleich zwei Fliegen mit einer Klappe schlagen" (Z. 151 f.) bedeutet hier, dass …

- ☐ der Bienenzaun auch lästige Fliegen vertreibt.
- ☐ die Vertreibungsmethode auch mit Fliegen funktioniert.
- ☐ der Drahtzaun doppelten Nutzen hat.
- ☐ zu viele Fliegen die Ernte bedrohen.

3. Welche der folgenden Aussagen sind richtig? 2 Pkt.

Lucy King hat …

A Elefanten Tonbandaufnahmen gereizter Bienen vorgespielt.
B die Reaktion von Elefanten auf verschiedene Insektenarten getestet.
C beobachtet, dass das Geräusch summender Bienen Elefanten vertreibt.
D einen speziellen Abwehrzaun gegen Fliegen entwickelt.

Kreuze die richtige Antwort an.

- ☐ Nur B und C stehen im Text.
- ☐ Alle Aussagen stehen im Text.
- ☐ Nur A und C stehen im Text.
- ☐ Nur C und D stehen im Text.

4. Nenne und belege vier Merkmale eines journalistischen Textes, die dieser Artikel aufweist. 4 Pkt.

5. Ordne den Zitaten die passenden sprachlichen Mittel zu.
Trage die Buchstaben in die Tabelle ein. 4 Pkt.

A Alliteration **B** Antithese **C** Personifikation **D** Vergleich

Zitat	**Sprachliches Mittel**
„Ängstliche Riesen“ (Überschrift)	
„Wie eine Naturgewalt walzte die Herde über den Acker“ (Z. 13 f.)	
„mit dem beißenden Rauch verbrennender Chili-Schoten“ (Z. 74 f.)	
„in rupfenden Rüsseln“ (Z. 164 f.)	

6. Die Autorin verwendet verschiedene Ausdrücke für „Elefanten“, z. B. „Giganten der Savanne“ (Z. 126) oder „vierbeinige Plünderer“ (Z. 147 f.).

   a) Benenne das Stilmittel, um das es sich dabei handelt. 1 Pkt.

   b) Erkläre, welche Wirkung durch die Verwendung dieses sprachlichen Mittels im Text erzielt wird. 3 Pkt.

7. Erläutere anhand von zwei Beispielen aus dem Text, warum die Konflikte zwischen Elefanten und Menschen in den letzten Jahren zugenommen haben. 6 Pkt.

8. Arbeite an zwei Beispielen heraus, welche einfachen und preiswerten Methoden Verhaltensforscher entwickelt haben, um Elefanten von den Feldern der Bauern fernzuhalten. 4 Pkt.

9. „Offenbar gibt es unter den Dickhäutern also eine Art Bienen-Alarm, mit dem sie ihre Artgenossen warnen." (Z. 122–124)
Erkläre aus dem Textzusammenhang, wie dieser „Bienen-Alarm" funktioniert. 4 Pkt.

10. „Man sollte unter allen Umständen das Land der Kleinbauern vor plündernden Elefanten schützen und notfalls die Tiere daran hindern, die Schutzgebiete zu verlassen."
Begründe deine Ablehnung oder Zustimmung zu dieser Forderung. 3 Pkt.

Teil II: Schreiben

II.A: Textproduktion (Wahlaufgabe)

Wähle **eine** der beiden folgenden Aufgaben aus und bearbeite sie.

a) **Erzählung**
Tiere spielen eine wichtige Rolle im Leben vieler Menschen. Erzähle von einem persönlichen Erlebnis mit einem Tier. Deine Geschichte kann lustig oder traurig, spannend oder berührend sein.

oder

b) **Bericht**
Anlässlich des Welttierschutztages, der jedes Jahr am 4. Oktober begangen wird, hat deine Klasse ein mehrtägiges Projekt zum Thema „Tierwohl geht uns alle an" durchgeführt. Themen waren unter anderem eine naturnahe Schulhofgestaltung, der Anteil von Biolebensmitteln im Mensa-Angebot, artgerechte Tierhaltung sowie vegetarische und vegane Lebensführung. Berichte für die Homepage der Schule von dieser Aktion.

Dein Text (Erzählung oder Bericht) wird wie folgt bewertet:

	Punkte
Aufbau/Inhalt (z. B. Überschrift, Einleitung, Hauptteil, Schluss, „roter Faden")	24
Sprachangemessenheit (Wortschatz, Satzbau, Ausdruck)	12
Sprachrichtigkeit (Rechtschreibung, Zeichensetzung, Grammatik)	4
Summe	**40**

II.B: Sprachliche Richtigkeit

1. Markiere und berichtige die zwölf Rechtschreib- und Zeichensetzungsfehler im Text. Du darfst nicht mehr als zwölf Fehler markieren.
   Notiere die korrekte Schreibung und fehlende Kommas jeweils unter der fehlerhaften Stelle.
   Der Text enthält keine Fehler zur Getrennt- und Zusammenschreibung.
   Eigennamen sind korrekt geschrieben. 6 Pkt.

Beispiel:

Obwohl heute ~~imer~~ weniger von Hand geschrieben wird, spielt die Recht-

immer fehlendes Komma

schreibung eine wichtige Rolle …

Das drittwichtigste Nutztier in Europa ist die Biene. Nicht nur die Imker sondern

vor allem die Blütenpflanzen profitiren von der Beziehung zwischen Bienchen

und Blümchen. Auf die bestäubung durch die schwarz-gelben Brummer sind

nahezu 80 Prozent der heimischen Nutzpflantzen angewiesen, um ihre Ver-

mehrung sicherzustellen. Das heißt: Gähbe es keine Bienen, würden nur Zwei

statt hundert Äpfel reifen. Experten schätzen den volkswirtschaftlichen Nutzen

der Inseckten allein in Deutschland auf annähernd zwei Milliarden Euro,

europaweit soll die Zahl nach Ausage des Imkerbundes 14,4 Milliarden Euro

betragen. Damit belegt *Apis mellifera*, wie die Honigbiene unter Zoologen

genannt wird nach Rind und Schwein Platz drei der wichtigsten Nutztiere.

Wärend man auf Fleisch nothfalls verzichten könnte, ist der Einsatz der eifrigen

___

Bestäuber durch nichts zu ersetzen. Auch von blühenden Landschafften müssten

___

wir ohne die Arbeit der bienenfleißigen Helfer wohl Abschied nehmen.

___

2. Groß- oder Kleinschreibung?
In vier der folgenden Sätze befindet sich jeweils ein falsch geschriebenes Wort. Kreise die falsch geschriebenen Wörter ein. 4 Pkt.

Hinweis: Du darfst nicht mehr als vier Wörter einkreisen.

a) Auf dem Schulhof wäre heute beinahe etwas Schlimmes passiert.

b) Es hatte Nachts geregnet und gestürmt, sodass der Boden voll mit nassem Laub lag und die Schüler*innen ständig ins Rutschen kamen.

c) Am Gefährlichsten war es neben dem Eingang, wo sich die Fünftklässler mit dem Werfen von nassen Blättern vergnügten.

d) Das laute Schimpfen der Lehrer hielt sie nur kurzzeitig davon ab.

e) So kam es, dass ein Schüler mit einem Haufen Laub etwas Hartes an den Kopf bekam und zum verbinden in den Sanitätsraum musste.

f) Die Lehrer hatten kein Verständnis für dieses Verhalten.

g) Der Übeltäter musste wegen seines ungehorsams eine Strafarbeit schreiben.

h) Außerdem sollten alle Kinder, die sich am Laubwerfen beteiligt hatten, den Hof kehren.

i) So hatte die ganze Sache schließlich doch noch etwas Gutes.

3. Wähle die Begründung aus, warum hier ein Komma stehen muss. 5 Pkt.

Begründungen:

A Das Komma trennt Aufzählungen von Wörtern und Wortgruppen.
B Das Komma trennt nachgestellte Erläuterungen ab.
C Das Komma trennt wörtliche Rede von Redebegleitsätzen.
D Das Komma trennt Hauptsätze von Nebensätzen.
E Das Komma trennt Hauptsätze.

Hinweis: Einige Begründungen können zu mehreren Sätzen passen, andere zu keinem.

Satz	Begründung
„Guten Morgen!“, rief die Klasse zur Begrüßung im Chor.	
Das war ungewöhnlich, denn es war bereits die letzte Stunde des Vormittags.	
Die Lehrerin erzählte den Kindern, dass sie sie zu einem Naturschutzwettbewerb angemeldet habe.	
Die Klasse, besonders die Jungen, war sofort begeistert.	
Sie riefen durcheinander: „Wir schaffen das, wir gewinnen auf jeden Fall, wir sind die Besten!“	

4. Nenne die passende Strategie, die du zur korrekten Schreibung der markierten Stelle anwendest. 5 Pkt.

Strategien:

A Ich überprüfe die Wortart.
B Ich beachte den Wortursprung.
C Ich bilde die Mehrzahl und höre auf die Aussprache.
D Ich bilde die Grundform und achte auf den Binnenlaut.
E Ich achte auf die Vokallänge.

Hinweis: Einige Strategien können zu mehreren Sätzen passen, andere zu keinem.

Satz	Strategie
Die Klasse wünscht ihrem Lehrer **G**esundheit und ein langes Leben.	
Beim Klettern brach Tom sich den Fu**ß**.	
Weil die Hose zu kurz war, musste sie verl**ä**ngert werden.	
In dürren Blättern säuselt der Win**d**.	
Nach dem Fest mussten die Schüler*innen den Saal aufr**äu**men.	

Joseph Freiherr von Eichendorff: Frische Fahrt (1810)

Laue Luft kommt blau geflossen,
Frühling, Frühling soll es sein!
Waldwärts Hörnerklang geschossen,
Mutger Augen lichter Schein;
Und das Wirren bunt und bunter
Wird ein magisch wilder Fluss,
In die schöne Welt hinunter
Lockt dich dieses Stromes Gruß.

Und ich mag mich nicht bewahren!
Weit von euch treibt mich der Wind,
Auf dem Strome will ich fahren,
Von dem Glanze selig blind!
Tausend Stimmen lockend schlagen,
Hoch Aurora[1] flammend weht,
Fahre zu! Ich mag nicht fragen,
Wo die Fahrt zu Ende geht!

Quelle: Joseph Freiherr von Eichendorff: Frische Fahrt (1810)

1 Aurora (V. 14): Hier: aufgehende Sonne; eigentlich: griechische Göttin der Morgenröte

Teil I: Lesen

1. Eine Schülerin hat die erste Strophe des Gedichts zusammengefasst. Ergänze die fehlenden Wörter im Text. 3 Pkt.

   Die Luft ist __________ . Es wird __________________. Aus dem Wald erklingen __________________ . Die Augen leuchten vor __________. Das bunte „Wirren" des Frühlings wirkt wie ein _________________________ und verlockt dazu, _________________________ zu ziehen.

2. Kreuze die richtige Aussage an. Es gibt jeweils nur eine richtige Lösung. 4 Pkt.

   a) Was umschreibt der Ausdruck „buntes Wirren" in Vers 5?
      - ☐ die Verwirrtheit des lyrischen Ichs
      - ☐ das Farbenspiel und die Lebendigkeit des Frühlings
      - ☐ eine bunte Schar zwitschernder Vögel
      - ☐ die vielen Boote auf dem Fluss

   b) „Fluss" und „Strom" sind in dem Gedicht Bilder für …
      - ☐ Liebe und Hoffnung.
      - ☐ Vergänglichkeit.
      - ☐ Bewegung und Aufbruch.
      - ☐ den Lauf der Zeit.

   c) Was sagen die Verse „Und ich mag mich nicht bewahren! […] Auf dem Strome will ich fahren" im übertragenen Sinne über das lyrische Ich aus?
      - ☐ Das lyrische Ich möchte aufbrechen und eine Bootsfahrt machen.
      - ☐ Das lyrische Ich will sich von der Aufbruchsstimmung des Frühlings mitreißen lassen.
      - ☐ Das lyrische Ich will noch etwas warten, bevor es sich auf den Weg macht.
      - ☐ Das lyrische Ich will sich vor der Aufbruchsstimmung des Frühlings schützen.

   d) Welches Thema spricht der Vers „Weit von euch treibt mich der Wind" an?
      - ☐ Flucht
      - ☐ Unwetter
      - ☐ Trennung
      - ☐ Schiffbruch

3. a) Welche Grundstimmung vermittelt das Gedicht?
Kreuze die richtige Antwort an. 1 Pkt.

- ☐ Wehmut
- ☐ Freude
- ☐ Angst
- ☐ Gelassenheit

b) Nenne zwei Textstellen, die von der Grundstimmung abweichen, und erkläre, was jeweils ausgedrückt wird. 2 Pkt.

____

____

____

____

4. a) Das lyrische Ich beschreibt unterschiedliche Sinneseindrücke, mit denen es den Frühling wahrnimmt.
Ordne den folgenden Begriffen passende Textbeispiele zu. 6 Pkt.

Fühlen: __________________________________

____

Hören: __________________________________

____

Sehen: __________________________________

____

b) Welche Wünsche hat das lyrische Ich?
Nenne drei Beispiele und erkläre sie mit eigenen Worten. 3 Pkt.

____

____

____

____

____

____

5. a) Das Gedicht enthält auffällig viele Ausrufe und eine Häufung der Vokale „a“ und „o“.
Erkläre, welche Wirkung damit erzielt wird. 2 Pkt.

____

____

____

____

b) Nenne und belege vier sprachliche Mittel, die deutlich machen, dass das Gedicht eine „Fahrt“ beschreibt. 4 Pkt.

6. Ordne den Zitaten die passenden sprachlichen Mittel zu.
Trage die Buchstaben in die Tabelle ein. 5 Pkt.

A Alliteration
B Klimax
C Ellipse
D Vergleich
E Personifikation
F Metapher

Hinweis: Einige sprachliche Mittel können zu mehr als einer Textstelle passen, andere zu keiner.

Zitat	Sprachliches Mittel
„Und das Wirren bunt und bunter“ (V. 5)	
„Weit von euch treibt mich der Wind“ (V. 10)	
„Waldwärts Hörnerklang geschossen, / Mutger Augen lichter Schein“ (V. 3 f.)	
„Frische Fahrt“ (Titel); „Laue Luft […]“ (V. 1.)	
„Hoch Aurora flammend weht“ (V. 14)	

7. a) Gib das Reimschema und das Metrum des Gedichts an. 2 Pkt.

b) Ein Leser ist der Meinung: „Aufbau und Form des Gedichtes verstärken die inhaltliche Aussage.“
Begründe diese Äußerung. 4 Pkt.

8. Begründe, welche der folgenden Aussagen deiner Meinung nach am besten passt. 4 Pkt.
   - „Frische Fahrt“ beschreibt die Wirkung des anbrechenden Frühlings, der alles in Bewegung bringt.
   - Der Frühling ist in diesem Gedicht ein Symbol für den Aufbruch ins Leben, es ist eigentlich ein Jugendgedicht.
   - In dem Gedicht beschreibt ein lyrisches Ich voller Begeisterung den Frühling; es ist sich jedoch auch wehmütig darüber bewusst, dass diese schöne Zeit bald zu Ende ist.

Teil II: Schreiben

II.A: Textproduktion (Wahlaufgabe)

Wähle **eine** der beiden folgenden Aufgaben aus und bearbeite sie.

a) **Argumentation**
Sollten junge Leute ein Schuljahr im Ausland verbringen? Argumentiere, welche Vor- und Nachteile ein solches Auslandsjahr hat, und beziehe am Schluss Stellung zu dieser Frage.

oder

b) **Beschreibung**
Dein Freund/deine Freundin verbringt ein Austauschjahr in Costa Rica und vermisst die uns bekannten Jahreszeiten. Verfasse einen ausführlichen **Brief**, in dem du ihm/ihr möglichst viele sinnliche Eindrücke von einer unserer Jahreszeiten beschreibst.

Dein Text (Argumentation oder Beschreibung) wird wie folgt bewertet:

	Punkte
Aufbau/Inhalt (z. B. Überschrift, Einleitung, Hauptteil, Schluss, „roter Faden“)	24
Sprachangemessenheit (Wortschatz, Satzbau, Ausdruck)	12
Sprachrichtigkeit (Rechtschreibung, Zeichensetzung, Grammatik)	4
Summe	**40**

II.B: Sprachliche Richtigkeit

1. Markiere und berichtige die zwölf Rechtschreib- und Zeichensetzungsfehler im Text. Du darfst nicht mehr als zwölf Fehler markieren.
   Notiere die korrekte Schreibung und fehlende Kommas jeweils unter der fehlerhaften Stelle.
   Der Text enthält keine Fehler zur Getrennt- und Zusammenschreibung.
   Eigennamen sind korrekt geschrieben. 6 Pkt.

Beispiel:

Obwohl heute ~~imer~~ weniger von Hand geschrieben wird, spielt die Recht-

immer *fehlendes Komma*

schreibung eine wichtige Rolle …

Welche Kräfte ein Lenkdrachen entfallten kann, weiß jeder der schon einmal an

stürmischen Tagen einen solchen Himmelsvogel hat steigen lassen. Der

Niederländer Wubbo Ockels, Professor für Luft- und Raumfahrttechnik an der

Universität Delft, will nun diese Kraft nutzen und den Windrädern am Boden mit

Lenkdrachen in der Luft Konkurenz machen.

Das Prinnzip der Energieerzeugung, dass mit dem eines Jo-Jos vergleichbar ist,

hat er „Kite-Power“ genannt. Dabei wird beim Auf- und abwickeln des Zugseils,

mit dem der Drachen aus Holland gelenkt wird, gleichzeitig ein Generator

angetrieben. In einer Höhe von 500 Metern sei der Einsatz besonders effektif da

dort konstantere Windströhme herrschten als in tieferen Luftschichten.

Gegenüber herkömmlichen Windrädern seien diese fliegenden Kleinkraftwerke nicht nur unauffälliger billiger und leiser, sondern hätten auch eine höhere

Energieausbäute, so der Professor. Ganze Drachenschwärme will der

niederländer zukünftig steigen lassen, um auf diese Weise möglichst viel Strom

zu erzeugen.

2. Groß- oder Kleinschreibung?
In vier der folgenden Sätze befindet sich jeweils ein falsch geschriebenes Wort.
Kreise die falsch geschriebenen Wörter ein. 4 Pkt.

Hinweis: Du darfst nicht mehr als vier Wörter einkreisen.

a) Im Sommer treffen sich die Jugendlichen jeden abend an der Anglerhütte.

b) Von allen Orten rund um den See ist das bei Mondschein der schönste.

c) Wenn nachts die Glühwürmchen leuchten, wird es sogar romantisch.

d) Nur am Samstag müssen sie sich einen anderen Platz suchen.

e) Dann kommen nämlich die Vereinsmitglieder bis zum frühen Sonntagmorgen zum angeln.

f) Die Angler und die Fische fühlen sich vom lauten Lachen der übermütigen Jugendlichen gestört.

g) Dafür ist Wochentags die Umgebung des Sees wie ausgestorben.

h) Zum Feiern ist die Anglerhütte allerdings nicht geeignet.

i) Für das Legen eines Stromanschlusses wollte der Verein keine Finanzielle Anstrengung unternehmen.

3. Setze die Wörter in den Klammern in den richtigen Fall (Genitiv, Dativ oder Akkusativ). Schreibe die Lösung auf die Zeile darunter. 4 Pkt.

Nach Beendigung (sein Auslandsschuljahr) in Brasilien hatte Moritz viel zu er-

____

zählen. Alle wollten wissen, was er in (das südamerikanische Land) erlebt hatte.

____

Immer wieder baten sie ihn darum, von (diese aufregende Zeit) zu erzählen.

____

Sie hatten romantische Vorstellungen von (wilde Partys) vor (tropische

____

Sonnenuntergänge). Doch leider handelten die Berichte (ihr weit gereister

____

Mitschüler) hauptsächlich von (sein langweiliger und stressiger Schulalltag).

____

Trotzdem wünschten sich alle, auch einmal in (ein fernes Land) reisen zu können.

____

4. Bestimme in folgenden Sätzen jeweils die Zeitform der fett gedruckten Verben. 6 Pkt.

Satz	**Zeitform**
Tom **hatte verschlafen**.	
Auf dem Tisch **lag** sein Frühstücksbrot.	
„Mum **wird** es doch hoffentlich mit Käse **belegt haben**!“, dachte er.	
„Schön, dass du auch da **bist**“, begrüßte ihn in der Schule seine Klassenlehrerin.	
„Wir **haben** schon mal ohne dich **angefangen**. Das stört dich doch hoffentlich nicht?“	
„Wie peinlich! Ich **werde** nie wieder zu spät **kommen**“, dachte Tom bei sich.	

Abschlussprüfung Deutsch an Realschulen in Hessen
Übungsaufgabe 3

Gabriele Wohmann: Denk immer an heut Nachmittag

„Eine halbe Stunde Fahrt auf der Hinterplattform", sagte der Vater, „wieder was Schönes zum Drandenken."

Die Bahn ruckelte durch die dunklen feuchten Gässchen von Gratte. Spätnachmittags, die Zeit, in der noch einmal alle Frauen ihre Einkaufstaschen zu den Krämern[1] trugen, in die Auslagen der engen Schaufenster starrten und wie im Gebet die Lippen bewegten, während sie die Münzen in ihren klebrigen Portemonnaies zählten. Die letzten Minuten, bevor die Kinder endgültig hinter den schartigen[2] Hausmauern verschwänden, ehe die Männer auf ihren Motorrädern in das Delta[3] der Gassen donnern würden. Das Kind hielt die Messingstange vor der Fensterscheibe fest, aber immer wieder rutschte die glatte Wolle seiner Handschuhe ab.

„Wie im Aussichtswagen. Lauter lustige Dinge", sagte der Vater. „Du kannst immer dran denken: wie lustig war's doch, als wir plötzlich bei Wickler im Fenster die Mannequins[4] entdeckten und als der Vater sagte: Schön, wir fahren eine Bahn später. Die hübschen Mannequins, weißt du's noch?"

„Ja", sagte das Kind. Sein Knie spürte den Koffer.

Die Bahn fuhr jetzt durch eine Straße mit eckigen unfrisierten Gärtchen, und Gratte sah nur noch wie ein dicker dunkler Pickel aus. Dann Bäume, die meisten noch kahl, eine Bank mit einem Mädchen, das die Fingernägel reinigte, gekrümmte nackte Kiefernstämme in sandigen Kahlschlägen.

„Der Wald von Laurich", sagte der Vater, „er zieht sich bis zu deinem Schulheim. Ihr werdet ihn wahrscheinlich oft zu sehen bekommen, Spiele im Wald veranstalten, Schnitzelversteck und was weiß ich, Räuberspiele, Waldlauf."

Ein fetter Junge auf dem Fahrrad tauchte auf und hetzte in geringem Abstand hinter der Bahn her. Sein schwitzendes bläuliches Gesicht war vom Ehrgeiz verunstaltet, die farblose dicke Zunge lag schlaff auf der Unterlippe. „Zunge rein", rief der Vater und lachte. „Ob er's schafft? Was meinst du?"

„Ich weiß nicht", sagte das Kind.

„Ach du Langweiler", sagte der Vater.

Das Kind merkte mit einer geheimen Erregung, dass seine Augen jetzt schon wieder nass wurden; das Fahrrad, der hechelnde schwere Körper und das besessene Gesicht des Jungen schwammen hinter der Scheibe.

Mit gekränkter Stimme sagte der Vater: „Und vergiss nicht die Liebe deiner Mutter. Sie ist dein wertvollster Besitz. Präge es dir ein. Vergiss nicht, wie lieb sie dich hatte, und handle danach. Tu nur, was sie erfreut hätte. Ich hoffe sehr, du kannst das behalten."

Immer größer wurde der Abstand zwischen dem Fahrrad und der Plattform, aber obwohl keine Aussicht mehr bestand, in diesem Wettbewerb zu gewinnen, gab der Junge nicht auf. „Siehst du", sagte der Vater, „der lässt nicht locker." Seine Stimme war stolz und fast zärtlich.

Das Kind sah in das fleckige Gesicht des Jungen, aus dem die Zunge sich plötzlich listig reckte, zugespitzt, blass zwischen den weißen verzogenen Lippen.

Der Vater lachte:

„Siehst du, jetzt streckt er dir die Zunge raus! Vielleicht ist es sogar ein Lauricher, ein zukünftiger Kamerad. Dann würdest du schon einen kennen.“

Sie sahen von der Plattform aus die hellgrün gestrichenen Gebäude vor dem Ulmenwäldchen, alles sah doch anders aus als auf den Bildern des Prospekts. Sie gingen zwischen Äckern den großen Gebäuden entgegen.

„Wie freundlich das daliegt“, sagte der Vater. „Zu meiner Zeit waren Schulen noch nicht so nett. Da, der Sportplatz! Ich hoffe sehr, du wirst hier allmählich Spaß am Sport bekommen. Richtige Muskeln, weißt du. Du musst sonst auf sehr viel Gutes im Leben eines Mannes verzichten.“

Ein hoher Drahtzaun umschloss den Platz. Eine Horde von Kindern, die aus der Entfernung einheitlich schwarz wirkte, rannte und stieß und schrie planlos durcheinander, und ab und zu erhob sich plump und dunkel ein eiförmiger Ball, einem kranken Vogel ähnlich, über die Masse der Köpfe.

„Komm“, sagte der Vater und griff nach der Hand des Kindes, „komm, wir eilen uns ein bisschen, vielleicht können wir noch sehen, wer gewinnt.“

Durch die Handschuhwolle spürte das Kind den Wärmestrom. Es hatte Lust, den Handschuh auszuziehen, aber es regte seine Finger nicht. Von Neuem schwoll das Nasse in seinen Augen, es war ein Gefühl, als wollten die Augen selbst aus der Spange der Lider platzen. Das Nasse schmierte die Gebäude, den Sportplatz, das Gewimmel der Kinder in eine mattglasige Einheit, aus der jetzt der Ball wieder schwarz und träge in den Himmel aufstieg; und dann sah es nichts mehr, gar nichts, es hörte die kreischenden Rufe, los, los, vorwärts, es spürte die Hand seines Vaters und roch den fauligen dumpfen Abendgeruch der aufgeworfenen Erde, aber es sah nichts mehr, so dass es nur die Erinnerung an den hoch torkelnden Ball festhielt. Es ließ den Ball sich höher hinaufschrauben, es ließ ihn nicht wieder zurückfallen zwischen die stoßenden und wetzenden Beine, es schraubte ihn so hoch, bis es sich nicht mehr vorstellen konnte, dass er wieder auf die Erde zurück müsste.

„Behalte all das in Erinnerung“, sagte der Vater. „All das Schöne und Liebe, das deine Mutter und ich dir zu geben versucht haben. Und wenn's mal trübe aussehen sollte, denk zum Beispiel an heut Nachmittag. Das war doch wie ein richtiger lustiger Ausflug. Denk immer an heut Nachmittag, hörst du? An alles, an die Wäffelchen, an Wicklers Schau, die Plattform, an den Jungen auf dem Fahrrad. Hörst du?“

„Ja“, sagte das Kind.

Gegen seinen Willen musste es feststellen, dass die Augen wieder ordentlich und klar zwischen den Lidern saßen.

Sie waren jetzt nah am Sportplatz, die quadratischen Maschen des Zaungitters lösten sich einzeln aus dem Dunkelgrau, in das wie eine gegorene, von Würmern geschwollene Pflaume der Ball zurückklatschte. Nun erst fiel ihm auf, dass es noch nie daran gedacht hatte, seinen Vater zu bedauern.

Quelle: Gabriele Wohmann: Ländliches Fest und andere Erzählungen. Hermann Luchterhand Verlag: Neuwied/Berlin 1968.

1 Krämer: Verkäufer, Kleinhändler (meist in Geschäften für Lebensmittel oder Drogerieartikel)
2 schartig: schadhaft, voll Kerben und Kratzer
3 Delta (der Gassen): hier: Verzweigung (von vielen einzelnen Gassen)
4 Mannequin: Schaufensterpuppe

Teil I: Lesen

1. Kreuze die richtige Aussage an. Es gibt jeweils nur eine richtige Lösung. 4 Pkt.

   a) Der Vater und sein Sohn sind unterwegs …
   - ☐ mit einer Straßenbahn.
   - ☐ auf einem Motorrad.
   - ☐ in einem Aussichtswagen.
   - ☐ mit dem Fahrrad.

   b) Die beiden …
   - ☐ machen einen lustigen Ausflug.
   - ☐ wollen in einem Ort namens Gratte einkaufen.
   - ☐ fahren zum Schulheim in Laurich.
   - ☐ besuchen eine Sportveranstaltung.

   c) Auf ihrem Weg …
   - ☐ überholen sie einen Fahrradfahrer.
   - ☐ versucht ein Fahrradfahrer, sie einzuholen.
   - ☐ werden sie von einem Fahrradfahrer ausgelacht.
   - ☐ beobachten sie einen Fahrradwettbewerb.

   d) Bei ihrer Ankunft sehen sie …
   - ☐ wie eine Gruppe Kinder einen kranken Vogel quält.
   - ☐ eine Gruppe Kinder, die schreiend durcheinander rennt.
   - ☐ eine Gruppe Kinder, die hinter einem Drahtzaun eingesperrt ist.
   - ☐ eine Gruppe Kinder, die sich um einen eiförmigen Ball streitet.

2. Kreuze die richtige Aussage an. Es gibt jeweils nur eine richtige Lösung. 4 Pkt.

   a) „Ach du Langweiler“ (Z. 45) bedeutet hier, dass …
   - ☐ der Sohn sich auf der Fahrt langweilt.
   - ☐ der Vater seinen Sohn langweilig findet.
   - ☐ der Vater enttäuscht von der Reaktion des Sohnes ist.
   - ☐ der Sohn sich nicht für seinen Vater interessiert.

   b) „das Fahrrad, der hechelnde schwere Körper und das besessene Gesicht des Jungen schwammen hinter der Scheibe“ (Z. 48–50) bedeutet hier, dass …
   - ☐ der Junge mit dem Fahrrad ins Wasser gefallen ist.
   - ☐ die Scheibe der Straßenbahn beschlagen ist.
   - ☐ der Junge auf dem Fahrrad zu weit weg ist, um ihn zu erkennen.
   - ☐ das Kind mit den Tränen kämpft und alles verschwommen sieht.

c) „Sie ist dein wertvollster Besitz“ (Z. 52 f.) bedeutet hier, dass …

☐ der Sohn ein teures Geschenk von seiner Mutter bekommen hat.
☐ die Liebe der Mutter kostbarer ist als alles andere.
☐ der Sohn außer der Liebe seiner Mutter nichts besitzt.
☐ die Familie nur wenig Geld hat.

d) „Und wenn's mal trübe aussehen sollte, denk zum Beispiel an heut Nachmittag […]“ (Z. 115–117) bedeutet hier, dass …

☐ der Junge sich von schlechtem Wetter nicht die Laune verderben lassen soll.
☐ der Junge traurige Gedanken mit schönen Erinnerungen vertreiben soll.
☐ auf schlechte Tage häufig auch gute Tage folgen können.
☐ der Junge keine Angst vor der Dunkelheit zu haben braucht.

3. a) Welche der folgenden Aussagen sind richtig? 2 Pkt.

Der Vater und sein Kind …

A sind eine Stunde mit der Bahn unterwegs.
B beobachten einen Jungen auf einem Fahrrad.
C sehen ein Mädchen, das auf einer Bank sitzt.
D planen einen gemeinsamen Waldlauf.

Kreuze die richtige Antwort an.

☐ Nur B und C stehen im Text.
☐ Nur A und B stehen im Text.
☐ Nur A und C stehen im Text.
☐ Nur C und D stehen im Text.

b) Welche der folgenden Aussagen sind richtig? 2 Pkt.

Der Vater …

A bezeichnet die Fahrt zum Schulheim als lustigen Ausflug.
B freut sich auf Abenteuerspiele im Wald.
C amüsiert sich über einen dicken Jungen auf einem Fahrrad.
D findet, dass man auf richtige Muskeln verzichten kann.

Kreuze die richtige Antwort an.

☐ Nur A und D stehen im Text.
☐ Alle Aussagen stehen im Text.
☐ Nur A und C stehen im Text.
☐ Nur B und D stehen im Text.

c) Welche der folgenden Aussagen sind richtig? 2 Pkt.

Das Kind …

A trägt Handschuhe aus Wolle.
B kann plötzlich nichts mehr hören.
C zieht sich die Handschuhe aus.
D hat noch nie daran gedacht, seinen Vater zu bedauern.

Kreuze die richtige Antwort an.

☐ Nur A und B stehen im Text.
☐ Nur A und D stehen im Text.
☐ Nur B und C stehen im Text.
☐ Nur C und D stehen im Text.

4. Nenne und belege vier Merkmale einer Kurzgeschichte, die dieser Text aufweist. 4 Pkt.

____
____
____
____
____
____

5. Ordne den Zitaten die passenden sprachlichen Mittel zu.
Trage die Buchstaben in die Tabelle ein. 4 Pkt.

A Alliteration **B** Metapher **C** Personifikation **D** Vergleich

Zitat	**Sprachliches Mittel**
„und Gratte sah nur noch wie ein […] dunkler Pickel aus" (Z. 28 f.)	
„Und vergiss nicht die Liebe deiner Mutter. Sie ist dein wertvollster Besitz." (Z. 51–53)	
„aus dem die Zunge sich plötzlich listig reckte" (Z. 64)	
„allmählich Spaß am Sport" (Z. 80)	

6. Zitiere zwei Textstellen, an denen deutlich wird, dass das Kind traurig ist. 2 Pkt.

____
____
____
____

7. Bei den Äußerungen des Vaters verwendet die Autorin an mehreren Stellen das Stilmittel der Ellipse, z. B. „‚wieder was Schönes zum Drandenken'" (Z. 2 f.), „‚Wie im Aussichtswagen. Lauter lustige Dinge'" (Z. 18 f.), „‚Ach du Langweiler'" (Z. 45).
Erkläre dieses Stilmittel und seine Wirkung im Text. 3 Pkt.

8. „In der Geschichte wird deutlich, dass der Vater und sein Sohn die Umgebung unterschiedlich wahrnehmen."
Erläutere diese Behauptung anhand von zwei Textbeispielen. 6 Pkt.

9. „Zwischen dem Vater und seinem Sohn besteht offenbar kein vertrautes Verhältnis."
Erkläre diese Behauptung mithilfe einer passenden Textstelle. 3 Pkt.

10. Der letzte Satz der Geschichte leitet eine Wende im Verhältnis des Jungen zu seinem Vater ein.
Arbeite anhand von zwei Textstellen heraus, warum der Vater Mitleid verdient. 4 Pkt.

Teil II: Schreiben

II.A: Textproduktion (Wahlaufgabe)

Wähle **eine** der beiden folgenden Aufgaben aus und bearbeite sie.

a) **Erzählung**
Erzähle die Geschichte aus der Sicht des Jungen, nachdem sein Vater ihn ins Internat gebracht und sich von ihm verabschiedet hat. Gehe dabei auch auf die Gedanken und Gefühle des Jungen ein. In deiner Erzählung sollte deutlich werden, welche Einstellung er seinem Vater gegenüber hat und welche möglichen Gründe es für sein abweisendes Verhalten gibt.

oder

b) **Argumentation**
In Deutschland gibt es mehr als 200 Internate, die von rund 14 000 Schülerinnen und Schülern besucht werden. Argumentiere, welche Vor- und Nachteile die schulische Ausbildung in einem Internat gegenüber einer öffentlichen Schule hat.

Dein Text (Erzählung oder Argumentation) wird wie folgt bewertet:

	Punkte
Aufbau/Inhalt (z. B. Überschrift, Einleitung, Hauptteil, Schluss, „roter Faden“	24
Sprachangemessenheit (Wortschatz, Satzbau, Ausdruck)	12
Sprachrichtigkeit (Rechtschreibung, Zeichensetzung, Grammatik)	4
Summe	**40**

II.B: Sprachliche Richtigkeit

1. Markiere und berichtige die zwölf Rechtschreib- und Zeichensetzungsfehler im Text. Du darfst nicht mehr als zwölf Fehler markieren.
   Notiere die korrekte Schreibung und fehlende Kommas jeweils unter der fehlerhaften Stelle.
   Der Text enthält keine Fehler zur Getrennt- und Zusammenschreibung.
   Eigennamen sind korrekt geschrieben. 6 Pkt.

Beispiel:

Obwohl heute ~~imer~~ weniger von Hand geschrieben wird, spielt die Recht-

immer fehlendes Komma

schreibung eine wichtige Rolle …

Weiße Haie gelten als die Könige der Weltmeere. Doch Forscher haben nun

erstaund festgestellt, dass sich der grosse Meeresräuber wohl vor einem anderen

Tier gehörig fürchtet: den Orca. Indem sie die Haie mit GPS-Sendern aus-

statteten überwachten die amerikanischen Wissenschaftler die Tiere ganz genau.

Vor der Küste von San Francisco, wo die gefräßigen Raupfische häufig See-

Elefanten jagen, konnten sie wichtige Erkentnisse gewinnen. Orcas kommen

hier nur ab und zu auf ihren weiten Wanderungen vorbei. Tauchten die Schwert-

wale jedoch auf, verlißen die Haie schlagartig die Gewässer und flüchteten eilig

hinaus aufs offene Meer. Die weißen Haie haben solche Angst vor den Orcas,

das sie auch nicht so schnell wieder zurückehrten. Oft trauten sie sich ein Jahr

lang nicht mehr zurück in ihr altes Jagdrevier – und das, obwohl die Orcas meist schon nach einer Stunde wieder weiterzogen. Für die junge See-Elefanten ist

das zusammentreffen der beiden Jäger in ihrem Lebensraum ein Segen.

Statt 40 Jungtieren erbeuteten die Haie in Jahren, in denen sich Orcas zeigten

nur noch magere 25 Prozent davon.

2. Forme die folgenden Sätze jeweils in die Aktiv- oder Passivform um. Die vorgegebene Zeitform und die inhaltliche Aussage des Satzes müssen beibehalten werden. 4 Pkt.

Aktiv	**Passiv**
	Die Deutschprüfung wird von der 10 B geschrieben.
Nina meisterte das Vorstellungsgespräch mit Bravour.	
	Ein Spickzettel ist von Jamie auf der Jungentoilette versteckt worden.
Am Ende des Schuljahres werden die Abgängerinnen und Abgänger ein rauschendes Fest feiern.	

3. Wähle die Begründung aus, warum hier ein Komma stehen muss. Trage jeweils den passenden Buchstaben in die Tabelle ein. 5 Pkt.

Begründungen:

A Das Komma trennt den Relativsatz vom Hauptsatz.
B Das Komma trennt den konjunktionalen Nebensatz vom Hauptsatz.
C Das Komma trennt nachgestellte Erläuterungen.
D Das Komma trennt den indirekten Fragesatz vom Hauptsatz.
E Das Komma trennt Hauptsätze einer Satzreihe.

Hinweis: Einige Begründungen können zu mehreren Sätzen passen, andere zu keinem.

Satz	**Begründung**
Der Schüler, dessen Handy während des Unterrichts geklingelt hat, muss zur Strafe einen Kuchen mitbringen.	
Der Kuchen, eine besonders gut gelungene Apfeltorte, löst in der Klasse Begeisterung aus.	
Alle wollen das Rezept haben, sogar die Lehrerin.	
Weil der Kuchen nicht von ihm selbst gebacken wurde, kann der Schüler zu dem Rezept nichts sagen.	
Jetzt fragen sich alle in der Klasse, ob diese Art der Strafe überhaupt sinnvoll ist.	

4. „das" oder „dass"?
   Bestimme die Wortart und notiere die richtige Schreibweise.
   Schreibe die entsprechenden Buchstaben der Wortart in die Klammern hinter den Lücken: 5 Pkt.

   K Konjunktion
   A bestimmter Artikel
   R Relativpronomen
   D Demonstrativpronomen

Beispiel:

Ich bin mir sicher, dass (K) du für das (A) Turnier gut vorbereitet bist.

Tommy ärgerte sich, weil er sein neues T-Shirt, _________ (   ) ihm Tina geschenkt hatte, gleich mit Eis bekleckert hatte. Er war aber auch ein Schussel! _________ (   ) Eis, das an der Sonne schnell trocknete, hinterließ einen hässlichen roten Fleck auf dem hellen T-Shirt. Wie sollte er Tina _________ (   ) erklären? Es war ihm peinlich, dass er ihr bei ihrem Treffen das fleckige Hemd zeigen musste. _________ (   ) Tina sich aufregen oder ihn zumindest auslachen würde, war ihm klar. Aber das war jetzt sowieso schon egal, als er merkte, _________ (   ) er zu allem Unglück noch den Bus verpasst hatte. Was für ein blöder Tag!

Original-Prüfungsaufgaben

Franz Hohler
Gutscheine

Es begann damit, dass ich es eines Tages müde wurde, bei der immer wiederkehrenden Frage der Verkäuferinnen: „Haben Sie eine Supercard?“ mit immer wieder andern Formen von Verneinung zu antworten, also kapitulierte ich und schickte einen Anmeldungszettel ein. Der Besitz einer solchen Karte hat zunächst zur Folge, dass der Großverteiler für mich ein Punktekonto eröffnet, das nun langsam wächst, und mit der nötigen Anzahl Punkte kann ich mir aus einem Katalog Dinge bestellen, wie einen Flaschenkühler, ein Set Fitnesshanteln oder einen Tischgrill, und, das ist ein weiterer Vorteil, man wird in Gutscheinaktionen mit einbezogen.

Da liegt, unbestellt und überraschend, ein Couvert für den Supercardinhaber im Briefkasten, aus dem Glücksangebote flattern, Rabatte noch und noch, 5 Rappen[1] pro Liter beim Tanken, 5 Franken[2] beim Kauf von Obst und Gemüse, 5 Franken beim frühzeitigen Erwerb von großen Osterhasenmengen, 10fache Superpunkte auf einen beliebigen Einkauf oder 15 Franken auf einen Betrag von über 100 Franken usw.

Es ist klar, dass eine optimale Verwertung dieser Rabattpalette eine minutiöse Planung verlangt, umso mehr als die Gutscheine nicht alle gleichzeitig und auch nur zu gestaffelten Zeiten gültig sind. Am einfachsten auszuscheiden ist für den Nichtautomobilisten der Benzingutschein, aber ab dann muss man sich kleine Listen machen, was man zu welcher Zeit einzukaufen gedenkt, um sich möglichst viele der Vergünstigungen zu holen. Im Übrigen war ich von Anfang an entschlossen, nichts Überflüssiges zu kaufen, das den Spareffekt wieder aufheben würde.

Und so stand ich nun mit dem Einkaufswagen und dem Einkaufszettel, den ich an einen Gutschein geheftet hatte, im Super Center, das in unserer Nähe in die Zukunft hineingebaut wurde, mitten in einen Stadtteil, der erst im Entstehen ist, was dazu führt, dass das überdimensionierte Center, solange der Stadtteil noch nicht gebaut ist, angenehm leer ist und man an der Kasse immer gleich drankommt. Dennoch werden die scheinbar vollen Gestelle ununterbrochen aufgefüllt, für mich ist nie ganz klar, wer das alles braucht und kauft.

Jetzt war ich also einer der wenigen Käufer, und zwar hatte ich mir, da ich über einen Gutschein für 10 % auf alle „Non Food“-Produkte verfügte, ein Zettelchen mit ebensolchen Produkten angelegt, die in unserm Haushalt zu ergänzen waren, also z. B. lange Gläser, für die man den Namen Longdrinkgläser herausgefunden hat, Champagnergläser, weil sie sofort zerbrechen, wenn man einmal kräftig damit anstößt, oder Spritzdeckel, von denen ich gleich zwei bringen sollte, wie mich meine Frau ermahnte – diesen Auftrag nahm ich natürlich angesichts der zu erwartenden 10 % gelassen entgegen. Stabkerzen, Putzmittel, Putzschwämme ohne FCKW, Zahnpasta, naturgerecht hergestellte Watte, wiederverwertetes WC-Papier, die dreiklingigen Rasiermessereinsätze – ich legte eines nach dem andern aufs Rollband und präsentierte der Kassiererin sofort triumphierend meinen 10 %-Gutschein zusammen mit meiner Supercard. Sie scannte einen „Non Food“-Artikel nach dem andern, fuhr auch über den einsamen Halbrahm und das winzige Bauernbrot, rief dazwischen nach einer andern Verkäuferin und sagte mir, diesen Gutschein habe sie noch nie gesehen, sie sei eben neu hier.

Die andere Verkäuferin warf einen kurzen Blick auf meinen Gutschein und sagte dann trocken, der sei nur in der City-Filiale gültig. „Sehen Sie?“, sagte sie zu mir und hielt ihren Zeigefinger unter das Wort „City“.

Ein Blick von mir genügte. Natürlich hatte sie Recht, und ich, der ich mich auf der Kampfbahn des Gutscheinwesens noch nicht auskenne, hatte Unrecht.

„Pfui“, sagte ich scherzhaft, und zu meinem Erstaunen war ich wirklich enttäuscht, wenn nicht gekränkt. Offensichtlich hatte ich mich auf die 10 % gefreut. Mechanisch packte ich alle Artikel, Food und Non Food, in den großen Rucksack auf meinem Einkaufswagen, bezahlte den Betrag von 90.50, und erst dann kam mir die Idee, die mir eigentlich gleich hätte kommen können, wäre ich nicht durch diesen Schlag zunächst wie betäubt gewesen.

„Wenn ich noch etwas dazu kaufe, so dass ich über 100 Franken komme, könnte ich dann *diesen* Gutschein brauchen?“, fragte ich und zupfte aus meinem Glücksbündelchen den Bon, der bei einem Einkauf von über 100 Franken ganze 15 Franken Rabatt versprach.

Hilfesuchend schaute sich die Neue nach der Kollegin um, die vorher Bescheid gewusst hatte. Diese stand mit einer andern Verkäuferin an der

Nebenkasse und wechselte die Papierrolle aus. Energisch schüttelte sie den Kopf, nein, das gehe auf keinen Fall, der Kauf sei ja schon abgeschlossen.

Als ich nun nochmals „Pfui!“ rief, schaltete sich die zweite Kollegin ein, die offensichtlich eine Vorgesetzte war, kam zu unserer Kasse, schaute mütterlich die Neue und mich an und sagte dann, es gehe schon, aber sie, die Verkäuferin, müsse eine FR[3] schreiben, und ich, der Käufer, müsse wieder zurück und alles nochmals aufs Rollband legen, zusammen mit dem, was ich zusätzlich kaufe.

Ich war einverstanden, drängte mich also mit meinem Wagen an der Kundin hinter mir vorbei, ging dann zum nächsten Gestell, auf dem mir biologisch abbaubare Unterhosen aufgefallen waren, oder naturreine jedenfalls, rechnete die 9.90 zu den 90.50 und erreichte damit die Schallgrenze des Rabatts. Leider gab es die Unterhosen in meiner Größe weder in blau noch in schwarz, nur in giftgrün, aber auf solche Details konnte ich keine Rücksicht nehmen. Während die Kundin hinter mir, eine Japanerin, von den zwei Verkäuferinnen hingehalten wurde, schrieb die Neue unter Anleitung der Vorgesetzten die erste FR ihres Lebens, dann zog ich alle meine Artikel wieder aus dem großen Rucksack und legte sie hinter den Unterhosen aufs Rollband, die Verkäuferin scannte sie nochmals, und zuletzt leuchtete auf dem Display der Endbetrag von 100.40 auf, ich war also als Konsument nahezu die Ideallinie gefahren.

Die Neue machte sich nun mit einem Zettelchen und einem Kugelschreiber ans Ausrechnen der Differenz, die ich noch zu bezahlen hatte, da traf mich der unbestechliche Blick der Vorgesetzten.

„Hatten Sie eine oder zwei Weinflaschen?“, fragte sie.

Ich hatte zwei kleine Weißweinflaschen zum Kochen gekauft.

„Zwei“, sagte ich argwöhnisch.

„Da sind zweimal 30 Rappen Depot[4] drauf, das zählt nicht als Kauf. Sie sind erst auf 99.80.“

„Und das genügt nicht?“, fragte ich, wohl wissend, dass die Frage überflüssig war. Natürlich genügte es nicht, 100 Franken sind nun einmal 100 Franken, und jetzt gab es kein Zurück mehr, zu tief steckte ich schon in der Rabattfalle drin, ich defilierte also trotzig an der länger werdenden Schlange hinter mir vorbei zum Textilienregal und griff mir noch einen zweiten dieser wirklich abstoßend grünen Slips heraus und legte ihn wie eine Opfergabe vor die Kassiererin. Diese tippte die giftgrünen 9.90 ein und rechnete dann die neu entstandene Differenz aus, die ich zu bezahlen hatte, eine anspruchsvolle Rechnung, 110.30 minus 90.50, das ergab 19.80, weniger 15 Franken Rabatt, macht 4.80. Eigentlich hatte ich also für 4.80 zwei hässliche, wenn auch ökologisch unbedenkliche Unterhosen gekauft, die ich eigentlich gar nicht wollte.

Die Neue bedankte sich bei der Vorgesetzten – das hätte sie nie allein geschafft, sagte sie mit einem zweideutigen Blick auf mich, ich bedankte mich bei den beiden aufopferungswilligen Verkäuferinnen, aber ich brauchte eine Weile, um mich von den Strapazen des errungenen Rabatts zu erholen, und erst zu Hause merkte ich beim Studium meines Quittungsstreifens, dass ich doch noch profitiert hatte: Meine 89 Supercard-Punkte vom durch die FR annullierten Kauf, diese 89 Supercard-Punkte also wurden nicht gelöscht, sondern blieben einfach auf meinem Konto stehen, das sich nun schon der Grenze nähert, wo ich mir einen Kristallelefant kommen lassen kann.

Quelle: Franz Hohler: Der Autostopper. Die kurzen Erzählungen. München, Luchterhand Literaturverlag 2014, S. 697–701.

Die Rechtschreibung folgt der Textvorlage.

1 Rappen: Kleingeldmünze in der Schweiz
2 Franken: schweizerische Währung
3 FR: *hier:* Stornierung
4 Depot: *hier:* Pfand

Teil I: Lesen

1. Kreuze die richtige Aussage an. Es gibt jeweils nur eine richtige Lösung. 6 Pkt.

a) Der Erzähler wird Besitzer einer Supercard, weil

- ☐ alle Freunde ebenfalls eine besitzen.
- ☐ er an der Kasse immer wieder danach gefragt wird.
- ☐ seine energische Frau ihn dazu drängt.
- ☐ man dann keinen Einkaufszettel braucht.

b) Der Erzähler nimmt sich zu Beginn fest vor,

- ☐ die Benzingutscheine zu verschenken.
- ☐ den Einkauf möglichst nicht zu planen.
- ☐ nur wirklich benötigte Dinge zu kaufen.
- ☐ wegen des Spareffekts viel zu kaufen.

c) Der Erzähler sagt mehrmals „Pfui“, um

- ☐ ein Kind bei den Süßigkeiten zu maßregeln.
- ☐ seinen Ekel gegenüber Gemüse auszudrücken.
- ☐ auf die mangelnde Sauberkeit aufmerksam zu machen.
- ☐ seinen Unmut über das Gutscheinwesen zu äußern.

d) Beim Einkauf fragt sich der Erzähler, ob er

- ☐ wirklich 20 % auf Non-Food-Produkte erhält.
- ☐ vielleicht in die Rabattfalle tappen könnte.
- ☐ seinen Einkaufszettel tatsächlich eingesteckt hat.
- ☐ oder andere all diese Produkte in den Regalen brauchen.

e) Der Erzähler kauft zwei Packungen grüne Unterhosen, um

- ☐ die Rabattgrenze zu erreichen.
- ☐ seine Frau zu beeindrucken.
- ☐ einen Vorrat anzulegen.
- ☐ die Verkäuferin zu belustigen.

f) Der tatsächliche Gewinn des Einkaufs

- ☐ ist eine hohe Geldersparnis.
- ☐ sind viele andere Gutscheine.
- ☐ sind weitere Supercard-Punkte.
- ☐ ist sehr elegante Unterwäsche.

2. Kreuze die richtige Aussage an. Es gibt jeweils nur eine richtige Lösung. 5 Pkt.

a) „kapitulieren" (vgl. Z. 5) bedeutet hier

- ☐ einen aussichtslosen Krieg gewinnen.
- ☐ einen Sachverhalt ausgiebig diskutieren.
- ☐ eine Haltung gezwungenermaßen aufgeben.
- ☐ eine Aufgabe endlich richtig verstehen.

b) „überdimensioniertes Center" (vgl. Z. 41) bedeutet hier

- ☐ eine zu groß angelegte Einkaufsmöglichkeit.
- ☐ eine festgelegte Größe in der Technik.
- ☐ ein völlig überfülltes Stadtzentrum.
- ☐ ein ausgedehnter und moderner Stadtkern.

c) „Schallgrenze des Rabatts" (Z. 115 f.) bedeutet hier

- ☐ ein Sonderangebot, das besonders lohnenswert ist.
- ☐ eine Beschwerde wegen deutlich überhöhter Preise.
- ☐ ein Betrag, der für eine Ermäßigung erreicht werden muss.
- ☐ das Höchstmaß für einen rechtlich zulässigen Preisnachlass.

d) „Rabattfalle" (Z. 144) bedeutet hier, dass jemand

- ☐ ausschließlich auf Sonderangebote aus ist.
- ☐ Überflüssiges kauft, um einen Nachlass zu erhalten.
- ☐ freiwillig auf das Sammeln von Punkten verzichtet.
- ☐ an der Supermarktkasse verhaftet wird.

e) „Studium des Quittungsstreifens" (vgl. Z. 163 f.) bedeutet hier

- ☐ die Kontrolle des Kassenzettels.
- ☐ der Abgleich mit der Kreditkarte.
- ☐ das Prüfen des Bankkontoauszugs.
- ☐ das Addieren der Sonderangebote.

3. a) Welche der folgenden Aussagen sind richtig? 2 Pkt.

Die Gutscheinaktionen

A verändern das Einkaufsverhalten.
B preisen überteuerte Produkte an.
C werden nur an den Kassen angeboten.
D sollen zum Kauf anregen.

Kreuze die richtige Antwort an.

☐ Nur A und B stehen im Text.
☐ Nur A und D stehen im Text.
☐ Nur B und C stehen im Text.
☐ Nur C und D stehen im Text.

b) Welche der folgenden Aussagen sind richtig? 2 Pkt.

Im „Super Center"

A beschwert sich ein Kunde lautstark.
B kämpft ein Kunde mit der Rabattgrenze.
C steht eine Japanerin in der Schlange.
D steht man vor leeren Regalen.

Kreuze die richtige Antwort an.

☐ Nur A und C stehen im Text.
☐ Nur A und D stehen im Text.
☐ Nur B und C stehen im Text.
☐ Nur B und D stehen im Text.

c) Welche der folgenden Aussagen sind richtig? 2 Pkt.

Die junge Kassiererin

A gibt versehentlich das Rückgeld falsch heraus.
B kennt sich mit den Gutscheinen schlecht aus.
C vertippt sich mehrmals bei den Waren.
D wird von ihrer Vorgesetzten unterstützt.

Kreuze die richtige Antwort an.

☐ Nur A und C stehen im Text.
☐ Nur A und D stehen im Text.
☐ Nur B und C stehen im Text.
☐ Nur B und D stehen im Text.

4. Zitiere eine Textstelle, in der sich ein Vergleich befindet. 1 Pkt.

5. Der Autor setzt häufig das Stilmittel der Ironie ein.
Erkläre die ironische Wirkung anhand einer Textstelle. 3 Pkt.

6. „Es begann damit, dass ich es eines Tage müde wurde, …“ (Z. 1 ff.)
Erkläre, was hier mit „müde“ gemeint sein könnte. 2 Pkt.

7. Nenne zwei Vorteile, die der Besitz einer Supercard angeblich hat. 2 Pkt.

8. Erläutere anhand von zwei Textstellen, wie Gutscheinaktionen Kundinnen und Kunden zum Einkaufen motivieren und anlocken. 4 Pkt.

9. Der Besuch im „Super Center" löst bei dem Erzähler verschiedene Stimmungen aus.
   Arbeite anhand von drei Textstellen seine Stimmungsschwankungen heraus. 6 Pkt.

10. „Die Geschichte zeigt, dass der Kunde König ist."
    Begründe anhand von zwei Textstellen, ob du dieser Aussage zustimmst oder sie ablehnst. 5 Pkt.

Teil II: Schreiben

II.A: Textproduktion (Wahlaufgabe)

Wähle **eine** der beiden folgenden Aufgaben aus und bearbeite sie.

a) **Erzählung**
Erzähle die Geschichte aus der Perspektive der jungen Verkäuferin. Gehe dabei auch auf ihre Gedanken und Gefühle ein. Berücksichtige außerdem das Verhalten des sehr ausdauernden Kunden mit den vielen verschiedenen Gutscheinen.

oder

b) **Argumentation**
Ein Internet-Musikportal kündigt an, dass es ab 2018 nur noch mit einer Gebühr nutzbar sein wird. Somit fielen für jeden Upload, Download und für jedes angeklickte Video Kosten an, die du bezahlen müsstest.
Argumentiere, ob dieses Musikportal für die Nutzerinnen und Nutzer kostenlos bleiben soll oder nicht. Berücksichtige dabei auch, wie sich das Nutzungsverhalten der Jugendlichen dabei verändern könnte.
Deine Argumentation soll als Beitrag in der Schülerzeitung veröffentlicht werden.

Dein Text (Erzählung oder Argumentation) wird wie folgt bewertet:

	Punkte
Aufbau/Inhalt (z. B. Überschrift, Einleitung, Hauptteil, Schluss/„roter Faden“)	24
Sprachangemessenheit (Wortschatz, Satzbau, Ausdruck)	12
Sprachrichtigkeit (Rechtschreibung, Grammatik, Zeichensetzung)	4
Summe	**40**

Anja Reumschüssel
Auf der Jagd nach dem Optimum

Sie zählen jeden Schritt, jeden Herzschlag und jede Kalorie: Mithilfe von Apps und anderen technischen Hilfsmitteln versuchen immer mehr Menschen, Facetten[1] ihres Daseins in Zahlen zu fassen. Auf diese Weise, so glauben sie, sind Probleme leichter zu lösen, können sie gesünder leben und effektiver arbeiten. Der Drang zur bedingungslosen Vermessung und Veränderung des eigenen Selbst gilt Forschern als Symptom eines tief greifenden Wandels der Gesellschaft.

Arne Tensfeldt vermisst sein Leben. Der 33-jährige Hamburger weiß genau: Am 7. November 2006 hat er 87,3 Kilogramm gewogen, 769 Kilokalorien hat er am 20. Dezember 2009 beim Abendessen verzehrt, 1 272 Emails lagen im Mai 2014 in seinem Posteingang.

Seit acht Jahren protokolliert Tensfeldt jeweils auf ein bestimmtes persönliches Projekt hin ausgerichtet, wie viel Sport er treibt, wie effektiv er arbeitet, wie sich sein Gewicht verändert, sein Puls, sein Schlaf, sein Appetit.

„Meine Tabellen sind die Stellschrauben meines Lebens“, erklärt er. Sie helfen ihm, sich ständig zu verbessern. Zehn Kilogramm hat er innerhalb von sechs Monaten abgenommen, indem er seinen Energieverbrauch überwachte. Und mit einem präzise dokumentierten Trainingsplan bewältigte er im Oktober 2010 nach zehn Wochen gezielter Vorbereitung einen Marathonlauf. „Alles ist möglich“, sagt Tensfeldt. „Man muss nur genau erkennen, was man verändern muss.“

Diese Haltung treibt immer mehr Menschen dazu, Facetten ihres Daseins in Zahlen zu fassen. Denn so, glauben sie, sind Probleme leichter zu lösen, können sie gesünder und effektiver, gar glücklicher werden. Weltweit bezeichnen sich Schätzungen zufolge derzeit mindestens 40 000 Menschen, meist junge Männer, als „Selbstvermesser“. Manche kontrollieren bis zu 50 Faktoren, vom Herzschlag bis zur gemeinsamen Zeit mit der Partnerin. Allein in einigen deutschen Großstädten gibt es Hunderte, die sich regelmäßig zu Veranstaltungen treffen.

Sie tragen elektronische Armbänder (um etwa die zurückgelegten Schritte zu zählen), Mini-Kameras in der Kleidung (um alle 30 Sekunden ein Foto zu schießen und so ein Bilderbuch ihres Alltags aufzuzeichnen) oder mit Sensoren ausgestattete Brustgurte (um die Herzfrequenz zu überwachen). [...]

Wem das nicht genügt, der kann sich von einem T-Shirt mit eingewebten Messfühlern lückenlos Puls, Atemfrequenz oder Schlafpositionen überwachen oder von einer elektronischen Gabel das Tempo der Nahrungsaufnahme messen lassen. Selbstvermesser tragen Fitness-Socken, die ihren Laufstil dokumentieren, oder zählen mit einem speziellen Aufnahmegerät die Zahl der Wörter, die ihr Baby hört – um dessen sprachliche Entwicklung zu steuern.

[...] Noch verschreiben sich nur wenige Menschen so radikal der Lebens-Analyse. Doch zusehends ergreift der Geist der technikbasierten Selbstvermessung immer größere Teile der Gesellschaft. Längst gibt es eine Industrie mit Millionenumsätzen, die ihren Kunden zu helfen verspricht, sich beständig selbst zu verbessern – und die Hoffnung nährt, dass dies auch gelingen kann.

Unter Smartphone-Benutzern sind vor allem jene Softwareprogramme beliebt, die dabei helfen, die eigene Fitness zu kontrollieren. Mit ihrer Hilfe lassen sich beispielsweise Schritte oder Kalorien zählen und der Blutdruck messen. Bis 2018 werden Schätzungen zufolge voraussichtlich 1,7 Milliarden Menschen solche Gesundheits-Apps nutzen, fast ein Viertel der Weltbevölkerung.

Der Drang zur bedingungslosen Vermessung und Veränderung gilt Wissenschaftlern längst als Symptom eines tief greifenden Wandels; er rückt ins Zentrum des kulturellen Bewusstseins. „Die Selbsthilfe ist nicht nur ein Marktsegment“, so die israelische Soziologin[2] Eva Illouz, „sondern ein völlig neuer kultureller Modus, das heißt eine neue Weise, wie sich das Individuum auf die Gesellschaft bezieht.“ Nicht die Gemeinschaft, sondern der Einzelne muss dafür sorgen, erfolgreicher, gelassener, klüger, schöner, gesünder zu werden – doch dies, so die Botschaft der Vermessungs-Propheten, kann nur gelingen, wenn ein jeder sich selbst, sein eigenes Verhalten und seine Gewohnheiten genau durchdringt.

Mit der unablässigen Beobachtung des eigenen Lebens soll die Selbstvermessung dafür sorgen, dass Menschen mehr auf sich und ihre Umgebung achten – und das entweder schon während der Aufzeichnung, weil die Kalorienzufuhr, Gefühle oder die Qualität eines Gespräches dokumentiert werden müssen, oder später bei der Auswertung der Daten, wenn die Werte verglichen und zueinander in Beziehung gebracht werden.

Dass die Dokumentation des Lebens tatsächlich bei der Selbstoptimierung hilft, haben internationale Studien erwiesen: So verbessert sich die Gesundheit von Probanden nachweislich, sobald sie regelmäßig Gefühle und Erfahrungen aufzeichnen.

Der Soziologe Stefan Selke von der Hochschule Furtwangen im Schwarzwald ist da skeptisch. Seit Jahren schon beobachtet er, wie sich mit der digitalen Selbstvermessung der Fokus von der eigenen Empfindung auf bloße Daten verlagert. „Jeder Mensch wird so zunehmend auf eine Ansammlung aus Kennzahlen reduziert, er wird ein numerisches Objekt", so Selke. „Dabei gehen Nuancen, Zwischentöne, Varianten des Menschseins verloren."

Jede Abweichung, jede noch so kleine Veränderung von einem idealen Wert werde zum potenziellen „Fehler", zum, Anstoß für Vorwürfe und Zweifel. So könne ein niedriger Blutdruckwert plötzlich Ängste auslösen, obwohl das eigene Befinden sich nicht verändert.

„Solange die Vorwürfe nur von einem selbst kommen, kann man Stecker ziehen, das Messgerät abschalten, die App deinstallieren", so Selke. „Was aber geschieht, wenn ein anderer das eigene Leben überwacht?" Wenn also Blutdruckdaten, Konzentrationsdauer oder Gefühlsschwankungen lückenlos protokolliert und in Datenbanken gespeichert würden.

Dann könnte ein Kredit verweigert werden, weil sich in den Zahlen Hinweise auf eine Depression bemerkbar machen, das Gehalt danach bemessen werden, wie lange man am Morgen benötigt, um wach zu werden, könnten Versicherungsbeiträge daran gekoppelt werden, wie gesund man sich ernährt. Die Selbstvermessung würde sich dann in Selbstentblößung verwandeln. An die Stelle der persönlichen Wahl träte die Bestimmung durch Fremde – ein Merkmal des Totalitären.

„Je mehr wir ‚vermessen' werden, desto mehr werden wir verglichen", so die Juristin und Schriftstellerin Juli Zeh. „Und desto stärker gehorchen wir Mechanismen, die wir in Wahrheit nicht selbst kontrollieren."

Noch sind dies nur Szenarien. Doch erste Anzeichen weisen bereits in diese Richtung. Mithilfe von Computerprogrammen können Behörden und Unternehmen schon heute riesige Datenmengen nach Mustern in unserem Dasein durchforschen und aus ihren Erkenntnissen Entscheidungen ableiten.

Seit wenigen Monaten versprechen zwei deutsche Versicherungen Rabatte, wenn ihre Kunden Fitness, Ernährung und Lebensstil elektronisch erfassen und von der Assekuranz[3] kontrollieren lassen. Weitere Krankenkassen denken offenbar über ähnliche Bonusprogramme nach. Der Gesunde und Gesundheitsbewusste, so die Logik des Geschäfts, soll weniger bezahlen als der Gefährdete oder Gebrechliche. Das aber widerspricht dem Prinzip der Solidarität, das Versicherungen zugrunde liegt: Weil der Einzelne die Last seines Leidens nicht tragen kann, unterstützt ihn die Gemeinschaft.

Arne Tensfeldt lässt sich von den möglichen Schattenseiten des Datensammelns nicht erschrecken. Er speichert die meisten Zahlen nur auf seinem eigenen Computer, achtet penibel darauf, dass seine Geräte nicht ohne sein Zutun Daten an andere übermitteln. „Meine Zahlen gehören mir allein", sagt er. Sie dokumentieren seinen Weg durchs Leben detailreich. „Nur wenn ich sehen kann, dass ich mich zum Besseren entwickele, fühle ich mich wohl", sagt er. „Bei Stillstand fühle ich mich schlecht." Doch den gebe es nicht mehr, seit er sich selbst vermesse, sagt er.

Quelle: Anja Reumschüssel: Selbstvermessung: Auf der Jagd nach dem Optimum. In: Geo Wissen, Heft 55/2015, S. 109–113.

Die Rechtschreibung folgt der Textvorlage.

1 Facetten: Teilaspekte
2 Soziologin/Soziologe: Person, die sich wissenschaftlich mit der Entwicklung und Struktur der menschlichen Gesellschaft beschäftigt
3 Assekuranz: Versicherungsgesellschaft

Teil I: Lesen

1. Kreuze die richtige Aussage an. Es gibt jeweils nur eine richtige Lösung. 6 Pkt.

a) Arne Tensfeldt dokumentiert persönliche Daten seit

- ☐ 7 Monaten.
- ☐ 8 Monaten.
- ☐ 7 Jahren.
- ☐ 8 Jahren.

b) Er reduzierte sein Gewicht um 10 Kilogramm innerhalb

- ☐ eines halben Monats.
- ☐ eines viertel Jahres.
- ☐ eines halben Jahres.
- ☐ eines ganzen Jahres.

c) „Selbstvermesser" tragen Spezialsocken

- ☐ für eine verbesserte Fußhygiene.
- ☐ zur Vorbeugung einer Fußerkrankung.
- ☐ zur Kontrolle ihres Laufstils.
- ☐ zur Zählung ihrer täglichen Schritte.

d) Handynutzer bevorzugen Programme zur Kontrolle

- ☐ ihrer Fitness und Finanzen.
- ☐ ihrer Gesundheit und Fitness.
- ☐ ihrer Finanzen und Arbeitszeit.
- ☐ ihrer Gesundheit und Arbeitszeit.

e) Die Menschen sollen mithilfe der Gesundheits-Apps

- ☐ ihren Lebensstil komplett ändern.
- ☐ Krankheiten frühzeitig erkennen.
- ☐ bewusster und gesünder leben.
- ☐ ihre Daten miteinander austauschen.

f) Besonderes Interesse an einer elektronischen Kontrolle ihrer Kundschaft haben

- ☐ Versicherungen und Krankenkassen.
- ☐ Fitnessstudios und Hotels.
- ☐ Supermärkte und Fitnessstudios.
- ☐ Hotels und Supermärkte.

2. Kreuze die richtige Aussage an. Es gibt jeweils nur eine richtige Lösung. 4 Pkt.

   a) „‚Meine Tabellen sind die Stellschrauben meines Lebens' …" (Z. 22 f.) bedeutet hier, dass Arne Tensfeldt

   - ☐ mithilfe der Tabellen ständig neue Rekorde aufstellen möchte.
   - ☐ immer wieder an der Verbesserung seiner Marathonzeit schraubt.
   - ☐ mithilfe der Tabellen seinen derzeitigen Leistungsstand verbessern kann.
   - ☐ sein derzeitiges Leben komplett auf den Kopf stellen möchte.

   b) „Marktsegment" (Z. 79) bedeutet hier

   - ☐ Wirtschaftszweig.
   - ☐ Handelsplatz.
   - ☐ Werbepartner.
   - ☐ Industriestandort.

   c) „… die Botschaft der Vermessungs-Propheten …" (Z. 86) bedeutet hier

   - ☐ eine wichtige Information aus der Politik und Wirtschaft.
   - ☐ eine Moralpredigt von Seiten der Krankenkassen und Versicherungen.
   - ☐ eine wichtige Mitteilung der vermeintlichen Experten.
   - ☐ eine aufsehenerregende Werbung der Bekleidungsindustrie.

   d) „numerisches Objekt" (Z. 110 f.) bedeutet hier, dass

   - ☐ die Menschen ihre Daten nur mit einer PIN einsehen können.
   - ☐ der Kunde im System mit einer Kennzahl versehen wird.
   - ☐ die Kundendaten chronologisch nummeriert werden.
   - ☐ der Mensch nur noch über Zahlen definiert wird.

3. a) Welche der folgenden Aussagen sind richtig? 2 Pkt.

   Arne Tensfeldt

   A dokumentiert seine Trainingspläne öffentlich.
   B möchte sich permanent verbessern.
   C nimmt regelmäßig an Marathonwettbewerben teil.
   D stammt aus Norddeutschland.

   Kreuze die richtige Antwort an.

   - ☐ Nur A und B stehen im Text.
   - ☐ Nur A und C stehen im Text.
   - ☐ Nur B und D stehen im Text.
   - ☐ Nur C und D stehen im Text.

b) Welche der folgenden Aussagen sind richtig? 2 Pkt.

„Selbstvermesser“

A tragen oftmals elektronische Armbänder.
B sind vorwiegend männlich.
C leben ausschließlich in Großstädten.
D haben einen gehobenen Bildungsabschluss.

Kreuze die richtige Antwort an.

☐ Nur A und B stehen im Text.
☐ Nur A und C stehen im Text.
☐ Nur B und D stehen im Text.
☐ Nur C und D stehen im Text.

4. Ordne jeder der folgenden Textstellen das passende Merkmal einer Reportage zu. Trage die passenden Buchstaben in die Tabelle ein. 5 Pkt.

Hinweis: Einige Merkmale können mehreren Textstellen zugeordnet werden, andere keiner.

Mögliche Merkmale:
A Autorenkommentar
B Fazit
C Zahlen, Daten, Fakten, Erläuterungen als Hintergrundwissen
D Expertenmeinung
E Vorspann/Teaser/Lead
F erlebnisorientierter Einstieg

Textstelle	**Merkmal**
Zeile 11–16	
Zeile 32–36	
Zeile 71–74	
Zeile 104–112	
Zeile 160–162	

5. a) Nenne drei Gründe, warum Gesundheits-Apps und Fitnessarmbänder bei Kundinnen und Kunden so beliebt sind. 3 Pkt.

____

____

____

____

b) Erkläre anhand von zwei Textstellen, welche Gefahren in der ständigen Selbstvermessung mithilfe von Apps und anderen technischen Hilfsmitteln für Kundinnen und Kunden stecken. 4 Pkt.

6. Zitiere zwei Textstellen, die zeigen, wer von dem Einsatz dieser Apps und technischen Hilfsmittel profitiert. 2 Pkt.

7. Die Reportage trägt den Titel „Auf der Jagd nach dem Optimum“.
Benenne das sprachliche Mittel und erkläre, welche Wirkung es hat. 4 Pkt.

8. „Arne Tensfeldt vermisst sein Leben.“ (Z. 11)
Erläutere die Doppeldeutigkeit dieser Aussage. 4 Pkt.

9. Im Gegensatz zu Arne Tensfeldt tauschen viele „Selbstvermesser" ihre Daten im Internet aus.
„Die ständige ‚Jagd nach dem Optimum' und die damit verbundene Selbstdarstellung in den sozialen Netzwerken hat massive Auswirkungen auf die menschliche Gesellschaft."
Begründe diese Behauptung. 4 Pkt.

Teil II: Schreiben

II.A: Textproduktion (Wahlaufgabe)

Wähle **eine** der beiden folgenden Aufgaben aus und bearbeite sie.

a) **Beschreibung**
Du hast mithilfe eines Sportkurses deine Fitness verbessert. Dazu hast du einen halbjährigen Kurs besucht. Zu Beginn wurde dein Fitnesszustand überprüft (u. a. Größe, Gewicht, Kondition). Am Ende des Kurses wurde dann noch einmal die Fitness getestet. Beschreibe für eine Informationsbroschüre den Ablauf dieses Sportkurses, indem du die Trainingseinheiten, die deinen Fitnesszustand verbessern sollten, genau darstellst.

oder

b) **Bericht**
Im Rahmen eurer Projektwoche hat sich deine Klasse mit dem Thema „Gesunde Ernährung" beschäftigt. Es wurden verschiedene Gerichte gekocht, die schnell zuzubereiten, gesund und lecker sind. Zur Präsentation eurer Ergebnisse habt ihr ein Abschlussessen veranstaltet und den Erlös einem wohltätigen Zweck gespendet. Berichte für die Schülerzeitung über eure Projektwoche.

Dein Text (Beschreibung oder Bericht) wird wie folgt bewertet:

	Punkte
Aufbau/Inhalt (z. B. Überschrift, Einleitung, Hauptteil, Schluss/„roter Faden")	24
Sprachangemessenheit (Wortschatz, Satzbau, Ausdruck)	12
Sprachrichtigkeit (Rechtschreibung, Grammatik, Zeichensetzung)	4
Summe	**40**

II.B: Sprachliche Richtigkeit

1. Markiere und berichtige die zwölf Rechtschreib- und Zeichensetzungsfehler im Text. Du darfst nicht mehr als zwölf Fehler markieren.
   Notiere die korrekte Schreibung und fehlende Kommas jeweils unter der fehlerhaften Stelle. Der Text enthält keine Fehler zur Getrennt- und Zusammenschreibung. Eigennamen sind korrekt geschrieben. 6 Pkt.

Beispiel:
Nachdem die Wanderer an der Berghütte angekommen waren, ruhten sie sich
fehlendes Komma
aus und schauten sich den ~~sonnenuntergang~~ an.
Sonnenuntergang

Als Tourismus ist Reisen eine industrialisierte Form der Weltanschauung geworden.

Wie vielen anderen vermarkteten Kulturtechniken im Kapitalismuss sind dem

Reisen die Spannungen und unaufgelösten Wiedersprüche dieser Gesellschaftsform

eingeschrieben. Das leben von Millionen Menschen wird damit reichaltiger. Die

Welten aus denen wir Anregungen, Seensüchte, Erfahrungen gewinnen können,

sind scheinbar grenzenlos geworden. Auf der anderen Saite ist der Tourismus auch

Teil des ökologischen Problems der Menschheit die in exzessiver Weise endliche

Naturgüter nutzt. Ein Land kann sich aber auch wirtschaftlich vom Tourismus

abhengig machen. Ein Gebiet, das einmal vom Tourismus erfasst wurde verändert

sich bis in die Landschaften und die traditionellen Lebensweisen hinein die zum

Teil radikalen Wandel erfahren.

Nach: Thorsten Schilling: Wo geht's hin?, 20.06.2014; www.fluter.de/wo-gehts-hin; bpb

2. Groß- oder Kleinschreibung?
In vier der folgenden Sätze findet sich jeweils ein falsch geschriebenes Wort.
Kreise die falsch geschriebenen Wörter ein. 4 Pkt.

Hinweis: Du darfst nicht mehr als vier Wörter einkreisen.

a) Es war etwas besonderes, wie er sich an diesem Abend angezogen hatte.

b) Wir werden jetzt öfter dienstags zusammen lernen.

c) Das Angenehme Leben war nach der Pleite vorbei.

d) Durch das Lösen der Taue wurde das Schiff wieder manövrierfähig.

e) Am Ärgerlichsten bei dem ganzen Geschäft war der Zeitverlust.

f) Sie musste sprinten, um zu gewinnen.

g) Der Fall war glücklicherweise einfach zu lösen.

h) Wenn es zu schnell wurde, bekam er Probleme beim atmen.

i) Das Einfachste ist manchmal am schwersten zu finden.

k) Beim Grillen waren die Steaks angebrannt.

3. „das" oder „dass"?
Bestimme die Wortart und notiere die richtige Schreibweise.
Schreibe die entsprechenden Buchstaben der Wortart in die Klammern hinter den Lücken: Konjunktion (**K**), bestimmter Artikel (**A**), Relativpronomen (**R**) oder Demonstrativpronomen (**D**). 5 Pkt.

Beispiel:

Ich glaube, dass (K) *du zum Geburtstag* das (A) *neue Fahrrad bekommen wirst.*

Der Esel und die Ziege

Ein Bauer hatte einen Esel und eine Ziege. Weil nun der Esel sehr viel arbeiten und _________ ( ) große Lastentragen meistern musste, erhielt er ein reichlicheres und besseres Futter als die Ziege.
Diese beneidete den Esel, und um ihn um die bessere Kost zu bringen, oder doch wenigstens ihm Schläge einzutragen, sprach sie eines Tages zu ihm:
„Höre, lieber Freund! Oft schon habe ich dich von Herzen bedauert, ________ ( ) du Tag für Tag die schwersten Lasten tragen und vom Morgen bis Abend arbeiten musst; ich möchte dir wohl einen guten Rat geben."
„Warum nicht?", sagte der Esel, „ich bitte dich sogar darum!"
„Nun, so höre: Wenn du an eine Grube kommst, so stürze dich hinein, stelle dich verletzt, und dann wirst du längere Zeit Ruhe haben und nichts arbeiten dürfen."

Dem Esel schien dies ein ganz guter Vorschlag, und kaum war er anderntags mit einer Last bei einer Grube angekommen, so dass er auch schon den Rat befolgte. Wie aus Zufall trat er fehl und stürzte hinein. Aber __________ (   ) hatte er sich nicht gedacht! Halb tot lag er da. __________ (   ) er sich nicht ein Bein gebrochen, war ein Glück. Ganz geschunden wurde er herausgeholt und konnte sich kaum nach Hause schleppen, __________ (   ) jetzt weit entfernt schien.
Sein Herr hatte nichts Eiligeres zu tun, als zu einem Vieharzt zu schicken, der dann verordnete: Der Kranke solle eine frische, pulverisierte Ziegenlunge einnehmen.
Da dem Herrn der Esel mehr wert war als die Ziege, so ließ er diese sofort schlachten, um den Esel zu retten.
So büßte die Ziege für ihren bösen Rat mit dem Leben.
Die Folgen des Neides gereichen nicht selten dem Neider selbst zum Verderben.

Nach: Aesop: Der Esel und die Ziege.

4. Forme die folgenden Sätze jeweils in die Aktiv- oder Passivform um. Die vorgegebene Zeitform und die inhaltliche Aussage des Satzes müssen beibehalten werden. 5 Pkt.

Aktiv	**Passiv**
Zum Reinigen von Fahrradfelgen muss man beide Reifen abziehen.	
Für den nächsten Schritt sollte man am besten einen speziellen Reiniger aus dem Fachhandel verwenden.	
	Zum Schutz des Bodens wird ein großes Tuch unter das Fahrrad gelegt.
	Nachdem die Felgen gereinigt und poliert worden sind, werden die Reifen wieder aufgezogen.

Heinrich Böll
Die Kunst und das Leben selbst

Ein Mann und eine Frau saßen im Dunkeln am Kaminfeuer und blickten auf das Leuchtzifferblatt der Uhr. Um 20.15 Uhr sollte das Hörspiel von D. beginnen; es war 20.14 Uhr.

„Du könntest jetzt einschalten", sagte die Frau; der Mann nickte, drückte auf den Knopf des Radioapparates, der neben ihm auf dem Stuhl stand. Es kam keine Ansage, keine Einführung, sie waren gleich mitten im Dialog.

„Vati", sagte eine Frauenstimme, „du müßtest eigentlich einsehen, daß Karl einen Urlaub verdient hat; er ist an der Reihe, und es ließe sich gut einrichten, daß ich ihn morgen in London treffe."

„Es lässt sich nicht machen", sagte der Vater leise, „du weißt doch, daß Kuhn erkrankt ist, und ich kann Karl nicht entbehren, wer soll denn in Hamburg ..."

„Immer Karl", unterbrach die Frau, „immer Karl. Jetzt ist Kuhn krank, vor vier Wochen war Grubbe krank, in vier Wochen wird ein anderer krank sein. Ich meine, Vati ..."

„Unsere Uhr scheint mal wieder nachzuhinken", sagte die Frau am Kamin, „wir haben die Ansage nicht mitbekommen."

„Ja", sagte der Mann, „die Uhr geht nach."

„Es ist ein schlechtes Hörspiel", sagte die Frau, „die Sprecher sind ja schauerlich, das ist ein abgehalfterter[1] Naturalismus[2], den man uns nicht anbieten sollte. Stell es ab."

Aber der Mann wartete. Es sprachen jetzt zwei Frauen miteinander, Mutter und Tochter.

„Mutti, sprich du doch mal mit Vati; bitte, sprich mit ihm. Zwei Jahre lang habe ich Karl nicht gesehen, und es wäre so leicht für ihn, morgen von Liverpool rüberzukommen ..."

„Aber du weißt doch", sagte die Mutter, „daß ich mich nie ums Geschäftliche gekümmert habe. Ich mische mich da nicht ein, wir Frauen sollten ..."

„Aber es ist doch nichts Geschäftliches, es geht doch um Karl und um mich, um uns beide."

„Es muß ein Irrtum sein", sagte die Frau am Kamin, „einen solchen Mist schreibt D. nicht, und W. macht nicht so dumme Inszenierungen."

Es war ein Irrtum, der sich erst als solcher herausstellte, als das Licht angeknipst und der Radioapparat untersucht worden war: die Kinder hatten, bevor sie zu Bett gingen, den Sucher um zwei Millimeter nach links verschoben, hatten von Mittel- auf Kurzwelle[3] geschaltet, und die Eltern hatten nicht einen Rundfunksender, sondern den Sprechfunk eines Überseedampfers im Lautsprecher. Der Dialog war noch im Gange; peinlich war er, privat; Schluchzen war zu hören, und die Männerstimme war energisch geworden: „Es geht nicht, es geht nun einmal nicht, und du mußt dich damit abfinden." Schluchzen, dann wieder Muttis Stimme: „Sei doch vernünftig, Kind."

„Bitte", sagte die Frau am Kamin heftig, „schalte jetzt aus, und bitte schnell." Der Mann griff nach rückwärts, drückte auf den Knopf, und es wurde still.

„Ich schäme mich", sagte die Frau leise, „weil ich es für ein Stück aus einem schlechten Hörspiel gehalten habe. Hast du es denn sofort gemerkt?"

„Ja", sagte der Mann, „ich habe sofort gemerkt, daß es kein Hörspiel war. Selbst das schlechteste Hörspiel, von einem unfähigen Regisseur mit mittelmäßigen Sprechern inszeniert, kann nicht so schlecht sein, wie ein Stück Leben zu sein scheint, wenn man es irrtümlich für Kunst hält und es wie diese beurteilt.

Ich habe einmal in einer Telefonzelle, ohne es zu wollen, eine Frau in der Nebenzelle sagen hören: ‚Du liebst mich also nicht mehr, du willst mich verlassen' – einen Satz, der in jedem Dreigroschenroman[4] zu finden sein dürfte, aber dieser Satz, von einer unbekannten Frau gesprochen, hat mich tiefer beeindruckt als viele ganz gut geschriebene Romane, so richtig ‚aus dem Leben gegriffen', die mich nicht zwei Seiten lang vergessen ließen, daß sie Papier waren – was wir eben hörten, war aus dem Leben gegriffen, aber es war – Gott sei Dank – keine Kunst."

„Mein Gott, wie konnte ich auch ahnen", sagte die Frau, „daß statt eines Hörspiels ein richtiges Gespräch im Funk war."

„Immer sollten wir", sagte der Mann, „auf das Leben gefaßt sein, sogar im Funk."

„Schade, daß wir das Hörspiel nicht gehört haben."

„Ich weiß nicht, ob es so schade ist", sagte der Mann, „und ich werde die Kinder nicht bestrafen, obwohl sie wieder an den Knöpfen herumgespielt haben. Ich möchte nur gerne wissen, ob sie ihren Karl nun doch morgen in London treffen wird."

„Ich glaube", sagte die Frau lächelnd, „das hängt von Karl ab, und gerade den haben wir nicht gehört."

Quelle: Heinrich Böll: Die Kunst und das Leben selbst. In: Viktor Böll und Karl Heiner Busse: Heinrich Böll. Erzählungen 1937–1983, Band 3, Köln 1997, S. 274–276.

Die Rechtschreibung folgt der Textvorlage.

1 abgehalftert: *hier:* nicht mehr zeitgemäß
2 Naturalismus: *hier:* wirklichkeitsnahe Darstellung
3 Mittel- und Kurzwelle: Frequenzen beim Radiofunk
4 Dreigroschenroman: anspruchsloser Roman, der wenig kostet

Teil I: Lesen

1. Kreuze die richtige Aussage an. Es gibt jeweils nur eine richtige Lösung. 5 Pkt.

   a) Die Geschichte spielt
   - ☐ am Abend.
   - ☐ am Vormittag.
   - ☐ mitten in der Nacht.
   - ☐ am Nachmittag.

   b) Das Paar möchte im Radio
   - ☐ den Sprechfunk abhören.
   - ☐ ein Liebesdrama verfolgen.
   - ☐ einem Hörspiel zuhören.
   - ☐ einer Ansage lauschen.

   c) Tatsächlich lauschen sie im Radio
   - ☐ einer geschäftlichen Besprechung.
   - ☐ einer wunderbaren Inszenierung.
   - ☐ einem schlechten Hörspiel.
   - ☐ einer familiären Auseinandersetzung.

   d) Die Tochter möchte
   - ☐ nach Hamburg reisen.
   - ☐ Liverpool besuchen.
   - ☐ Herrn Kuhn sehen.
   - ☐ Karl treffen.

   e) Nachdem der Mann das Radio abgeschaltet hat, zeigt sich die Frau
   - ☐ beschämt.
   - ☐ wütend.
   - ☐ neugierig.
   - ☐ beeindruckt.

2. Kreuze die richtige Aussage an. Es gibt jeweils nur eine richtige Lösung. 4 Pkt.

a) „nachzuhinken“ (Z. 22 f.) bedeutet hier, dass die Uhr

- ☐ nachgeht.
- ☐ genau geht.
- ☐ vorgeht.
- ☐ stehen bleibt.

b) „nichts Geschäftliches“ (Z. 39) bedeutet hier, dass

- ☐ rein finanzielle Themen besprochen werden.
- ☐ nur private Themen behandelt werden.
- ☐ für die Öffentlichkeit bestimmte Themen erörtert werden.
- ☐ allein unpersönliche Themen diskutiert werden.

c) „im Gange“ (Z. 52) bedeutet hier, dass der Dialog

- ☐ fortgeführt wird.
- ☐ zum Stillstand kommt.
- ☐ sehr bewegend ist.
- ☐ im Flur stattfindet.

d) „aus dem Leben gegriffen“ (Z. 79) bedeutet hier, dass der Satz

- ☐ mit dem Leben nichts zu tun hat.
- ☐ sehr übertrieben scheint.
- ☐ als real empfunden wird.
- ☐ sehr leidenschaftlich ist.

3. a) Welche der folgenden Aussagen sind richtig? 2 Pkt.

Die Kurzgeschichte

A lässt die Hauptpersonen namenlos.
B hat kein offenes Ende.
C beinhaltet mehrere Dialoge.
D fängt nicht unvermittelt an.

Kreuze die richtige Antwort an.

- ☐ Nur A und B treffen zu.
- ☐ Nur A und C treffen zu.
- ☐ Nur B und D treffen zu.
- ☐ Nur C und D treffen zu.

b) Welche der folgenden Aussagen sind richtig? 2 Pkt.

Die Kurzgeschichte handelt von

A einem heftigen Ehestreit.
B dem wirklichen Leben.
C einem unfähigen Regisseur.
D einem belauschten Gespräch.

Kreuze die richtige Antwort an.

☐ Nur A und B treffen zu.
☐ Nur A und C treffen zu.
☐ Nur B und D treffen zu.
☐ Nur C und D treffen zu.

4. Betrachte die Zeilen 18–21 genauer.
Zitiere und benenne ein sprachliches Mittel, das dort verwendet wird. 2 Pkt.

____

____

____

____

5. Die Textstelle „[…] aber es war – Gott sei Dank – keine Kunst" (Z. 82 f.) enthält eine Parenthese.
Erkläre dieses Stilmittel und seine Wirkung im Text. 3 Pkt.

____

____

____

____

____

____

____

____

6. a) Die Tochter verwendet hauptsächlich den Konjunktiv, um ihre Eltern von ihrem Plan zu überzeugen.
Erläutere anhand einer Textstelle, welche Haltung damit zum Ausdruck kommt. 3 Pkt.

____

____

____

b) Im Gegensatz dazu benutzt ihr Vater den Indikativ.
Erläutere anhand einer Textstelle, welche Haltung damit zum Ausdruck kommt. 3 Pkt.

7. Die Reaktion der Frau am Kaminfeuer auf das im Radio Gehörte verändert sich im Lauf der Kurzgeschichte.
Stelle anhand von zwei Textstellen dar, worin diese Veränderung besteht. 4 Pkt.

8. „Der Mann am Kaminfeuer hat Interesse daran, der familiären Auseinandersetzung im Sprechfunk zu lauschen.“
Begründe anhand von zwei Textstellen die Richtigkeit dieser Behauptung. 4 Pkt.

9. Der Erzähler nimmt zunächst ein neutrales Erzählverhalten ein.
Erläutere, welche Wirkung er damit in der Geschichte erzielt. 4 Pkt.

10. „Selbst das schlechteste Hörspiel, von einem unfähigen Regisseur mit mittelmäßigen Sprechern inszeniert, kann nicht so schlecht sein, wie ein Stück Leben zu sein scheint, wenn man es irrtümlich für Kunst hält und es wie diese beurteilt.“ (Z. 66 ff.)
Erläutere dieses Zitat anhand von zwei Textstellen. 4 Pkt.

Teil II: Schreiben

II.A: Textproduktion (Wahlaufgabe)

Wähle **eine** der beiden folgenden Aufgaben aus und bearbeite sie.

a) **Erzählung**
Versetze dich in die Lage der Tochter, die Karl gerne sehen möchte, und erzähle ihre Geschichte. Berücksichtige, in welcher Beziehung sie zu Karl steht und was ein Wiedersehen so lange verhindert hat. Gehe dabei auch auf ihre Gedanken und Gefühle ein.

oder

b) **Argumentation**
Es gibt Fernsehsendungen, die unter dem Begriff „Reality TV“ scheinbar die Wirklichkeit widerspiegeln. Solche Formate erfreuen sich großer Beliebtheit und geben sehr emotionale Einblicke in die Privatsphäre ganz unterschiedlicher Menschen. Allerdings gibt es Stimmen, die diese Sendungen sehr kritisch sehen.
Argumentiere das Für und Wider dieses Formats.

Dein Text (Erzählung oder Argumentation) wird wie folgt bewertet:

	Punkte
Aufbau/Inhalt (z. B. Überschrift, Einleitung, Hauptteil, Schluss/„roter Faden“)	24
Sprachangemessenheit (Wortschatz, Satzbau, Ausdruck)	12
Sprachrichtigkeit (Rechtschreibung, Grammatik, Zeichensetzung)	4
Summe	**40**

Alard von Kittlitz: Ausgekocht

**Soylent ist synthetische Nahrung.
Manche sagen, die Zukunft. Wie fühlt es sich an, nur davon zu leben?**

Dass ich mich in eine Maschine verwandle, begreife ich nicht sofort. Doch in der dritten Nacht des Experiments liege ich wach im Bett und denke auf einmal: Menschen, Tiere, Lebewesen essen. Ich aber tanke. Ich lebe von Sprit.

Mein Sprit heißt Soylent. In einem Paket aus Kalifornien haben mich sieben weiße Beutel erreicht, minimal, ultrazeitgemäß designt, [...]. „Soylent" steht auf den Beuteln, jeder wiegt genau 444 Gramm. Dazu sieben weiße Röhrchen mit schwarzem Deckel, „oil blend", je 58,2 Milliliter. Weiter finde ich im Paket einen fest verschließbaren Kunststoffkrug (zwei Liter), eine Bedienungsanleitung, schließlich einen Brief vom Zoll: Dieses Paket wurde von den deutschen Beamten geöffnet, um den Inhalt zu prüfen. [...]

Ich habe den Soylent-Erfinder Rob Rhinehart das erste Mal Ende 2013 kontaktiert. Ich hatte im Netz über ihn gehört: dass er Softwareingenieur ist. Dass er kaum mehr isst, dass er sich zu 90 Prozent von einem selbst hergestellten Pulver ernährt und dass es ihm mit diesem Pulver sehr gut geht. [...]

Soylent für eine Woche. In dieser Zeit werden alle meine Kalorien, alle Nährstoffe und Vitamine von diesem Pulver kommen. Nichts anderes, nur Wasser und Kaffee. Kein Alkohol, kein Obst, keine Snacks.

[...] Ich gehe zu meinem Kühlschrank, der mit den weißen Beuteln und Fläschchen nun eher einem Labor ähnelt. Ich öffne den ersten Beutel, ein süßlicher Geruch mit pharmazeutischer[1] Note schlägt mir entgegen. Das mehlfeine, blassgelbe Pulver staubt in den Kunststoffkrug, Wasser drauf: Mmmmmmh. Unten matschiges Pulver, oben trübes Wasser. Schütteln. Nun den „oil blend" dazu, eine Mischung aus Fisch- und Rapsöl. Schütteln. Fertig. Nach drei Minuten. Vor mir steht mein Essen für den Tag. Schlammbraune Flüssigkeit. Die Hauptzutat von Soylent ist Maltodextrin, lese ich. Wikipedia meint dazu: „Maltodextrin ist ein wasserlösliches Kohlenhydratgemisch, das durch Hydrolyse von Stärke (Poly-α-glucose) hergestellt wird." Weiter: Reisprotein (bitte?), Hafermehl (kenn ich!), dann nur noch Chemiebaukastenteile: DL-α-Tocopheryl-Acetat, Molybdän, Cyanocobalamin. [...]

Das Zeug im Kunststoffkrug, das ich nun in drei Portionen aufteile – Frühstück, Mittagessen, Abendmahl. Ich gieße mir ein Glas ein, koste und bin überrascht. Das schmeckt nicht schlecht. Nach Malz, süßlich, [...]. Wie viel brauche ich? In einem Beutel Soylent sind 2 000 Kalorien [...].

Mein Körper setzt am Tag, wenn ich mich nicht sonderlich bewege, 2 100 Kalorien um. Ich mache mit einer Packung am Tag also eine leichte Diät. Ich trinke das Glas aus. Die Nahrungsaufnahme ist in zwei Minuten vorbei. [...]

Essen hat uns als Spezies ja, soweit wir das wissen, schon immer viel bedeutet. Wenn wir Steinzeitartefakte ausgraben, sind das fast immer Werkzeuge, die der Jagd, dem Zerlegen, dem Zubereiten von Essen gedient haben. Und in jedem Menschenleben spielt Essen von Anbeginn eine Rolle. Der erste Schrei des Säuglings wird mit der Mutterbrust oder einer Flasche beantwortet. Milch. Bald Brei, Karotten, Äpfelchen. [...] Essen ist eine unserer fundamentalsten Schnittstellen zum Leben. Wir denken ständig ans Essen, lesen, hören, streiten darüber. Und wer die Rezepte und den Ernährungsplan der Welt verändert, verändert die Welt selbst.

Lebensmittelrevolutionen sind nichts Neues (in den 70er-Jahren träumte man von Astronautenfutter für alle). Aber größere Pläne als Rob Rhinehart hatte noch kein Bauer, Koch, Fabrikant. Soylent, meint er, sei gesünder, ökologischer, vernünftiger als alles andere, und zwar gerade dadurch, dass es die Verbindung von Nahrung und Landwirtschaft aufhebt. [...]

Soylent verändert nicht nur die äußere Welt, sondern auch mein Erleben meines Körpers. Mein Mund kaut nicht mehr. Mein Magen schrumpft, meine Verdauung wird geräuschlos und gefühllos. Ich gehe seltener und kürzer aufs Klo. Etwas passiert mit und in mir. Mein Körper hat sein ganzes Leben lang Essen aufgenommen, verbraucht, prozessiert, aber das ist vorbei. Ich fühle mich fremd in ihm.

Meine Mittagsflasche Soylent in der Hand begleite ich die Kollegen in die Kantine. Ich nehme an ihrem Leben nicht mehr teil, ich beobachte sie. Sie gehen essen, weil sie Hunger haben, sie suchen sich aus, worauf sie Appetit haben. Salat oder Geflügelhackbraten. [...] Wieso isst der genau das? Was will die damit? Der Appetit ist, überlege ich, so eine Art Autopilot des Energiehaushalts, eine Steuereinheit. Wenn wir lange keine Vitamine zu uns genommen haben, sieht ein Obstsalat eben besonders appetitlich aus. [...]

Essen und Trinken sind der Kern unseres Soziallebens. Ich werde zum Eremiten. [...]
Abends fragen mich Freunde, ob ich nicht etwas

unternehmen will. Ich sage fast immer ab. Ich darf nichts trinken und nichts essen. Ich kann an dem, was sie gemeinsam tun, nicht teilnehmen. Das erscheint mir freudlos. Essen und Trinken ist der Kern des Soziallebens. Ich sitze alleine in meiner Wohnung. Auf einmal habe ich Zeit. Ich gehe mir selbst auf die Nerven, lese, schreibe, telefoniere dagegen an, schlafe früh ein, wache früh auf.

Es gibt immer nur Soylent. Es wird mir nie zuwider. Der Hunger wird durch diese Substanz viel schneller gestillt als durch Essen. Er verschwindet schon beim Trinken des zweiten Glases. Aus ökonomischer Perspektive ist Soylent unschlagbar. Ich kann die Kalorien exakt quantifizieren. Ich esse nicht mehr und nicht weniger, als ich brauche. Ich habe durch Soylent keine Kurven in meinem Tag. Keine Müdigkeit nach dem Essen, keine Hibbeligkeit nach der Aufnahme von Zucker. Ich habe immer Energie, und wenn die Energie absinkt, bekomme ich Hunger und fülle Soylent nach; zack, ist Energie wieder da.

Nach einigen Tagen will ich gerade ins Bett gehen, als irgendeine Hirnwindung laut Alarm schlägt. Panik: Du hast seit Tagen nichts gegessen, nicht gut, nicht gut!! Der Appetit schweigt dumm, der Magen stammelt, sendet Entwarnsignale. Der Verstand erklärt geduldig, was los ist, irgendwann beruhige ich mich, liege dann aber lange wach. Wer bin ich, wenn mir mein Körper fremd wird und die sozialen Rituale und Konventionen entwertet werden. Früher dachte ich: ein Mensch.

Soylent wurde erfunden, damit man mehr arbeiten kann. Wie traurig!

[...] Es ist das Bild vom Verbrennungsmotor, das mir gegen Ende der Woche neue Sicherheit verleiht. „Du isst nicht mehr, du tankst." Wie ein Auto, wie eine Lokomotive. Mein Mund ist ein Einfüllstutzen. Durch Soylent hat sich mein Körper von einer konfusen, durch das Leben, die Evolution, Werbung, Kochkunst, Geld und Coolness ständig durcheinandergeworfenen Riesenkomplexität[2] in eine einfache Funktion verwandelt: Energie-Input = Energie-Output. Dieser Gedanke führt dazu, dass ich schlagartig alle Liebe zu Soylent verliere. Bis zu diesem Zeitpunkt finde ich das Zeug interessant, neu, faszinierend, [...]. Nun aber regt sich langsam Widerstand in mir. Rob würde mich vermutlich romantisch nennen, irrational. Aber ich will einfach nicht glauben, dass Menschen und Maschinen das Gleiche sind. Ich fange an, Soylent böse, unästhetisch[3], brutal zu finden, wegen der Lässigkeit, mit der es unser über Jahrmillionen gewachsenes Verhalten absägen will.

[...] Im Soylent-Prospekt schreibt Rob: „Wenn du bist, was du isst, dann darfst du dich nun als gesund und praktisch empfinden." Eine Reduktion auf das Gesunde und Praktische bedeutet eine Reduktion auf das Funktionieren: auf das, was wir von Maschinen verlangen. Sind die Maschinen für uns mittlerweile derart einschüchternd geworden, dass wir selbst welche werden wollen? Ist Soylent nicht ein weiterer Schritt in diese Richtung?

Ich stelle mir einen Staat vor, in dem die Armen mit Soylent-Rationen zwangsernährt werden.

[...] Derzeit kostet eine Mahlzeit Soylent etwa 2,50 Euro, Rob glaubt, dass er es noch billiger produzieren kann. Ich stelle mir den Staat vor, der dem Hartz-IV-Empfänger die Ernährungspauschale in Soylent ausgibt.

Das ist wahrscheinlich Quatsch. Meine Voraussage ist, dass sich kaum jemand ausschließlich von Soylent oder ähnlichen Produkten, die sicher bald auf den Markt kommen, ernähren wird. Ich kann mir aber vorstellen, dass viele Menschen bald ein paar Packungen in der Vorratskammer haben werden. Wenn man keine Lust auf Kochen hat oder keine Zeit: Soylent. Das klingt eigentlich nicht schlecht. Natürlich gibt es noch keine Langzeitstudien, wie Soylent sich auf unsere Körper auswirkt. Die meisten Ernährungswissenschaftler glauben, dass Rob die Komplexität des Körpers unterschätzt. [...]

Am ersten Morgen nach dem Experiment gehe ich zu einem kleinen Café in St. Pauli. Ich bestelle Lachs. Der Teller kommt, ein paar Scheiben Fisch darauf, mit Dill bestreut, dazu Butter, grobes Salz, ein Korb mit frischem Brot. Ich bestreiche das Brot mit Butter, lege den Lachs darauf, es kostet Zeit ohne Ende und sieht seltsam, fast steinzeitlich aus. Ich beiße hinein. Ein Augenblick vergeht, dann seufze ich. Alles kommt zurück. Butter, oh Butter, oh mittelalterlicher Quatsch aus Lipiden und Aminosäuren! [...] Ich bewege meine Kiefer, es knirscht, zerbröselt, matscht, vermischt sich in meinem Mund zu einem geschmacklichen Glockenschlag aus Glück. [...] In mir ballt sich Lust auf unpraktische Ungesundheit, und ich begreife, dass ich mich als Mensch, anders als jede Maschine, durch meinen Mund nicht nur versorgen [...] will. Dass Essen und Trinken mehr sind als Energiemanagement [...].

Quelle: Alard von Kittlitz: Ausgekocht, in: NEON; 10/2014. http://blog.neon.de/2015/01/ausgekocht/ (abgerufen am 26. 01. 2016).

1 pharmazeutisch: *hier:* medizinisch
2 Komplexität: Vielschichtigkeit
3 unästhetisch: *hier:* scheußlich, unschön

Teil I: Lesen

1. Kreuze die richtige Aussage an. Es gibt jeweils nur eine richtige Lösung. 6 Pkt.

a) Ein Beutel Soylent wiegt ______ Gramm.

- ☐ 7
- ☐ 58,2
- ☐ 90
- ☒ 444

b) Rob Rhinehart ist ein

- ☐ älterer deutscher Zollbeamter.
- ☐ zeitgemäßer Modedesigner.
- ☒ erfinderischer Softwareingenieur.
- ☐ britischer Lebensmittelchemiker.

c) Als der Autor den ersten Beutel öffnet,

- ☒ riecht es süßlich.
- ☐ staubt braunes Pulver.
- ☐ fließt matschige Brühe.
- ☐ stinkt es nach Fisch.

d) Der Autor hat das Gefühl, dass

- ☐ sein Mund gefühllos wird.
- ☒ sein Magen schrumpft.
- ☐ er geräuschloser kaut.
- ☐ er häufiger zur Toilette muss.

e) Der Autor sagt Unternehmungen mit Freunden ab, weil er

- ☐ früh schlafen gehen möchte.
- ☐ sehr gerne mit sich allein ist.
- ☒ nichts essen oder trinken darf.
- ☐ wichtige Telefonate führen muss.

f) Nach Beendigung des Experiments

- ☐ trinkt er Café au Lait in einer Kneipe in St. Pauli.
- ☒ bestellt er Lachs in einem Café in St. Pauli.
- ☐ isst er ein Steinzeitgericht im Restaurant „St. Pauli".
- ☐ freut er sich auf ein Butterbrot im Café „Zur goldenen Glocke".

2. Kreuze die richtige Aussage an. Es gibt jeweils nur eine richtige Lösung. 5 Pkt.

a) „kosten“ (vgl. Z. 51) bedeutet hier

☐ schlingen.
☐ ausgeben.
☐ betragen.
☒ probieren.

b) „fundamental“ (vgl. Z. 69) bedeutet hier

☐ gründlich.
☐ grundlos.
☒ grundlegend.
☐ begründet.

c) „prozessieren“ (vgl. Z. 87) bedeutet hier

☐ verhandeln.
☒ verarbeiten.
☐ streiten.
☐ verbessern.

d) „entwertet“ (Z. 132) bedeutet hier

☐ gedemütigt.
☐ abgestempelt.
☐ beleidigt.
☒ bedeutungslos.

e) „absägen“ (Z. 155) bedeutet hier

☐ abholzen.
☐ entlassen.
☒ beenden.
☐ isolieren.

3. a) Welche der folgenden Aussagen sind richtig? 2 Pkt.

Der Autor stellt fest, dass

A er alle Bestandteile von Soylent aus der Schule kennt.
B seine Tagesration Soylent mehr Kalorien als nötig enthält.
C Soylent besser schmeckt, als er zuvor erwartet hätte.
D er nach der Einnahme von Soylent kurzzeitig müde ist.

Kreuze die richtige Antwort an.

- [ ] Nur A und B stehen im Text.
- [ ] Nur B und D stehen im Text.
- [x] Nur C steht im Text.
- [ ] Nur C und D stehen im Text.

b) Welche der folgenden Aussagen sind richtig? 2 Pkt.

Der Autor schreibt, dass

A Lebensmittelrevolutionen etwas völlig Neues und Unbekanntes sind.
B Soylent die Verbindung von Nahrung und Landwirtschaft aufhebt.
C Menschen sich zukünftig ausschließlich mit Soylent ernähren werden.
D es noch keine Langzeitstudien gibt, wie sich Soylent auf den Körper auswirkt.

Kreuze die richtige Antwort an.

- [ ] Nur A und B stehen im Text.
- [ ] Nur A und C stehen im Text.
- [x] Nur B und D stehen im Text.
- [ ] Nur C und D stehen im Text.

4. Ordne jeder der folgenden Textstellen das passende Merkmal journalistischer Texte zu.
Trage die passenden Buchstaben in die Tabelle ein. 3 Pkt.

Mögliche Merkmale:

A Autorenkommentar
B Fazit
C Zahlen, Daten, Fakten, Erläuterungen als Hintergrundwissen
D Expertenmeinung
E Vorspann/Teaser/Lead
F erlebnisorientierter Einstieg

Textstelle	Merkmal
Zeile 60–64	~~A~~ C
Zeile 135	B
Zeile 172	A

Hinweis: Einige Merkmale können mehreren Textstellen zugeordnet werden, andere keinen.

5. Nenne zwei Vorteile, die die Ernährung mit dem synthetischen Nahrungsmittel Soylent im privaten Alltag haben kann. 2 Pkt.

6. Erkläre anhand von zwei Textstellen, welche Nachteile der Autor der ausschließlichen Ernährung mit dem synthetischen Nahrungsmittel zuschreibt. 4 Pkt.

7. „Manche sagen, die Zukunft.“ (Z. 2)
Der Autor verwendet häufig das sprachliche Mittel der Ellipse.
Erkläre, welche Wirkung durch die gehäufte Verwendung von Ellipsen entstehen kann und wie dieses Stilmittel zum Thema des Textes passen könnte. 4 Pkt.

8. In einem Herkunftswörterbuch* findet sich folgender Eintrag zu „ausgekocht“:

> Der im 20. Jh. aufgekommene ugs. Ausdruck für „raffiniert, gerissen“ ist vielleicht eine […] Umbildung von […] *kochem* „gescheit“.

Erläutere anhand von zwei Textstellen, inwiefern der Titel des Textes auch auf Rob Rhinehart bezogen werden kann. 4 Pkt.

* Quelle: Dudenredaktion (Hg.): Duden, Das Herkunftswörterbuch, Mannheim u. a., 4. Auflage 2007, S. 58.

9. „Aber ich will einfach nicht glauben, dass Menschen und Maschinen das Gleiche sind." (Z. 150 ff.)
   Arbeite anhand von zwei Textstellen die Gründe für das Unbehagen des Autors heraus, das in diesem Zitat zum Ausdruck kommt. 4 Pkt.

10. Ein Sprichwort besagt:
    „Zwischen Essen und Ernähren können Welten liegen."
    Erläutere dieses Sprichwort anhand von zwei Textstellen. 4 Pkt.

Teil II: Schreiben

II.A: Textproduktion (Wahlaufgabe)

Wähle **eine** der beiden folgenden Aufgaben aus und bearbeite sie.

a) **Argumentation**
Argumentiere das Für und Wider einer ausschließlichen Ernährung mit dem synthetischen Nahrungsmittel Soylent.

oder

b) **Bericht**
Eine berühmte Köchin bzw. ein berühmter Koch hat deine Schule besucht, um mit der Koch-AG einen Tag zum Thema „Gesund genießen" durchzuführen.
Berichte für die Schülerzeitung von diesem Tag (Organisation, zeitlicher Ablauf, zubereitete Speisen, ggf. Abschluss des Tages, Ausblick).

Dein Text (Argumentation oder Bericht) wird wie folgt bewertet:

	Punkte
Aufbau/Inhalt (z. B. Überschrift, Einleitung, Hauptteil, Schluss/„roter Faden")	24
Sprachangemessenheit (Wortschatz, Satzbau, Ausdruck)	12
Sprachrichtigkeit (Rechtschreibung, Grammatik, Zeichensetzung)	4
Summe	**40**

II.B: Sprachliche Richtigkeit

1. Markiere und berichtige die zwölf Rechtschreib- und Zeichensetzungsfehler im Text. Du darfst nicht mehr als zwölf Fehler markieren.
   Notiere die korrekte Schreibung und fehlende Kommas jeweils unter der fehlerhaften Stelle.
   Der Text enthält keine Fehler zur Getrennt- und Zusammenschreibung.
   Eigennamen sind korrekt geschrieben. 6 Pkt.

> **Beispiel:**
> *Nachdem die Wanderer an der Berghütte angekommen waren, ruhten sie sich*
> fehlendes Komma
> *aus und schauten sich den ~~sonnenuntergang~~ an.*
> Sonnenuntergang

Ein toter Tiger bringt Wilderern sehr viel Geld – mit einem Lebenden lässt sich

aber weitaus mehr verdienen.

Die Tigerin Machali war jahrelang die Attracktion des nordindischen Ranthamb-

hore-Nationalparks. Sie war schön, duldete Fahrzeuge in ihrer Nähe und ließ sich

relativ leicht beobachten. Höchstwarscheinlich war sie der Berühmteste und

meistfotografierte wild lebende Tiger der Welt. Im August dieses Jahres ist

Machali an Alterschwäche gestorben und wurde feierlich beigesezt.

Die Naturschutzinitiative Tiger Watch hat kalkuliert, dass die lokale Tourismus-

branche im Laufe von Machalis knapp 20-jährigem Leben rund 77 Millionen

Euro umgesetzt hat. Viele Arbeitsplätze hengen in der Region vom Tiger-

Tourismus ab. Hoteliers, Guides, Fahrer, Gastronomen – sie alle machen ihre

Umsätze mit Touristen die in Ranthambhore Tiger beobachten. Mit einem Teil

des erwirtschafteten Geldes wurde zudem die lokale Infrastruktur verbessert,

es entstanden Schulen und Hospitäler.

Bei gutem Management können also viele Menschen über Jahre hinweg von

einem lebenden Tiger profitieren während ein gewilderter nur wenigen einen

kurzfristigen Gewinn bringt. Machalis Tot ist für den Tourismus in Ranthamb-

hore ein Verlust. Doch während ihres langen Lebens hat die Tigerin zahlreiche

Junge zur Welt gebracht und eine regelrechte Dynastie begründet. Viele Tiger

die heute durch den Nationalpark streifen, sind ihre nachkommen. Sie haben die

Fähigkeit, ebenfalls Millionen zu generieren – sofern sie nicht der Wilderei zum

Opfer fallen.

Nach: ARTENSCHUTZ IN INDIEN, Warum lebende Tiger mehr wert sind als gewilderte, http://www.geo.de/natur/tierwelt/15312-rtkl-artenschutz-indien-warum-lebende-tiger-mehr-wert-sind-als-gewilderte (abgerufen am 06. 09. 2017).

2. Groß- oder Kleinschreibung?
In vier der folgenden Sätze befindet sich jeweils ein falsch geschriebenes Wort.
Kreise die falsch geschriebenen Wörter ein. 4 Pkt.

Hinweis: Du darfst nicht mehr als vier Wörter einkreisen.

a) Beim Anblick der roten Rosen wurde auch sie Rot.

b) Manche sagen, Neuseeland sei das schönste Land der Welt.

c) Seine Freude über den Kinobesuch am Freitagabend ist groß.

d) An diesem Morgen würde ich am Liebsten im Bett bleiben.

e) Der menschliche Körper regeneriert nachts im Schlaf am besten.

f) Er kann wirklich gut Fußball spielen, aber der beste Torschütze ist er nicht.

g) Da wir zu Dritt sind, ist es nur gerecht, wenn jeder ein Drittel erhält.

h) Im Sommer genießen wir die frische des Morgens.

i) Die Schachpartie wird er gewinnen, denn er ist der Klügste in der Runde.

k) Seit Stunden stehen wir im Stau und es gibt kein Vor oder Zurück.

3. „das“ oder „dass“?
Bestimme die Wortart und notiere die richtige Schreibweise.
Schreibe die entsprechenden Buchstaben der Wortart in die Klammern hinter den Lücken: Konjunktion (**K**), bestimmter Artikel (**A**), Relativpronomen (**R**) oder Demonstrativpronomen (**D**). 5 Pkt.

> **Beispiel:**
> *Ich glaube,* das (A) *Fahrrad,* das (R) *du dir gewünscht hast, ist ausverkauft.*

Der Fuchs und der Hahn

Ein hungriger Fuchs kam in ein Dorf und fand einen Hahn, zu dem sprach er also: „O mein Herr Hahn, welche schöne Stimme hat dein Vater gehabt! Ich bin darum zu dir gekommen, auf __________ ( ) ich deine Stimme hören möchte. Darum bitt' ich dich, __________ ( ) du mir etwas singest, damit ich hören möge, ob auch du eine so schöne Stimme habest wie dein Vater.“

Da schüttelte der Hahn sein Gefieder, und mit geschlossenen Augen fing er an, auf __________ ( ) Lauteste zu krähen. Sofort sprang der Fuchs auf und fing ihn und trug ihn in den Wald.

Als __________ ( ) die Bauern gewahrten, liefen sie dem Fuchs nach und schrien: „Der Fuchs trägt unseren Hahn fort!“

Als der Hahn __________ ( ) hörte, sprach er zu dem Fuchse: „Hörst du, Herr Fuchs, was die groben Bauern sagen? Sprich doch zu ihnen: Ich trage meinen Hahn und nicht den euren!“ Da ließ der Fuchs den Hahn aus dem Maule fahren und sprach: „Ich trage meinen Hahn und nicht den euren!“ Indem flog der Hahn auf einen Baum und sprach: „Du lügst, Herr Fuchs, du lügst. Ich bin des Bauern Hahn und nicht der deine!“

Da schlug der Fuchs sich selbst aufs Maul und sprach: „O du böses Maul, wie viel schwätzest du! Wie viel redest du unnützes Zeug! Hättest du jetzt nicht geredet, so hättest du deinen Raub nicht verloren!“

Nach: Aesop: Der Fuchs und der Hahn: http://gutenberg.spiegel.de/buch/weitere-fabeln-9635/33 (abgerufen am 12. 09. 2017).

4. Forme die folgenden Sätze jeweils in die Aktiv- oder Passivform um. Die vorgegebene Zeitform und die inhaltliche Aussage des Satzes müssen beibehalten werden. 5 Pkt.

Aktiv	**Passiv**
Man kann Apfelsaft aus eigenen Äpfeln herstellen.	
	Zuerst werden alle braunen Stellen aus den Äpfeln herausgeschnitten.
Man drückt die Äpfel durch eine Apfelpresse.	
	Nachdem die Glasflaschen sterilisiert worden sind, wird der Saft in die Flaschen gefüllt.

Erich Kästner
Keiner blickt dir hinter das Gesicht
(Fassung für Beherzte)

Niemand weiß, wie arm du bist …
Deine Nachbarn haben selbst zu klagen.
Und sie haben keine Zeit zu fragen,
wie denn dir zumute ist.
Außerdem, – würdst du es ihnen sagen?

Lächelnd legst du Leid und Last,
um sie nicht zu sehen, auf den Rücken.
Doch sie drücken, und du mußt dich bücken,
bis du ausgelächelt hast.
Und das Beste wären ein Paar Krücken.

Manchmal schaut dich einer an,
bis du glaubst, daß er dich trösten werde.
Doch dann senkt er seinen Kopf zur Erde,
weil er dich nicht trösten kann.
Und läuft weiter mit der großen Herde.

Sei trotzdem kein Pessimist,
sondern lächle, wenn man mit dir spricht.
Keiner blickt dir hinter das Gesicht.
Keiner weiß, wie arm du bist …
(Und zum Glück weißt du es selber nicht.)

Quelle: Erich Kästner: Keiner blickt dir hinter das Gesicht (Fassung für Beherzte), In: Erich Kästner: Doktor Erich Kästners Lyrische Hausapotheke, Atrium Zürich 1936, S. 18.

Die Rechtschreibung folgt der Textvorlage.

Teil I: Lesen

1. Kreuze die richtige Aussage an. Es gibt jeweils nur eine richtige Lösung. 4 Pkt.

   a) Die ersten vier Verszeilen jeder Strophe enthalten einen
   - ☐ Stabreim.
   - ☐ Kreuzreim.
   - ☐ Schweifreim.
   - ☐ umarmenden Reim.

   b) Die erste Strophe ist im ______ verfasst.
   - ☐ Perfekt
   - ☐ Plusquamperfekt
   - ☐ Präsens
   - ☐ Präteritum

   c) In der zweiten Strophe gibt es einen
   - ☐ Kehrreim.
   - ☐ Binnenreim.
   - ☐ unreinen Reim.
   - ☐ Schüttelreim.

   d) Das Metrum der zweiten Strophe ist ein
   - ☐ Anapäst.
   - ☐ Daktylus.
   - ☐ Jambus.
   - ☐ Trochäus.

2. Kreuze die richtige Aussage an. Es gibt jeweils nur eine richtige Lösung. 3 Pkt.

   a) „Deine Nachbarn haben selbst zu klagen." (V. 2) bedeutet hier, dass
   - ☐ sich die Nachbarn über jemanden beschweren.
   - ☐ sich die Nachbarn über ihre eigenen Fehler ärgern.
   - ☐ es in der Nachbarschaft viele Streitereien gibt.
   - ☐ die Nachbarn ihre eigenen Sorgen haben.

   b) „drücken" (V. 8) bedeutet hier
   - ☐ belasten.
   - ☐ betätigen.
   - ☐ schieben.
   - ☐ umarmen.

c) „ein Paar Krücken“ (V. 10) bedeutet hier

- ☐ eine Rechtfertigung.
- ☐ eine Erholung.
- ☐ eine Unterstützung.
- ☐ eine Entschädigung.

3. a) Welche der folgenden Aussagen sind richtig? 2 Pkt.

In allen Strophen gibt es

A das gleiche Reimschema.
B die gleiche Anzahl an Verszeilen.
C unreine Reime.
D ausschließlich weibliche Kadenzen.

Kreuze die richtige Antwort an.

- ☐ Nur A und B treffen zu.
- ☐ Nur A und C treffen zu.
- ☐ Nur B und D treffen zu.
- ☐ Nur C und D treffen zu.

b) Welche der folgenden Aussagen sind richtig? 2 Pkt.

Das in dem Gedicht angesprochene „Du“

A wird nach seinem Befinden gefragt.
B versucht, seine Sorgen und Probleme auszublenden.
C hofft, von anderen aufgemuntert zu werden.
D geht lächelnd die Straße entlang.

Kreuze die richtige Antwort an.

- ☐ Nur A und B treffen zu.
- ☐ Nur B und C treffen zu.
- ☐ Nur A und D treffen zu.
- ☐ Nur C und D treffen zu.

4. „Außerdem, – würdst du es ihnen sagen?“ (V. 5) ist eine rhetorische Frage.
Erkläre dieses Stilmittel und seine Wirkung an dieser Textstelle. 3 Pkt.

____

____

____

____

____

____

____

5. a) „Keiner blickt dir hinter das Gesicht."
Erkläre die Bedeutung dieses Titels. 3 Pkt.

b) Arbeite jeweils an einem eigenen Beispiel einen Vor- und einen Nachteil heraus, die sich dadurch ergeben können, dass einem keiner „hinter das Gesicht" blicken kann. 6 Pkt.

6. In Vers 16 f. wird der Imperativ verwendet.
Erläutere die Wirkung, die hier erzielt wird. 2 Pkt.

7. „In dem Gedicht werden die Leserinnen und Leser direkt angesprochen.“
Begründe anhand einer Textstelle deine Zustimmung oder Ablehnung zu dieser Aussage. 3 Pkt.

8. Bei diesem Gedicht handelt es sich um die „Fassung für Beherzte“.
Erläutere anhand von zwei Textstellen, inwieweit sich diese Version an „Beherzte“ – also tapfere Menschen – richtet. 4 Pkt.

9. Erich Kästner hat dieses Gedicht auch in einer „Fassung für Kleinmütige“ * – also für mutlose, pessimistische oder ängstliche Menschen – geschrieben.
Darin heißt es:

Nicht den Reichtum, den man sieht
und versteuert, will ich jetzt empfehlen.
Es gibt Werte, die kann keiner zählen,
selbst, wenn er die Wurzel zieht.
Und kein Dieb kann diesen Reichtum stehlen.

* Erich Kästner: Keiner blickt dir ins Gesicht (Fassung für Kleinmütige), In: Doktor Erich Kästners Lyrische Hausapotheke, Atrium Zürich 1936, S. 19.

a) Erkläre die unterschiedlichen Bedeutungen von „Reichtum“ in dieser Strophe. 4 Pkt.

b) Erkläre, inwieweit sich diese Verszeilen gerade an „Kleinmütige“ richten. 4 Pkt.

Teil II: Schreiben

II.A: Textproduktion (Wahlaufgabe)

Wähle **eine** der beiden folgenden Aufgaben aus und bearbeite sie.

a) **Erzählung**
Erzähle eine Geschichte, in der eine Person von ihrer besten Freundin oder ihrem besten Freund enttäuscht wurde, sich am Schluss aber wieder mit ihr oder ihm verträgt.
Gehe dabei auch auf die Gründe für die Enttäuschung, die abschließende Aussprache sowie Gedanken und Gefühle ein.

oder

b) **Argumentation**
In den sozialen Netzwerken geben viele Menschen sehr viel von sich preis. Argumentiere, welche Vor- und Nachteile es hat, andere Menschen über die sozialen Netzwerke am eigenen Leben teilhaben zu lassen.

Dein Text (Erzählung oder Argumentation) wird wie folgt bewertet:

	Punkte
Aufbau/Inhalt (z. B. Überschrift, Einleitung, Hauptteil, Schluss/„roter Faden“)	24
Sprachangemessenheit (Wortschatz, Satzbau, Ausdruck)	12
Sprachrichtigkeit (Rechtschreibung, Grammatik, Zeichensetzung)	4
Summe	**40**

Andrea Mertes: Bürger im Tierreich

Ob Hund, Elefant, Affe oder Pferd: Viele Kreaturen zeigen Fähigkeiten, die wir lange nur dem Menschen zugetraut haben. Was heißt das für unseren Umgang mit den tierischen Nachbarn?

Ein kurzes Zaudern genügt, und schon hat Svetlana ein Autoritätsproblem. Auf mehrere Meter Entfernung sieht ihr Angestellter Gueet der jungen Frau an, dass er sich vor dem Job drücken kann, den Svetlana für ihn vorgesehen hat. Da mögen seine Kollegen Lotte und Benny brav den Kopf senken, der Wallach denkt gar nicht daran. Stattdessen behält Gueet das Haupt oben und spitzt die schwarz behaarten Ohren aufmerksam nach vorn. Den Job kann ihm Svetlana jetzt nicht aufhalsen. Um ihm einen Plastikreif umzuhängen – darin bestand die Aufgabe –, ist das hoch aufgerichtete Friesenpferd viel zu groß.

Was nun? Svetlana hält inne. Hier in der Reithalle von Gerhard Krebs soll die Assistentin der Geschäftsführung lernen, wie man Mitarbeiter führt, in diesem Fall ein Pferd. Soll sie Druck machen? Die Konfrontation suchen? Die 33-Jährige wählt eine dritte Strategie. Zuerst streichelt sie Benny sanft den Nasenrücken. Dann schaut sie geduldig zu Gueet hinüber. Nimm dir Zeit, sagt der Blick. Ich gebe sie dir. Der mächtige Friese scheint darüber nachzudenken. Schließlich senkt er den Kopf. Und lässt sich den Plastikring doch noch überstreifen. […]

Wer führen will, braucht beides: Durchsetzungskraft und Kooperationsfähigkeit. Mit Unterstützung von Pferden bringen Persönlichkeitstrainer wie Gerhard Krebs ihren Kunden genau diese Führungsqualitäten bei. Gueet, Benny oder Lotte folgen nur, wem sie vertrauen. Diese Gewissheit beziehen sie jedoch nicht aus Überredung. Sondern aus Beobachtung und Einschätzung ihres Gegenübers. Sie sind komplexe soziale Wesen: Als Herdentiere besitzen sie die natürliche Bereitschaft, Nähe aufzubauen. Als Fluchttiere reagieren sie auf die kleinste Bedrohung mit Distanz. In ihrer sozialen Gemeinschaft kämpfen sie um einen Platz in der Hierarchie. Freiwillig ordnen sie sich nur demjenigen unter, dem sie Führung zutrauen. „Sie sind deshalb ein idealer Spiegel für unser Verhalten", sagt Krebs.

Eine wachsende Zahl von Menschen sucht in tiergestützten Trainings diesen Spiegel. Und macht sich so das gemeinsame Erbe der Evolution zunutze.

Dass Mensch und Tier weniger trennt, als sie verbindet, war für den Naturforscher Charles Darwin eine klare Sache. Die Grundzüge ihrer gemeinsamen Ahnenreihe hat der Stammvater der Evolutionslehre vor über 150 Jahren in seinem Werk „Über die Entstehung der Arten" beschrieben. Wenn der Mensch ein Produkt der Evolution ist, schlussfolgerte Darwin, dann hat er in der Natur keine Sonderstellung mehr. Er muss als Tier unter Tieren gelten. […]

In den vergangenen Jahren haben Forscher immer mehr erstaunliche Erkenntnisse gewonnen: Hunde verstehen Symbolsprache. Buschhäher[1] planen ihre Zukunft. Buckelwale bringen Artgenossen Jagdtechniken bei. Auch steigt die Zahl der Belege dafür, dass Tiere über kognitive Leistungen hinaus ein großes Repertoire an moralischen Verhaltensweisen besitzen.

Raben beispielsweise haben einen ausgeprägten Sinn für Fairness. Das konnten Kognitionsbiologen um Jorg Massen von der Universität Wien nachweisen. In ihrem Versuch boten sie den Vögeln ein Tauschgeschäft an, dem diese nicht widerstehen konnten: Gibst du mir das Stück Brot, bekommst du von mir deinen heiß geliebten Käse. Ein verlockender Deal, aus Rabensicht. Allerdings mussten die Schwarzgefiederten bald lernen, dass sie einigen Menschen nicht über den Weg trauen können: Statt den Käsehappen im Tausch auszuhändigen, steckten sich die menschlichen Versuchsteilnehmer den Leckerbissen selbst in den Mund. Für die Raben offenbar eine echte Gemeinheit, aus der sie lernten: Noch Wochen später mieden sieben der neun getesteten Raben bei weiteren Versuchen die unredlichen Tauschpartner.

Für Marc Bekoff sind solche Erkenntnisse nichts Ungewöhnliches. Seit 40 Jahren treibt den amerikanischen Verhaltensbiologen die Frage an, wie Tiere die Welt erleben und was sie dabei empfinden. Er beschreibt Ratten, die sich weigern, einen Futterhebel zu betätigen, wenn sie sehen, dass eine andere Ratte dadurch einen Stromschlag erhält. Und Elefanten, die in aufwendigen Ritualen um ihre Verwandtschaft trauern. In seinem Buch „Sind Tiere die besseren Menschen?" listet er zahlreiche Fälle von Kooperation oder Gerechtigkeit im Tierreich auf.

Für ihn steht fest, dass Tiere nicht nur über die Fähigkeit zur Fairness, sondern auch über eine regelrechte Moral verfügen. Eine Eigenschaft, so meint Bekoff, die sich im Laufe der Evolution kontinuierlich entwickelt hat und in ihrer ganzen Komplexität beim Menschen auftritt. Aber eben nicht nur bei ihm. Weshalb wir Tiere als verwandte Wesen begreifen sollten: „Wir sind nicht die einzigen moralischen Lebewesen. Menschen sollten stolz sein, dass sie Bürger im Tierreich sind."

Kein Bürger dieses Reichs steht uns dabei näher als unsere nächsten Verwandten, die Menschenaffen. Heute weiß man, dass Mensch und Schimpanse genetisch fast identisch sind und sich nur um gut ein Prozent ihres Erbguts unterscheiden. Allerdings hat der Mensch auch 70 Prozent seiner Gene mit dem kleinen krummen Eichelwurm gemeinsam, der am Meeresboden lebt. Genetik ist eben nicht alles.

Was Mensch und Affe verbindet und was sie unterscheidet, das erforscht das Max-Planck-Institut für evolutionäre Anthropologie in Leipzig. Und weil sich manches Rätsel unserer gemeinsamen Stammesgeschichte nur interdisziplinär[2] lösen lässt, tauschen hier fünf Abteilungen ihr Wissen aus. Die Entdeckungen der Leipziger Forscher sorgen seit Jahren für Aufsehen: Unter anderem konnten sie nachweisen, dass Affen uns extrem ähnlich sind, wenn sie auf sich allein gestellt bestimmte Probleme lösen sollen. Sie können beispielsweise sehr gut mit Werkzeug umgehen und sich damit auch für die Zukunft rüsten, wie Studien mit Orang-Utans und Bonobos zeigten.

Und ihre Lösungsansätze sind bisweilen auffällig kreativ, wie Daniel Hanus und seine Kollegen aus der Abteilung für Vergleichende und Entwicklungspsychologie überrascht feststellten. Die Biologen stellten Orang-Utans eine Denksportaufgabe: Wie kommt man ohne Werkzeug an eine Erdnuss, die in einer Plexiglasröhre liegt? Die Röhre war an den Außenseiten der Käfige montiert, die begehrte Nuss mit den Fingern nicht zu fassen. Sie schwamm unerreichbar tief auf einer kleinen Menge Wasser.

Die Lösung der Affen war so verblüffend wie einfach: Sie liefen zu einem nahen Wasserspender, saugten sich den Mund voll und spuckten das Wasser anschließend ins Röhrchen. Nach wenigen Wiederholungen war die Nuss in Griffweite. Ziemlich clever, wie ein Vergleich mit 72 Kindern im Alter von vier, sechs und acht Jahren zeigte. Längst nicht alle von ihnen kamen auf dieselbe Idee wie ihre rothaarigen Verwandten. Von 24 Kindern im Alter von vier Jahren schafften es gerade mal zwei. Neben der genetischen Ähnlichkeit sind solche Fähigkeiten der Grund, warum immer mehr Tierethiker wie auch Biologen fordern, den vier großen Menschenaffen auch Menschenrechte einzuräumen.

Auch wenn solche Grundrechte noch Zukunftsmusik sind – die vermutete Kluft zwischen Mensch und Tier schrumpft. Die nächsten Fragen der Wissenschaft richten sich darauf, ob Tiere Absichten haben und eine Form von Ich-Bewusstsein. Welche Schlüsse können wir daraus ziehen, wenn ein Schimpanse sich selbst im Spiegel erkennt? Eine Antwort darauf ist in nächster Zeit nicht zu erwarten. Dafür weiß der Mensch zu wenig über die Tiere, die er beobachtet. Und über sich selbst.

Klar scheint nur dies: Obwohl der Unterschied zwischen Tier und Mensch in Einzelaspekten graduell ist, ist der Mensch in der Gesamtheit seiner Eigenschaften so fortgeschritten, dass er etwas vollkommen Eigenes ist. Seine Fähigkeiten markieren einen Qualitätssprung in der Natur.

Svetlana kommt am Ende des Tages zu demselben Schluss. Insgeheim hatte sich die Management-Assistentin nicht nur zum Seminar angemeldet, um ihre Führungskompetenz zu stärken. Auch ihre Scheu vor Pferden wollte sie in der Reithalle von Gerhard Krebs überwinden. Und dann steht ihr der riesige Ostfriese Gueet gegenüber, der sich schließlich willig am Halfter führen lässt. Pferde reagieren auf klare und einfache Botschaften. „Es war leicht, ihr Vertrauen zu gewinnen", resümiert Svetlana. „Wir Menschen sind da viel komplizierter."

Der Verhaltensforscher Günter Tembrock brachte die Sache so auf den Punkt: „Es steckt das ganze Tier im Menschen, aber nicht der gesamte Mensch im Tier."

Quelle: Spiegel Wissen, Andrea Mertes: Bürger im Tierreich, 5/2017

1 Buschhäher: eine Singvogelart
2 interdisziplinär: *hier:* im Zusammenspiel verschiedener Wissenschaften

Teil I: Lesen

1. Kreuze die richtige Aussage an. Es gibt jeweils nur eine richtige Lösung. 6 Pkt.

   a) Gueet ist
   - ☐ ein menschlicher Angestellter.
   - ☐ eines von drei Pferden.
   - ☐ Gerhard Krebs' Kunde.
   - ☐ ein kluger Orang-Utan.

   b) Das Werk „Über die Entstehung der Arten“ erschien vor
   - ☐ genau 33 Jahren.
   - ☐ ungefähr 40 Jahren.
   - ☐ knapp 72 Jahren.
   - ☐ über 150 Jahren.

   c) Buckelwale bringen Artgenossen ______ bei.
   - ☐ Zukunftsplanung
   - ☐ Werkzeuggebrauch
   - ☐ Jagdtechniken
   - ☐ Symbolsprache

   d) Marc Bekoff ist
   - ☐ Anthropologe.
   - ☐ Verhaltensbiologe.
   - ☐ Psychologe.
   - ☐ Philosoph.

   e) Der Mensch hat 70 Prozent seiner Gene mit ______ gemeinsam.
   - ☐ dem Eichelwurm
   - ☐ der Ratte
   - ☐ dem Elefanten
   - ☐ dem Raben

   f) In einer Studie sollten Orang-Utans ______ erreichen.
   - ☐ ein Werkzeug außerhalb des Käfigs
   - ☐ eine Erdnuss in einer Röhre
   - ☐ einen Plastikring über dem Käfig
   - ☐ Wasser über einem Rohr

2. Kreuze die richtige Aussage an. Es gibt jeweils nur eine richtige Lösung. 5 Pkt.

a) „Zaudern" (Z. 5) bedeutet hier

- ☐ Beeilen.
- ☐ Zögern.
- ☐ Versäumen.
- ☐ Täuschen.

b) „sich drücken" (vgl. Z. 8) bedeutet hier

- ☐ sich umarmen.
- ☐ sich vorsehen.
- ☐ sich verausgaben.
- ☐ sich entziehen.

c) „unredlich" (vgl. Z. 84 f.) bedeutet hier

- ☐ nicht redegewandt.
- ☐ besonders gerecht.
- ☐ nicht vertrauenswürdig.
- ☐ schlecht gelaunt.

d) „für Aufsehen sorgen" (vgl. Z. 123 f.) bedeutet hier

- ☐ einen Skandal verursachen.
- ☐ Aufmerksamkeit erregen.
- ☐ einen Menschen bewundern.
- ☐ den Blick in die Höhe lenken.

e) „die Kluft schrumpft" (vgl. Z. 157 f.) bedeutet hier, dass

- ☐ Unstimmigkeiten beseitigt werden.
- ☐ sich eine Felsspalte schließt.
- ☐ der Unterschied geringer wird.
- ☐ alte Kleidung beim Waschen einläuft.

3. a) Welche der folgenden Aussagen sind richtig? 2 Pkt.

Svetlana

A ist Geschäftsführerin einer großen Firma.
B möchte lernen, wie man Mitarbeiter führt.
C überzeugt Gueet mit Druck zur Mitarbeit.
D möchte ihre Scheu vor Pferden überwinden.

Kreuze die richtige Antwort an.

- ☐ Nur A und B stehen im Text.
- ☐ Nur A und C stehen im Text.
- ☐ Nur B und D stehen im Text.
- ☐ Nur C und D stehen im Text.

b) Welche der folgenden Aussagen sind richtig? 2 Pkt.

Benny und seine Artgenossen

A sind Fluchttiere und gelten daher als Einzelgänger.
B bauen Distanz auf, wenn sie bedroht werden.
C gewinnen Vertrauen durch genaue Beobachtung.
D ordnen sich bei Konfrontation dem Stärkeren unter.

Kreuze die richtige Antwort an.

- ☐ Nur A und B stehen im Text.
- ☐ Nur A und D stehen im Text.
- ☐ Nur B und C stehen im Text.
- ☐ Nur C und D stehen im Text.

4. Ordne jedem der Wissenschaftler eine entsprechende Tierart zu, mit der er sich beschäftigt hat.
Trage die passenden Buchstaben in die Tabelle ein. 3 Pkt.

Mögliche Tierarten:
A Hunde
B Ratten
C Pferde
D Affen
E Raben
F Wale

Wissenschaftler	**Tierart**
Daniel Hanus	
Marc Bekoff	
Jorg Massen	

✎ *Hinweis:* Einige Tierarten können keinem Wissenschaftler zugeordnet werden.

5. Nenne und belege vier Merkmale einer Reportage, die dieser Text aufweist. 4 Pkt.

____

____

____

____

6. Die Zeilen 38 bis 41 enthalten einen Parallelismus.
   Erkläre dieses Stilmittel und seine Wirkung im Text. 3 Pkt.

7. a) „‚[Die Pferde] sind deshalb ein idealer Spiegel für unser Verhalten', […]" (Z. 44 f.).
   Erkläre dieses Zitat im Textzusammenhang. 3 Pkt.

   b) Die tiergestützten Seminare, die Gerhard Krebs anbietet, sollen die Führungsqualitäten der menschlichen Teilnehmerinnen und Teilnehmer stärken. Stelle anhand von drei Textstellen dar, welche Erkenntnisse sie auf ihre eigene Führungsaufgabe übertragen können. 6 Pkt.

8. „‚Es steckt das ganze Tier im Menschen […]'" (Z. 184 f.)
Erläutere dieses Zitat anhand einer Textstelle. 3 Pkt.

9. „Tiere können keine Menschen sein, Menschen können Tiere sein." (M. Hinrich)
Begründe deine Zustimmung oder Ablehnung zu der Behauptung, Menschen könnten Tiere sein. 3 Pkt.

Teil II: Schreiben

II.A: Textproduktion (Wahlaufgabe)

Wähle **eine** der beiden folgenden Aufgaben aus und bearbeite sie.

a) **Bericht**
In eurer Schule gab es im zurückliegenden Schuljahr eine Tierschutz-AG, in der sich Schülerinnen und Schüler als ehrenamtliche Helferinnen und Helfer im Tierheim engagierten. Berichte für eure Schülerzeitung von dieser AG. Berücksichtige die Organisation (Termine und Treffen, Ablauf und Art der Aufgaben), ziehe ein Fazit und gib einen Ausblick auf das kommende Schuljahr.

oder

b) **Argumentation**
In Deutschland leben viele Tiere in Zoos.
Argumentiere, welche Vor- und Nachteile die Haltung von Tieren im Zoo hat.

Dein Text (Bericht oder Argumentation) wird wie folgt bewertet:

	Punkte
Aufbau/Inhalt (z. B. Überschrift, Einleitung, Hauptteil, Schluss/„roter Faden“)	24
Sprachangemessenheit (Wortschatz, Satzbau, Ausdruck)	12
Sprachrichtigkeit (Rechtschreibung, Grammatik, Zeichensetzung)	4
Summe	**40**

II.B: Sprachliche Richtigkeit

1. Markiere und berichtige die zwölf Rechtschreib- und Zeichensetzungsfehler im Text. Du darfst nicht mehr als zwölf Fehler markieren.
   Notiere die korrekte Schreibung und fehlende Kommas jeweils unter der fehlerhaften Stelle.
   Der Text enthält keine Fehler zur Getrennt- und Zusammenschreibung.
   Eigennamen sind korrekt geschrieben. 6 Pkt.

Beispiel:
Nachdem die Wanderer an der Berghütte angekommen waren, ruhten sie sich
fehlendes Komma
aus und schauten sich den ~~sonnenuntergang~~ an.
Sonnenuntergang

Sollen Astronauten künftig längere Zeit auf dem Mars überleben, dann müssen

sie die auf unserem Nachbarplaneten vorhandenen Resourcen nutzen. Zu diesen

gehört auch der Marsboden, ein normalerweise eher lebensfeintliches Material.

Doch reichert man ihn mit irdischen Bodenbakterien und organischem Dünger

an können irdische Pflanzen auch auf Marsboden wachsen, wie Experimente

belegen.

Doch für eine erfolgreiche Pflanzenzucht auf dem weit entfernten Planeten

könnten noch weitere Helfer wichtig werden, nähmlich Regenwürmer.

Sie fressen größere organische Reste auf und scheiden sie aufgeschloßen und

zerkleinert wider über ihren Kot aus. Viele Nährstoffe werden erst dadurch für

die Pflanzen verfügbar. Zudem sorgen die Regenwürmer dafür dass der Boden durchlässig wird und Wasser richtig einsikern kann.

Um vergleichbare Bedingungen analog zum Marsboden zu schaffen nutzten

Forscher den ähnlich unfruchtbaren Sand vom Vulkan Mauna Loa auf Hawaii.

Sie veränderten ihn chemisch, um ihn dem Sand auf dem Marsboden ähnlicher

zu machen. Die Forscher reicherten den Sand mit Erdbakterien und organischem

Dünger an und sezten dann darin Regenwürmer frei. Während auf diesem

Marsboden Salatpflanzen heranwuchsen, tumelten sich im Untergrund die

Würmer. Nach einigen Wochen kontrollierten die Forscher den Zustand der

wurmigen Erdarbeiter. Die Regenwürmer hatten den Aufenthalt im nachgebil-

deten Marsboden nicht nur bestens überstanden, sie hatten sich sogar vermert.

Nach: www.scinexx.de (abgerufen am 07. 03. 2018).

2. Groß- oder Kleinschreibung?
In vier der folgenden Sätze befindet sich jeweils ein falsch geschriebenes Wort.
Kreise die falsch geschriebenen Wörter ein. 4 Pkt.

Hinweis: Du darfst nicht mehr als vier Wörter einkreisen.

a) Er wollte blaue Turnschuhe kaufen, denn seine alten waren abgenutzt.
b) Rund ein viertel der Schuhe in den Regalen gefiel ihm sehr gut.
c) Am besten fand er das leuchtende blau eines bestimmten Paares.
d) Das Anprobieren in dem engen Laden ging am schnellsten.
e) Die hart ersparten hundert Euro bezahlte er anschließend gern.
f) Er leistete sich wenig neues, aber neue Sachen waren nötig.
g) Seiner älteren Schwester präsentierte er abends trotzig seinen Kauf.
h) Sie war auch schuld daran, dass er das Geld hatte ausgeben müssen.
i) Denn in seinen Augen hatte sie etwas Unverzeihliches getan.
k) Sie hatte seine Turnschuhe ein Paar Mal selbst zum Feiern getragen.

3. „das" oder „dass"?
Bestimme die Wortart und notiere die richtige Schreibweise.
Schreibe die entsprechenden Buchstaben der Wortart in die Klammern hinter den Lücken: Konjunktion (**K**), bestimmter Artikel (**A**), Relativpronomen (**R**) oder Demonstrativpronomen (**D**). 5 Pkt.

Beispiel:

Ich glaube, das (A) *Fahrrad,* das (R) *du dir gewünscht hast, ist ausverkauft.*

Denkt man an bahnbrechende Erfindungen, fällt einem beispielsweise __________ ( ) aus der modernen Welt nicht mehr wegzudenkende Telefon ein, __________ ( ) seit dem ersten Drittel des 19. Jahrhunderts bis heute weiterentwickelt wurde. __________ ( ) diese Erfindung zunächst mit einer hölzernen Ohrmuschel begann, die der Mathematik- und Physiklehrer Philipp Reis (1834–1874) mit einer Wursthaut verklebte, ist erstaunlich. __________ ( ) überzeugte den physikalischen Verein, dem er seine Erfindung 1861 vorführte, allerdings nicht. Wahrscheinlich lag es daran, __________ ( ) die Qualität der übertragenen Töne noch sehr schlecht war.

Nach: https://www.wasistwas.de/archiv-technik-details/die-erfindung-des-telefons.html (abgerufen am 21. 03. 2018).

4. Wähle die Begründung aus, warum hier ein Komma stehen muss. 5 Pkt.

Begründungen:

A Das Komma trennt Hauptsätze.
B Das Komma trennt Hauptsätze von Nebensätzen.
C Das Komma trennt wörtliche Rede von Redebegleitsätzen.
D Das Komma trennt Aufzählungen von Wörtern und Wortgruppen.

Hinweis: Einige Begründungen können zu mehreren Sätzen passen, andere zu keinen.

Satz	Begründung
Paul sammelt altes Blechspielzeug, antike Münzen und urzeitliche Fossilien.	
Er rechnet nicht mehr damit, doch er hofft auf eine Nachricht.	
Die Hose, die er sich aussucht, ist kariert.	
Wir fragen uns, ob sie uns ins Kino begleiten wird.	
Sie fährt nicht mit dem Auto, sondern sie wählt den Bus.	

Martin Walser
Die Klagen über meine Methoden häufen sich

Der Mut, den man braucht, Sparkassenräuber zu werden, auf blankem Steinboden in die taghelle Schalterhalle einzudringen, dieser Mut fehlte mir, als ich von meinen Erziehern gedrängt wurde, einen Beruf zu wählen. Gerne wäre ich auch Förster geworden; aber selbst für diesen Beruf, so schien es mir, brauchte man den Mut eines Sparkassenräubers. Fast für alle Berufe, wenn man sie näher betrachtet, braucht man diesen Mut eines Mannes, der in die Schalterhalle eindringt, alle mit einer geladenen oder noch öfters mit einer ungeladenen Pistole im Bann hält, bis er hat, was er will, der dann noch lächelt und rückwärtsgehend plötzlich verschwindet.

Schließlich entschied ich mich, Pförtner zu werden. Und ich wurde Pförtner in einer Spielzeugfabrik. Ich kann mir vorstellen, dass viele meiner Kollegen durch diesen Beruf hochmütig werden, dass sie auch nach Feierabend noch mit kaltem Gesicht herumlaufen und abweisende Handbewegungen um sich her streuen.

Ich bin nicht so geworden, obwohl ich mich nach Kräften bemühe, meinen Dienst tagsüber gewissermaßen unbarmherzig zu tun. Ich fühlte mich von Anfang an zu Hause in meiner gläsernen Loge. Die Knöpfe, mit denen ich die mir anvertrauten Türen öffnen kann, wurden mir ein einziges Mal zur Handhabung erklärt, und schon hatte ich alles verstanden; das Verzeichnis der Telefonanschlüsse im Haus kannte ich auswendig, kaum, dass ich's einmal durchgelesen hatte. Den ersten Besuchern gegenüber war ich – das gebe ich zu – ein bisschen scheu: Ich befürchtete Fragen, die ich nicht beantworten konnte, ich war noch nicht sicher, ob mir die Formulierung meiner Auskünfte in jedem Augenblick so gelingen würde, wie es der Besucher erwarten darf. Wie leicht kann doch ein Pförtner scheitern! Da kommen Herren der vornehmsten Art in die Fabrik, und der Pförtner weiß nicht, ob es seinen Vorgesetzten im Haus lieb ist, gerade diesen oder jenen Herrn zu empfangen. Und jeder im Haus glaubt, er sei der Vorgesetzte des Pförtners. Der Pförtner hat keine Kollegen, er hat nur Vorgesetzte. Und er muss es allen recht machen. Nun meint man, der Pförtner müsse ja nur zum Haustelefon greifen, hinaufrufen in die Büros und fragen, ob der Herr Soundso willkommen sei oder nicht. Aber die in den Büros sind so empfindlich, dass sie oft schon durch eine telefonische Anfrage in schreckliche Erregung versetzt werden können; dann schreien sie den Pförtner durchs Telefon nieder, dass der Mühe hat, seine Fassung zu bewahren und nicht in Tränen auszubrechen. Das darf er nicht, weil doch vor ihm, den Kopf dicht an der Scheibe und ganz auf den Pförtner konzentriert, der Besucher steht, dem er gleich Antwort geben muss. Diese Antwort wiederum darf nichts von dem Geschrei verraten, das der feinnervige und hochbezahlte Herr aus dem Büro gerade in die Ohren des Pförtners prasseln ließ, nein, des Pförtners Aufgabe ist es, diesen Wutschrei des gestörten Herrn sofort zu übersetzen in ein bedauerliches Lächeln, in eine höfliche Geste, die den Besucher so sehr tröstet, dass er, wenn er gleich zur Tür hinausgeht, schon vergessen hat, dass er abgewiesen wurde. Solche Dolmetscherarbeit will gelernt sein, das darf man mir glauben. [...]

Deshalb habe ich mir angewöhnt, so selten wie möglich zum Telefon zu greifen. Ich prüfe die Besucher selbst und entscheide, ob sie mit Recht verlangen, mit dem Einkaufschef, mit dem Prokuristen, dem Leiter der Entwurfsabteilung, mit der Kantinenpächterin, oder gar mit einem der Direktoren oder dem Personalchef sprechen zu dürfen.

Mag sein, dass ich am Anfang meiner Tätigkeit manchen zu rasch wegschickte. Aber allmählich habe ich mir eine Fähigkeit erworben, jeden so lange zu fragen, unauffällig, gar nicht wie ein Detektiv oder sonst ein Schnüffler, ganz beiläufig, im Gange einer für beide Teile recht erquicklichen Unterhaltung, aber doch mit aller nützlichen Gründlichkeit, dass ich am Ende dieser Unterhaltung so genau informiert bin über die Wichtigkeit dieses Besuches für unsere Firma, dass ich die Entscheidung darüber, ob ich ihn abzuweisen habe oder nicht, mit einem vollkommen ruhigen Gewissen fällen kann. Wenn ich einen Besucher aber abweise – und die meisten muss ich abweisen –, dann weiß ich ihn während dieser Unterhaltung davon zu überzeugen, dass es für ihn ganz sinnlos wäre, mit dem Herrn unserer Firma, bei dem ich ihn anmelden sollte, zu sprechen. [...]

So vertrete ich also – ich kann es nicht anders sagen – alle leitenden Herrn des Hauses an der

Pforte, und die immer rascher steigenden Umsätze sind nicht zuletzt dem Umstand zu verdanken, dass ich die leitenden Persönlichkeiten unserer Firma – sie sind ja die verletzlichsten – vor lästigen Besuchern schütze. Leider wird dies von eben diesen Herrn überhaupt nicht bemerkt. Vor allem verstehen diese Persönlichkeiten nicht, dass ich Zeit brauche, um die einzelnen Besucher wirklich und ohne alle Schroffheit von der Nutzlosigkeit ihrer Besuche zu überzeugen. Die langwierigen Unterhaltungen, die ich durch mein Logenfenster mit den hartnäckigen Besuchern führen muss, haben zur Folge, dass schon eine halbe Stunde nach Geschäftsbeginn eine von Minute zu Minute länger werdende Schlange vor meinem Schalter steht. Sei es nun, dass da mal einer ungezogen genug war, die versammelte Menschenmenge als Tarnung zu benutzen, und unangemeldet ins Haus schlüpfte, sei es, dass einmal einer der leitenden Herrn rasch aus dem Haus wollte und durch die Schlange der Wartenden eine Sekunde Zeit verlor, auf jeden Fall häufen sich im Haus die Klagen über meine Methode, Besucher zu behandeln. Ich arbeitete zu langsam, zu schwerfällig, zu wenig sachlich ... das muss ich hören! So kurzsichtig sind all diese Vorwürfe und Klagen, so wenig Kenntnis meines Berufs beweisen sie, dass ich mich eigentlich gar nicht verteidigen kann. Ich möchte sehen, was geschehen würde, wenn ich die Besucher kurz und barsch abfertigen würde! Dann wäre die Vorhalle zwar immer leer, aber in der Direktion würden die Telefone vor Protestanrufen nicht mehr aufhören zu klingeln, der Ruf der Firma würde leiden, der Umsatz sinken. Die Anordnung der Direktion, keinen Besucher vor den Kopf zu stoßen, ist nicht umsonst erlassen. Ich kann natürlich nicht zum Direktor rennen und ihn bitten, denen, die gegen mich klagen, den Mund zu stopfen. Er würde mir einfach sagen, ich müsse das eine tun, dürfe aber das andere nicht lassen. Wie aber soll ich die Besucher höflich davon überzeugen, dass die Firma sie nicht empfangen kann, wenn ich sie rasch abfertigen soll? Davon, dass einer das große Los gewonnen hat, kann man ihn mit einem einzigen Satz überzeugen. Einem aber wirklich beizubringen, dass seine Erfindung oder sein Werbetext oder sein Blech oder Gemüse für die Firma nicht in Frage kommen – und ihm das so beizubringen, dass er mit einem Loblied auf die Firma das Haus verlässt –, das soll mir einer meiner Gegner einmal in zwei Minuten vormachen. Aber was soll ich tun?

Die Menschenschlange vor meiner Loge wird täglich länger; weil ich die Gefahr, in die sie mich bringt, jetzt kenne, macht sie mich unruhig, unsicher auch, meine Rede fließt nicht mehr wie ehedem, ich schwitze, stammle, brauche länger als früher, erreiche nie mehr das Maß an Tröstung, das ich sonst in jedem Fall erreicht hatte, schon kommt es vor, dass manche mir einen Fluch zuwerfen, die Türe zuschlagen und wütend hinausstürzen, was soll ich tun? Ich kann nichts mehr ändern. Ich muss es endlich eingestehen, warum ich die Entwicklung, die ich in meinem Beruf genommen habe, so ausführlich aufzeichne: zur Rechtfertigung nämlich, um irgendwo, außerhalb meines Betriebes wenigstens, Verständnis zu erlangen, denn für morgen bin ich zum Personalchef geladen. Erst dachte ich, es handle sich bloß um eine Mahnung, um eine Art Vorwarnung. Das glaube ich nicht mehr. In der Schlange, die gestern vor meinem Schalter stand, war einer, ein grober Mann mit einem lippenlosen Mund, der forderte mich auf, ihn beim Personalchef zu melden, er sei bestellt. Ich fragte, als mein Finger schon über der Wählscheibe schwebte, in welcher Angelegenheit er den Personalchef denn sprechen wolle: Er bewerbe sich um die ausgeschriebene Pförtnerstelle, sagte er.

Ich wählte die Nummer der Personalabteilung gleich auf das erste Mal richtig und meldete ihn an, mein Zeigefinger allerdings, mit dem ich die Wählscheibe gedreht hatte, war danach wie erfroren.

Der Mann ging ins Haus, nach einer halben Stunde kehrte er fröhlich zurück. Er pfiff sogar vor sich hin. Ich sah ihm voller Bewunderung nach. Seinen Mut müsste man haben, dachte ich. Oder überhaupt Mut. Da hatte ich mich die ganze Zeit ein bisschen geschämt, weil ich bloß Pförtner geworden war. Jetzt sah ich ein, dass man sogar dazu den Mut eines Sparkassenräubers braucht. Jenen Mut, den ich bei mir immer noch vergeblich suche.

Quelle: Martin Walser: Die Klagen über meine Methoden häufen sich, in: Marcel Reich-Ranicki (Hg.): Erfundene Wahrheit. Deutsche Geschichten seit 1945, Piper München 1965, S. 218–223.

Teil I: Lesen

1. Kreuze die richtige Aussage an. Es gibt jeweils nur eine richtige Lösung. 5 Pkt.

a) In seiner Kindheit wollte der Erzähler ursprünglich ______ arbeiten.

- [ ] im Büro
- [x] im Wald
- [ ] in einem Kindergarten
- [ ] in einer Schalterhalle

b) Heute arbeitet der Erzähler

- [ ] in einem Kindergarten.
- [ ] in einer Bankfiliale.
- [x] in einer Spielzeugfabrik.
- [ ] in einem Forstrevier.

c) Dem Erzähler wirft man vor, er sei

- [ ] nicht zu verstehen.
- [x] zu langsam.
- [ ] zu unfreundlich.
- [ ] aufbrausend.

d) Der Erzähler muss ______ zu einem Gespräch mit dem Personalchef.

- [ ] in einer Stunde
- [ ] vor dem Dienstende
- [x] am nächsten Tag
- [ ] in einer Woche

e) Der Erzähler erfährt von seiner ausgeschriebenen Stelle

- [ ] aus der Tageszeitung.
- [x] durch einen Bewerber.
- [ ] aus dem Internet.
- [ ] durch die Personalabteilung.

2. Kreuze die richtige Aussage an. Es gibt jeweils nur eine richtige Lösung. 3 Pkt.

a) „es allen recht machen“ (Z. 45) bedeutet hier

- [ ] in einer Diskussion seine Meinung vertreten.
- [ ] gerichtliche Schritte einleiten.
- [x] andere zufriedenstellen.
- [ ] in einer Angelegenheit recht behalten.

b) „keinen vor den Kopf zu stoßen“ (vgl. Z. 134 f.) bedeutet hier,

- [ ] niemanden körperlich anzugreifen.
- [ ] niemanden mit einem Gegenstand zu treffen.
- [x] niemanden unhöflich zu behandeln.
- [ ] niemandem eine Kopfverletzung zuzufügen.

c) „den Mund zu stopfen“ (Z. 137 f.) bedeutet hier,

- [x] jemandem seine Meinung zu verbieten.
- [ ] jemandem etwas zu essen zu geben.
- [ ] sich über etwas zu beschweren.
- [ ] keine Rede zu unterbrechen.

3. Welche der folgenden Aussagen sind richtig? 2 Pkt.
In dem Text

A kommen zahlreiche Protagonisten vor.
B gibt es ein offenes Ende.
C gibt es viele Handlungsorte.
D wechselt die Zeitform.

Kreuze die richtige Antwort an.

- [x] Nur A und B treffen zu.
- [ ] Nur A und C treffen zu.
- [ ] Nur B und D treffen zu.
- [ ] Nur C und D treffen zu.

4. Die Zeilen 97–103 enthalten zwei Parenthesen.
Erkläre dieses Stilmittel und seine Wirkung an dieser Textstelle. 3 Pkt.

___

___

___

___

___

___

___

___

5. Nenne drei Aufgaben des Pförtners. 3 Pkt.

Er muss abgewiesenen Leuten trotzdem ein gutes Gefühl geben.
Entscheidet ob abgewiesen oder nicht.

6. Zitiere zwei Textstellen, die die Haltung des Pförtners gegenüber seinen Vorgesetzten und anderen Mitarbeiterinnen und Mitarbeitern verdeutlichen. 2 Pkt.

„Der Pförtner hat keine Kollegen, er hat nur Vorgesetzte. Und er muss es allen recht machen."
„Aber die in den Büros sind so empfindlich, dass sie oft schon durch eine telefonische Anfrage in schreckliche Erregung ~~zu~~ versetzt werden können; dann schreien sie den Pförtner durchs Telefon nieder, dass der Mühe hat, seine Fassung zu bewahren und nicht in Tränen auszubrechen."

7. a) Arbeite anhand einer Textstelle heraus, wie der Pförtner im Umgang mit den Besucherinnen und Besuchern seine Kompetenzen überschreitet. 3 Pkt.

Er hat eigentlich keine Mut und schafft es trotzdem den Leuten ~~mit~~ gut mit zuteilen das sie abgewiesen werden und diese sich nicht schlecht fühlen.

b) Erläutere anhand von zwei Textstellen, wie der Pförtner seine Kompetenzüberschreitung rechtfertigt. 4 Pkt.

8. Der Erzähler muss am Ende feststellen, dass er in seinem Leben mehr Mut gebraucht hätte.
Arbeite zwei Situationen heraus, in denen ihm Mut geholfen hätte. 6 Pkt.

Wenn er mehr Mut gehabt hätte, wäre er vielleicht Förster geworden.
Er hätte am ersten Tag als Pförtner keine Angst gehabt die Leute nicht zufrieden zu stellen.

9. „Erst bestimmt der Charakter die Berufswahl, dann der Beruf den Charakter.“
(Wolfgang J. Reus)

a) Erkläre die Bedeutung dieses Zitats. 3 Pkt.

Zuerst schaut man was für ein Beruf zu einem passt und dann wenn man einen Job hat, formt dieser den Charakter des Menschen nochmal neu.

b) Erläutere anhand einer Textstelle, dass der Charakter die Berufswahl des Protagonisten beeinflusst hat. 3 Pkt.

Er hatte nicht genug Mut um das zu werden was er werden wollte, das war Förster sein.

c) „Der Beruf hat den Charakter des Pförtners verändert."
Begründe deine Zustimmung oder Ablehnung zu dieser Behauptung. 3 Pkt.

Ich stimme weder zu noch lehne ich es ab, da er ein wenig mutiger würde aber selber sagte das seine Kollegen immer so ernst schauen, er es auch versucht, sich auf der Arbeit aber wohl fühlt.

Teil II: Schreiben

II.A: Textproduktion (Wahlaufgabe)

Wähle **eine** der beiden folgenden Aufgaben aus und bearbeite sie.

a) **Erzählung**
Erzähle die Geschehnisse aus der Sicht des Personalchefs, der seit einiger Zeit immer häufiger Beschwerden über den Pförtner bekommt. Vor einigen Tagen wurde er selbst Zeuge einer großen Menschenmenge vor der Pförtnerloge und hat deshalb für sein Unternehmen eine Entscheidung getroffen.
Berücksichtige die Konsequenzen für den Pförtner und gehe dabei auch auf die Gedanken und Gefühle des Personalchefs ein.

oder

b) **Beschreibung**
Beschreibe den Arbeitsplatz deines Praktikums oder Nebenjobs.
Gehe dabei auch auf die Ausstattung des Arbeitsplatzes und deine Tätigkeiten ein.

Dein Text (Erzählung oder Beschreibung) wird wie folgt bewertet:

	Punkte
Aufbau/Inhalt (z. B. Überschrift, Einleitung, Hauptteil, Schluss/„roter Faden“)	24
Sprachangemessenheit (Wortschatz, Satzbau, Ausdruck)	12
Sprachrichtigkeit (Rechtschreibung, Grammatik, Zeichensetzung)	4
Summe	**40**

Stefan Klein: Mensch, wie doch die Zeit vergeht

[...] „Alles ist jetzt ultra. (...) Niemand kennt sich mehr, niemand begreift das Element, worin er schwebt und wirkt. (...) Junge Leute werden (...) im Zeitstrudel fortgerissen; Reichtum und Schnelligkeit ist es, was die Welt bewundert und wonach jeder strebt. Alle möglichen Erleichterungen der Kommunikation sind es, worauf die gebildete Welt ausgeht, sich zu überbieten ...“

Der Autor dieser Zeilen leidet offenbar unter dem Dauerbombardement durch E-Mails, Tweets und SMS. Vielleicht besitzt er ja auch eines jener entsetzlichen Telefone, die mitten im Gespräch mit einem Piepen bereits den nächsten Anruf ankündigen. Oder schwirrt ihm der Kopf, weil er mit seinen Kindern unzählige aberwitzige Clips auf YouTube oder Snapchat gucken musste? Nichts dergleichen: Es handelt sich um Johann Wolfgang von Goethe. In einem Brief an den befreundeten Berliner Komponisten Carl Friedrich Zelter beklagt er sich außerdem über „Eisenbahnen, Schnellposten[1] und Dampfschiffe“. Das war 1825.

Seitdem sind die Transport- und Kommunikationsmittel um ein Vielfaches schneller geworden. Der Brief, der damals mehr als eine Woche nach Berlin brauchte, wäre als E-Mail in Sekundenbruchteilen am Ziel. Und ein Flug nach Italien ist eine Angelegenheit von wenigen Stunden.

Wenn schon Goethe sich über zu viel Tempo beklagte – haben wir heute nicht erst recht Grund dazu? Laut einer aktuellen DGB-Studie fühlen sich mehr als die Hälfte der Deutschen „oft“ oder „sehr häufig“ „bei der Arbeit gehetzt“. Beunruhigend sind solche Zahlen vor dem Hintergrund neuer Erkenntnisse der Neurobiologie: Denn das Gefühl, ständig unter Druck zu stehen, erzeugt Stress. Und chronischer Stress mindert nicht nur die Lebenserwartung, sondern kann auch das Gehirn in Mitleidenschaft ziehen.

Andererseits hat sich herausgestellt, dass sich wenige Gehirnleistungen so leicht und so schnell verändern lassen wie der sogenannte Zeitsinn. Wir haben es also in hohem Maß selbst in der Hand, wie wir das Verstreichen der Minuten und Stunden wahrnehmen.

Das Gefühl der Zeitnot etwa scheint uns so vertraut, dass wir ganz vergessen haben, wie merkwürdig es ist. Schließlich sind wir heute reicher an Zeit, als es Menschen je waren – und verfügen über eine nie da gewesene Freiheit, sie zu gestalten. Die Kombination aus Zwölfstundentag und Sechstagewoche, einst die übliche Arbeitszeit, ist heute zumindest in Europa die Ausnahme. Gleichzeitig hat sich während der letzten hundert Jahre unsere Lebenserwartung beinahe verdoppelt. Wir haben mehr Lebenszeit zur Verfügung als jemals zuvor – und könnten uns eigentlich entspannen. Stattdessen fühlen wir uns gejagt. Warum nur? Und wo bleibt all die gewonnene Zeit? Der Durchschnittsdeutsche schläft 8 Stunden und 18 Minuten am Tag, 1 Stunde und 33 Minuten verbringt er mit der Nahrungsaufnahme, 47 Minuten weilt er hinter den verschlossenen Türen von Bad und Toilette. Frauen schlafen im Durchschnitt sechs Minuten länger als Männer und wenden acht Minuten mehr für die Körperpflege auf. Dafür kümmern sie sich jeden Tag 3 Stunden, 49 Minuten um Haushalt und Familie, Männer opfern dafür nur 2 Stunden, 24 Minuten.

Um diese Erkenntnisse zu gewinnen, betreibt das Statistische Bundesamt einigen Aufwand. Alle zehn Jahre bekommen mehr als 12 000 Menschen ein Tagebuch ausgehändigt und notieren alle zehn Minuten, was sie gerade tun. Das Ergebnis: Das Leben ist eigentlich ganz schön. Jeder Mensch in Deutschland verfügt im Schnitt über 56 Stunden Freizeit pro Woche, ähnlich viel Muße haben in Europa einzig Belgier und Skandinavier. Mehr als zehn Stunden pro Woche widmen die Deutschen Freunden und Vergnügungen wie Kino, Theater und dem Gang ins Fußballstadion. Knapp sieben Stunden treiben sie Sport. Man könnte fast glauben, die Deutschen hätten endlich gelernt, das Leben zu genießen – wären da nicht die vielen Klagen über den Stress.

Was meinen wir überhaupt, wenn wir über Zeit sprechen? Ganz selbstverständlich nehmen wir an, die Zeit, die wir erleben, entspreche den Messungen unserer Uhren und Kalender. Die Zeit, so vermuten wir, fließt außerhalb von uns dahin und hat nichts mit uns zu tun. Sie ist einfach da oder eben nicht, und wir müssen uns anpassen.

Aber diese Vorstellung kann unmöglich stimmen. Sonst würden wir uns nicht immer größerer Zeitknappheit ausgesetzt sehen, obwohl wir über mehr müßige Stunden und Lebensjahre verfügen als unsere Vorfahren. Wenn unsere Lebenszeit identisch mit dem wäre, was die Uhren anzeigen, wäre auch unerklärlich, weshalb manche Stunden rasend schnell vorbeigehen, während sich andere unendlich dehnen. Neben dem Lauf der Uhren gibt es also offenbar noch eine andere, zweite Zeit, die in uns selbst entsteht.

Tatsächlich ist die erlebte Zeit nicht nur ein externes Phänomen. sondern zugleich eines unseres Bewusstseins. Die Zeitwahrnehmung gehört zu den ausgefeiltesten Geistestätigkeiten. Fast alle Funktionen des Gehirns – Körperempfinden und Sinneswahrnehmungen, Emotionen und Selbstbewusstsein, das Gedächtnis und das Vermögen, Pläne zu schmieden – wirken dabei zusammen, und ist auch nur einer dieser Mechanismen gestört, verzerrt sich unser Zeitempfinden oder verschwindet ganz.

Die Untersuchung des Zeitgefühls hat sich zu einer eigenen, faszinierenden Disziplin der Hirnforschung entwickelt. Und in jedem Experiment zeigt sich, wie ein Leitmotiv, dasselbe Ergebnis: Wir sind gar nicht imstande, die Uhr-Zeit wirklich zu spüren. Das Auge erkennt Wellenlängen des Lichts, das Ohr Schallfrequenzen und die Haut Temperaturen; doch es gibt kein Sinnesorgan, das die physikalische Größe Zeit wahrnehmen kann. Um Zeit erfahrbar zu machen, muss das Gehirn komplizierte Umwege gehen.

Kurze Zeitabschnitte wie Sekunden und Minuten nehmen wir mit Hirnregionen wahr, die für die Bewegungssteuerung zuständig sind. Darum spielen Musiker automatisch schneller, wenn sie schneller atmen, darum können Meister der Kampfkunst Tai-Chi durch extrem langsame Bewegungen die Zeit scheinbar einfrieren. Längere Zeitabschnitte schätzen wir daran ab, wie viel und welche Art von Informationen unser Gehirn verarbeitet hat. Weil wir während einer Stunde in einem Wartezimmer kaum neue Informationen aufnehmen können, will sie nicht enden, während ein Abend bei guter Unterhaltung im Flug vergeht. Das Verstreichen von Monaten und Jahren schließlich bemessen wir an der Erinnerung. Diese Zeiterfahrungen ergeben sich aus der angeborenen Funktionsweise des Gehirns. Andere Konzepte von Zeit haben wir gelernt. […]

Wie wir über Zeit denken, bestimmt, wie wir mit ihr umgehen. Wer seine Zeitwahrnehmung verstehen will, muss also auch seine Erziehung und die Kultur analysieren, in der er lebt. Die Idee, dass Uhren eine Art Zwangsinstrument sind, das uns durchs Leben hetzt, hat eine lange Geschichte. […]

Bereits im Jahr 1881 hatte […] der Neurologe George M. Beard in seinem Buch „American Nervousness" seine Landsleute davor gewarnt, dass die zunehmende Bedeutung der Pünktlichkeit bei vielen Menschen die Befürchtung auslöse, eine Verspätung von wenigen Sekunden könne die Hoffnungen eines ganzen Lebens zerstören. Und europäische Zeitschriften widmeten sich dem Krankheitsbild der „Neurasthenie", der Erschöpfung durch ein zu hohes Lebenstempo: Gespräche, die nur fünf Minuten dauern, ultrakurze Telefonate, Menschen, die auf Fahrrädern aneinander vorbeirasen und sich Wortfetzen zuwerfen.

Im 21. Jahrhundert scheitern Angestellte daran, länger als drei Minuten bei einer Sache zu bleiben. Die amerikanische Arbeitswissenschaftlerin Gloria Mark hat Softwareunternehmen untersucht und dokumentiert, wie Beschäftigte bis zu 20-mal pro Stunde von einer Tätigkeit zur nächsten wechselten. Die Arbeitnehmer wandten sich also immer wieder von einem Schriftstück ab, um eine neue E-Mail zu schreiben. Und bevor diese fertig war, begannen sie ein Telefonat. Wenn sich moderne Angestellte also über Zeitdruck beklagen, dann haben sie diesen oft durch eine ständige Verlagerung ihrer Aufmerksamkeit selbst geschaffen. Jeder kennt das, dass einfache Aufgaben mehr Zeit in Anspruch nehmen, wenn man sie gleichzeitig statt nacheinander abarbeitet.

Am Anfang der Zeitnot aber steht die Angst vor der Zeitnot. Angst zerstört die Filter der Aufmerksamkeit. Und je langsamer die Dinge von der Hand gehen, je mehr die Fehler sich häufen, umso mehr wächst die Angst. In diesem Teufelskreis sehen sich immer mehr Menschen gefangen – Don Quijote kämpfte gegen Windmühlen, wir gegen die rasenden Uhrzeiger.

In solcher Lage ist es befreiend, sich vor Augen zu führen, wer oder was der Feind ist: Eine Vorstellung, die Menschen eingeführt haben, um die Welt zu verstehen und ihr Zusammenleben zu regeln. Goethe übrigens […] kam mit dem von ihm kritisierten Tempo seiner Epoche gut zurecht. In „Dichtung und Wahrheit" schreibt er: „Die Zeit ist unendlich lang und ein jeder Tag ein Gefäß, in das sich sehr viel eingießen lässt, wenn man es wirklich ausfüllen will."

1 Schnellposten: Postkutschen, die schneller fuhren als gewöhnlich

Teil I: Lesen

1. Kreuze die richtige Aussage an. Es gibt jeweils nur eine richtige Lösung. 5 Pkt.

a) Einst bestand die übliche Arbeitszeit aus

- ☐ 12 Stunden an je 5 Tagen.
- ☐ 18 Stunden an je 5 Tagen.
- ☐ 12 Stunden an je 6 Tagen.
- ☐ 18 Stunden an je 6 Tagen.

b) Mit Essen und Trinken verbringen Menschen in Deutschland im Durchschnitt täglich

- ☐ 18 Minuten.
- ☐ 47 Minuten.
- ☐ 1 Stunde, 33 Minuten.
- ☐ 2 Stunden, 24 Minuten.

c) Wie viel Freizeit Menschen in Deutschland genießen, erhebt

- ☐ eine deutsche Neurobiologin.
- ☐ das Statistische Bundesamt.
- ☐ ein skandinavischer Hirnforscher.
- ☐ der Deutsche Gewerkschaftsbund.

d) Menschen in Deutschland verfügen im Durchschnitt über

- ☐ vergleichbar viel Freizeit wie Menschen in Skandinavien.
- ☐ deutlich mehr Freizeit als Menschen in Belgien.
- ☐ wesentlich weniger Freizeit als andere Menschen in Europa.
- ☐ beträchtlich weniger Freizeit als Menschen in Belgien und Skandinavien.

e) Knapp sieben Stunden verbringen Menschen in Deutschland wöchentlich mit

- ☐ Kino und Theater.
- ☐ Körperpflege.
- ☐ Freunden.
- ☐ Sport.

2. Kreuze die richtige Aussage an. Es gibt jeweils nur eine richtige Lösung. 4 Pkt.

a) „ausgehen“ (vgl. Z. 8) bedeutet hier

- ☐ erlöschen.
- ☐ entstammen.
- ☐ abzielen.
- ☐ feiern.

b) „sich ausgesetzt sehen“ (vgl. Z. 93 f.) bedeutet hier

- ☐ sich ausgeliefert fühlen.
- ☐ von etwas abhängig sein.
- ☐ sich zurückgelassen fühlen.
- ☐ gegen jemanden verlieren.

c) „müßige Stunden und Lebensjahre“ (Z. 95) bedeutet hier Zeit,

- ☐ die wir als sehr langsam vergehend und behaglich empfinden.
- ☐ die generell überflüssig ist und die man nutzlos vergeudet.
- ☐ über die wir frei verfügen können, statt zu arbeiten.
- ☐ in der man aufgrund äußerer Umstände ohne Arbeitsstelle ist.

d) „ausgefeilt“ (vgl. Z. 106) bedeutet hier

- ☐ abgestuft und zweckmäßig.
- ☐ traditionsreich und gesetzmäßig.
- ☐ sorgfältig geglättet und poliert.
- ☐ hoch entwickelt und komplex.

3. a) Welche der folgenden Aussagen sind richtig? 2 Pkt.

Johann Wolfgang von Goethe

A beklagte sich in einem Brief über die Transportmittel seiner Zeit.
B warnte vor Erleichterungen der Kommunikation wie E-Mails, Tweets und SMS.
C verschickte seinen Brief mit Schnellposten innerhalb weniger Tage.
D störte sich an der zunehmenden Schnelllebigkeit seiner Zeit.

Kreuze die richtige Antwort an.

- ☐ Nur A und C stehen im Text.
- ☐ Nur A und D stehen im Text.
- ☐ Nur B und C stehen im Text.
- ☐ Nur B und D stehen im Text.

b) Welche der folgenden Aussagen sind richtig? 2 Pkt.

George M. Beard

A war ein amerikanischer Autor für eine europäische Zeitschrift.
B warnte bereits 1881 vor zunehmenden Verspätungen.
C thematisierte in einem Buch die zunehmende Bedeutung der Pünktlichkeit.
D beklagte die möglichen Auswirkungen bereits geringer Verspätungen.

Kreuze die richtige Antwort an.

☐ Nur A und B stehen im Text.
☐ Nur A und C stehen im Text.
☐ Nur B und D stehen im Text.
☐ Nur C und D stehen im Text.

4. Nenne und belege vier Merkmale eines journalistischen Textes, die dieser Artikel aufweist. 4 Pkt.

____
____
____
____
____
____

5. „Junge Leute werden (…) im Zeitstrudel fortgerissen; …“ (Z. 3 f.)
Erkläre die Bedeutung des Zitats im Textzusammenhang. 3 Pkt.

____
____
____
____
____
____
____

6. Erkläre die Bedeutung der Metapher „Dauerbombardement“ (Z. 10) und ihre Wirkung im Textzusammenhang. 4 Pkt.

7. Die Textstelle „Die Idee, dass Uhren eine Art Zwangsinstrument sind, das uns durchs Leben hetzt, …“ (Z. 145 ff.) enthält eine Personifikation.
Erkläre dieses Stilmittel und seine Wirkung im Text. 3 Pkt.

8. Erläutere anhand von zwei Textstellen, warum sich Menschen im Alltag und bei der Arbeit „gehetzt“ fühlen. 4 Pkt.

9. „Neben dem Lauf der Uhren gibt es also offenbar noch eine andere, zweite Zeit, …“ (Z. 100 ff.)

   a) Zitiere zwei andere Begriffe, die für die „zweite Zeit“ im Text verwendet werden. 2 Pkt.

   b) Erkläre anhand eines Textbeispiels, was unter der „zweiten Zeit“ zu verstehen ist und wie sie entsteht. 4 Pkt.

10. „‚Die Zeit ist unendlich lang und ein jeder Tag ein Gefäß, in das sich sehr viel eingießen lässt, wenn man es wirklich ausfüllen will.‘“ (Z. 191–194)
Begründe, ob du Johann Wolfgang von Goethes Aussage zustimmst oder ob du sie ablehnst. 3 Pkt.

Teil II: Schreiben

II.A: Textproduktion (Wahlaufgabe)

Wähle **eine** der beiden folgenden Aufgaben aus und bearbeite sie.

a) **Bericht**
Deine Schule veranstaltet einen Projekttag zum Thema „sinnvolle Freizeitgestaltung" für die Klassen 5 bis 7.
Die Schülerinnen und Schüler der Abschlussklassen sind in die Vorbereitung und Durchführung des Projekttages eingebunden. Sie bieten gemeinsam mit den Lehrkräften Projekte an, in denen die jungen Schülerinnen und Schüler verschiedene Freizeitbeschäftigungen ausprobieren können.
Berichte von der Vorbereitung und der Durchführung dieses Projekttages.

oder

b) **Argumentation**
Immer mehr Menschen entscheiden sich für den Kauf und die Nutzung einer Smartwatch.
Eine Smartwatch ist eine elektronische Armbanduhr, die über die Fähigkeiten eines Smartphones verfügt.
Argumentiere für und gegen die Nutzung einer Smartwatch.

Dein Text (Bericht oder Argumentation) wird wie folgt bewertet:

	Punkte
Aufbau/Inhalt (z. B. Überschrift, Einleitung, Hauptteil, Schluss/„roter Faden")	24
Sprachangemessenheit (Wortschatz, Satzbau, Ausdruck)	12
Sprachrichtigkeit (Rechtschreibung, Grammatik, Zeichensetzung)	4
Summe	**40**

II.B: Sprachliche Richtigkeit

1. Markiere und berichtige die zwölf Rechtschreib- und Zeichensetzungsfehler im Text. Du darfst nicht mehr als zwölf Fehler markieren.
   Notiere die korrekte Schreibung und fehlende Kommas jeweils unter der fehlerhaften Stelle.
   Der Text enthält keine Fehler zur Getrennt- und Zusammenschreibung.
   Eigennamen sind korrekt geschrieben. 6 Pkt.

Beispiel:
Nachdem die Wanderer an der Berghütte angekommen waren, ruhten sie sich
fehlendes Komma
aus und schauten sich den ~~sonnenuntergang~~ an.
Sonnenuntergang

Unter „Geocaching“ versteht man eine moderne Art der ~~Schnitzeljagt.~~ „Geo“
Schnitzeljagd 1

steht für die Erde und „Cache“ für ein geheimes Lager. Bei dieser

~~elecktronischen~~ Schatzsuche versteckt jemand eine wasserdichte Box, worin sich
elektronischen fehlendes Komma 2

ein ~~sogenantes~~ Logbuch und Dinge befinden, die als Schatz dienen. Derjenige,
sogenanntes 1

der die Box versteckt, notiert später im Internet, wo sie mithilfe von ~~Kordinaten~~
Koordinaten 1

zu finden ist. Um die Stelle ausfindig zu machen, kann man GPS-Geräte,

Smartphones oder sehr genaue ~~Landtkarten~~ nutzen. Wer den Schatz endeckt hat,
Landkarten 1

öffnet die Box, trägt sich mit einem Fantasienamen in das Logbuch ein und darf

das, was sich darin befindet, austauschen. ~~Anschliesend~~ wird die Box an dem Ort
Anschließend 1

belassen, damit auch andere Personen weiterhin danach suchen können.
fehlendes Komma 1

Im Internet notiert man dann, dass man den Schatz gefunden hat. So weiß auch

8

der Mensch, der den Schatz versteckt hat was sich am Versteck tut.

Geocaching gibt es bereits über fünfzehn Jahre lang. Die Idee hatte ein Mann

namens Dave Ulmer aus den USA. Er vergrub einen schwarzen Plastikeimer mit

CDs, Videokassetten, Geldscheinen, einem Buch, einer Steinschleuder und einer

Dose mit Bonen. Danach schrieb er im Internet, wo die Sachen zu finden sind.

Eine Regel lautet, das man für alles, was man aus der Box entnimmt,

wieder etwas hineinlegen muss.

Nach: http://www.nachrichtenfuerkinder.de/wissen/technik/article/geocaching-die-moderne-schnitzeljagd (abgerufen am 14. 05. 2019).

2. Groß- oder Kleinschreibung? In vier der folgenden Sätze befindet sich jeweils ein falsch geschriebenes Wort. Kreise die falsch geschriebenen Wörter ein. 4 Pkt.

Hinweis: Du darfst nicht mehr als vier Wörter einkreisen.

a) Für den letzten Feiertag hatten wir uns etwas Besonderes vorgenommen.

b) Wir starteten vormittags mit unseren neuen Rädern zu einem Ausflug ins Grüne.

c) Am Morgen vor dem starten musste jemand das Aufpumpen der Reifen übernehmen.

d) Letztes Jahr beschwerte sich Christian: „ich habe keine Lust zu pumpen!“

e) Am liebsten bereitet er das anschließende Grillen sorgfältig vor.

f) Daher kümmerte er sich um ein Paar Salate, leckere Würstchen und frisches Brot.

g) Normalerweise essen wir gerne dunkles Brot, aber diesmal kaufte er helles.

h) Nachdem wir gestartet waren, mussten wir nach einem Viertel des Weges anhalten.

i) Thomas musste mitten im Nirgendwo seinen kaputten Reifen flicken.

k) Am Abend machten wir uns als erstes hungrig über das Essen her.

3. „das“ oder „dass“?
Bestimme die Wortart und notiere die richtige Schreibweise.
Schreibe die entsprechenden Buchstaben der Wortart in die Klammern hinter den Lücken: Konjunktion (**K**), bestimmter Artikel (**A**), Relativpronomen (**R**) oder Demonstrativpronomen (**D**). 5 Pkt.

Beispiel:
Ich glaube, das (A) Fahrrad, das (R) du dir gewünscht hast, ist ausverkauft.

Das Alpenmurmeltier, ~~wel~~ das (R) mit den Eichhörnchen verwandt ist und im Gebirge lebt, ist eine von weltweit fünfzehn Murmeltierarten. Es ist bekannt, dass (K) sich eine Sippe mit bis zu zwanzig Tieren einen unterirdischen Bau teilt. Für ds (A) Leben im Untergrund und den Tunnelbau sind sie perfekt ausgestattet. Sie bauen sich ihre Tunnel selbst. Das (D) gelingt ihnen, indem sie mit ihren Nagezähnen die Erde auflockern und sich mit ihren Grabpfoten vorwärtsbewegen. Im Verlauf des Winterschlafs, dass (K) konnte man beobachten, verliert der Nager fast ein Drittel seines Gewichtes.

Nach: https://www.geo.de/geolino/tierlexikon/2097-rtkl-tierlexikon-alpenmurmeltier (abgerufen am 14. 05. 2019)

4. Forme die folgenden Sätze jeweils in die Aktiv- oder Passivform um.
Die vorgegebene Zeitform und die inhaltliche Aussage des Satzes müssen beibehalten werden. 5 Pkt.

Aktiv	**Passiv**
Zunächst stellt man die Zutaten für den Zitronenkuchen bereit.	Die Zutaten für den Zitronenkuchen werden bereit gestellt.
Nachdem man die Zutaten abgewogen hat, verrührt man sie zu einem Teig.	De Zutaten werden abgewogen und zu einem Teig verrührt.
Danach füllt man den Teig in eine Kastenform.	Nun wird der Teig in eine Kastenform gefüllt.
~~Jetzt~~ Als letztes muss man den Kuchen bei 180 Grad 25 minuten gebacken werden	Der Kuchen wird bei 180 Grad für 25 Minuten gebacken.

Heinrich Böll
Der Lacher (1952)

Wenn ich nach meinem Beruf gefragt werde, befällt mich Verlegenheit: Ich werde rot, stammele, ich, der ich sonst als ein sicherer Mensch bekannt bin. Ich beneide die Leute, die sagen können: Ich bin Maurer. Buchhaltern, Friseuren und Schriftstellern neide ich die Einfachheit ihrer Bekenntnisse, denn alle diese Berufe erklären sich aus sich selbst und erfordern keine längeren Erklärungen. Ich aber bin gezwungen, auf solche Fragen zu antworten: Ich bin Lacher. Ein solches Bekenntnis erfordert weitere, da ich auch die zweite Frage „Leben Sie davon?" wahrheitsgemäß mit „Ja" beantworten muss. Ich lebe tatsächlich von meinem Lachen, und ich lebe gut, denn mein Lachen ist – kommerziell ausgedrückt – gefragt. Ich bin ein guter, bin ein gelernter Lacher, kein anderer lacht so wie ich, keiner beherrscht so die Nuancen meiner Kunst. Lange Zeit habe ich mich – um lästigen Erklärungen zu entgehen – als Schauspieler bezeichnet, doch sind meine mimischen und sprecherischen Fähigkeiten so gering, dass mir diese Bezeichnung als nicht der Wahrheit gemäß erschien: Ich liebe die Wahrheit, und die Wahrheit ist: Ich bin Lacher. Ich bin weder Clown noch Komiker, ich erheitere die Menschen nicht, sondern stelle Heiterkeit dar: Ich lache wie ein römischer Imperator oder wie ein sensibler Abiturient, das Lachen des 17. Jahrhunderts ist mir so geläufig wie das des 19., und wenn es sein muss, lache ich alle Jahrhunderte, alle Gesellschaftsklassen, alle Altersklassen durch: Ich hab's einfach gelernt, so wie man lernt, Schuhe zu besohlen. Das Lachen Amerikas ruht in meiner Brust, das Lachen Afrikas […] – und gegen ein entsprechendes Honorar lasse ich es erklingen, so wie die Regie es vorschreibt.

Ich bin unentbehrlich geworden, ich lache auf Schallplatten, lache auf Band, und die Hörspielregisseure behandeln mich rücksichtsvoll. Ich lache schwermütig, gemäßigt, hysterisch – lache wie ein Straßenbahnschaffner oder wie ein Lehrling der Lebensmittelbranche; das Lachen am Morgen, das Lachen am Abend, nächtliches Lachen und das Lachen der Dämmerstunde, kurzum: Wo immer und wie immer gelacht werden muss: Ich mache es schon.

Man wird mir glauben, dass ein solcher Beruf anstrengend ist, zumal ich – das ist meine Spezialität – auch das ansteckende Lachen beherrsche; so bin ich unentbehrlich geworden auch für Komiker dritten und vierten Ranges, die mit Recht um ihre Pointen zittern, und ich sitze fast jeden Abend in den Varietés herum als eine subtilere Art Claqueur[1], um an schwachen Stellen des Programms ansteckend zu lachen. Es muss Maßarbeit sein: Mein herzhaftes, wildes Lachen darf nicht zu früh, darf auch nicht zu spät, es muss im richtigen Augenblick kommen – dann platze ich programmgemäß aus, die ganze Zuhörerschaft brüllt mit, und die Pointe ist gerettet.

Ich aber schleiche dann erschöpft zur Garderobe, ziehe meinen Mantel über, glücklich darüber, dass ich endlich Feierabend habe. Zu Hause liegen meist Telegramme[2] für mich „Brauchen dringend Ihr Lachen. Aufnahme Dienstag", und ich hocke wenige Stunden später in einem überheizten D-Zug und beklage mein Geschick.

Jeder wird begreifen, dass ich nach Feierabend oder im Urlaub wenig Neigung zum Lachen verspüre: Der Melker ist froh, wenn er die Kuh, der Maurer glücklich, wenn er den Mörtel vergessen darf, und die Tischler haben zu Hause meistens Türen, die nicht funktionieren, oder Schubkästen, die sich nur mit Mühe öffnen lassen. Zuckerbäcker lieben saure Gurken, Metzger Marzipan, und der Bäcker zieht die Wurst dem Brot vor; Stierkämpfer lieben den Umgang mit Tauben, Boxer werden blass, wenn ihre Kinder Nasenbluten haben: Ich verstehe das alles, denn ich lache nach Feierabend nie. Ich bin ein todernster Mensch, und die Leute halten mich – vielleicht mit Recht – für einen Pessimisten.

In den ersten Jahren unserer Ehe sagte meine Frau oft zu mir: „Lach doch mal!", aber inzwischen ist ihr klar geworden, dass ich diesen Wunsch nicht erfüllen kann. Ich bin glücklich, wenn ich meine angestrengten Gesichtsmuskeln, wenn ich mein strapaziertes Gemüt durch tiefen Ernst entspannen darf. Ja, auch das Lachen anderer macht mich nervös, weil es mich zu sehr an meinen Beruf erinnert. So führen wir eine stille, eine friedliche Ehe, weil auch meine Frau das Lachen verlernt hat: Hin und wieder ertappe ich sie bei einem Lächeln, und dann lächele auch ich. Wir sprechen leise miteinander, denn ich hasse den Lärm des Varietés, hasse den Lärm, der in den Aufnahmeräumen herrschen kann.

Menschen, die mich nicht kennen, halten mich für verschlossen. Vielleicht bin ich es, weil ich zu oft meinen Mund zum Lachen öffnen muss.

Mit unbewegter Miene gehe ich durch mein eigenes Leben, erlaube mir nur hin und wieder ein sanftes Lächeln, und ich denke oft darüber nach, ob ich wohl je gelacht habe. Ich glaube: nein. Meine Geschwister wissen zu berichten, dass ich immer ein ernster Junge gewesen sei.

So lache ich auf vielfältige Weise, aber mein eigenes Lachen kenne ich nicht.

Quelle: Heinrich Böll: Nicht nur zur Weihnachtszeit. Erzählungen, 22. Auflage, München 2017, S. 85–87.

1 Claqueur: bezahlter Beifallklatscher
2 Telegramm: *hier:* Nachricht

Teil I: Lesen

1. Kreuze die richtige Aussage an. Es gibt jeweils nur eine richtige Lösung. 5 Pkt.

a) Der Erzähler ist

- [ ] Clown.
- [ ] Komiker.
- [ ] Lacher.
- [ ] Schauspieler.

b) In seinem Beruf ist der Erzähler

- [ ] ausgesprochen gefragt.
- [ ] ziemlich erfolglos.
- [ ] absolut entbehrlich.
- [ ] sehr rücksichtsvoll.

c) Der Erzähler empfindet seinen Beruf als

- [ ] erheiternd.
- [ ] unterhaltsam.
- [ ] minderwertig.
- [ ] beschwerlich.

d) In seiner Freizeit lacht der Erzähler

- [ ] gerne.
- [ ] niemals.
- [ ] immer.
- [ ] häufig.

e) Eigentlich ist der Erzähler ein ______ Mensch.

- [ ] ernster
- [ ] lauter
- [ ] anstrengender
- [ ] hysterischer

2. Kreuze die richtige Aussage an. Es gibt jeweils nur eine richtige Lösung. 4 Pkt.

a) „ein sicherer Mensch“ (Z. 3) bedeutet hier, dass jemand

- [ ] sehr selbstsicher ist.
- [ ] auf Sicherheit bedacht ist.
- [ ] völlig ungefährlich ist.
- [ ] ausgesprochen behütet ist.

b) „das ansteckende Lachen beherrschen" (vgl. Z. 48) bedeutet hier, dass der Erzähler

- ☐ immer zum richtigen Zeitpunkt lacht.
- ☐ oft an der falschen Stelle lacht.
- ☐ andere Menschen zum Mitlachen bringt.
- ☐ seine Mitmenschen gerne auslacht.

c) „und beklage mein Geschick" (Z. 66) bedeutet hier, dass der Erzähler

- ☐ über die Hitze jammert.
- ☐ seine Situation bedauert.
- ☐ kaum zur Ruhe kommt.
- ☐ seine Eignung anzweifelt.

d) „verschlossen" (Z. 97) bedeutet hier, dass der Erzähler

- ☐ den Mund nie öffnet.
- ☐ sich gerne einschließt.
- ☐ leicht zu durchschauen ist.
- ☐ zurückhaltend zu sein scheint.

3. a) Welche der folgenden Aussagen sind richtig? 2 Pkt.

Der Erzähler

A legt wenig Wert auf die Wahrheit.
B beherrscht alle Formen des Lachens.
C bringt seine Frau oft zum Lachen.
D war immer ein ernstes Kind.

Kreuze die richtige Antwort an.

- ☐ Nur A und B stehen im Text.
- ☐ Nur A und C stehen im Text.
- ☐ Nur B und D stehen im Text.
- ☐ Nur C und D stehen im Text.

b) Welche der folgenden Aussagen sind richtig? 2 Pkt.

Die Frau des Erzählers

A lacht oft mit ihrem Mann.
B findet Lachen anstrengend.
C lächelt nur noch manchmal.
D nimmt die Haltung ihres Mannes hin.

Kreuze die richtige Antwort an.

- ☐ Nur A und B stehen im Text.
- ☐ Nur A und D stehen im Text.

- [ ] Nur B und C stehen im Text.
- [ ] Nur C und D stehen im Text.

4. Nenne und belege vier Merkmale einer Kurzgeschichte, die in diesem Text zu finden sind. 4 Pkt.

5. Die Zeilen 79–81 enthalten eine Parenthese.
Erkläre dieses Stilmittel und seine Wirkung an dieser Textstelle. 3 Pkt.

6. „Die Erzählung ist von Widersprüchen im Charakter des Erzählers geprägt.“
Erläutere diese Behauptung anhand von zwei Textbeispielen. 4 Pkt.

7. a) „… ich erheitere die Menschen nicht, sondern stelle Heiterkeit dar …“ (Z. 24 f.)
Erkläre diese Aussage des Lachers über seinen Beruf. 4 Pkt.

b) „So lache ich auf vielfältige Weise, aber mein eigenes Lachen kenne ich nicht.“ (Z. 105 f.)
Erläutere diese Aussage des Erzählers anhand von zwei Textstellen. 4 Pkt.

8. Die Erzählung „Der Lacher“ wurde 1952 zum ersten Mal veröffentlicht. Es war eine Zeit, in der die Menschen in Deutschland die harten Kriegs- und Nachkriegsjahre vergessen wollten und ein Verlangen nach leichter und oberflächlicher Unterhaltung vorherrschte.
Arbeite anhand von zwei Textstellen heraus, wie der Beruf des Lachers in diese Zeit passt. 4 Pkt.

9. „Ein verfehlter Beruf verfolgt uns durch das ganze Leben.“ (Honoré de Balzac)
Begründe anhand von zwei Textstellen, ob diese Aussage auf den Lacher zutrifft. 4 Pkt.

Teil II: Schreiben

Teil II.A: Textproduktion (Wahlaufgabe)

Wähle **eine** der beiden folgenden Aufgaben aus und bearbeite sie.

a) **Erzählung**
„Humor ist, wenn man trotzdem lacht."
Erzähle eine Geschichte, die zu dieser Redewendung passt.

oder

b) **Argumentation**
In deiner Schule sollen in Zukunft in allen Jahrgängen dreimal im Halbjahr gemeinsam kulturelle Veranstaltungen (z. B. Kino, Theater, Oper, Ballett) besucht werden.
Argumentiere das Für und Wider dieses Vorhabens.

Dein Text (Erzählung oder Argumentation) wird wie folgt bewertet:

	Punkte
Aufbau/Inhalt (z. B. Überschrift, Einleitung, Hauptteil, Schluss/„roter Faden")	24
Sprachangemessenheit (Wortschatz, Satzbau, Ausdruck)	12
Sprachrichtigkeit (Rechtschreibung, Grammatik, Zeichensetzung)	4
Summe	**40**

Patrick Bernau: So gut kann Plastik sein

Plastik hat einen miesen Ruf, deshalb suchen wir wie wild nach Alternativen. Die Umwelt hat davon wenig. Zeit für eine Gegenrede.

Die Verteufelung des Plastiks ist allgegenwärtig. Auch in den Bürotürmen der Deutschen Bank entgeht man ihr nicht. Denn der Künstler Gabriel Orozco hat in einem Naturschutzgebiet an der mexikanischen Küste Strandgut gesammelt und den ganzen Abfall fotografiert. Eigentlich sollte dieser Strandabschnitt den Walen vorbehalten sein. Doch da lagen Bauhelme, Knöpfe und Plastikflaschen – Abfall genug für großformatige Fotocollagen, die jetzt in der Deutschen Bank hängen. Sie entstanden schon 2012. Heute finden Naturschutzorganisationen an den Küsten der Welt immer wieder verendete Wale, deren Bauch mit Plastikteilen gefüllt ist. Niemand kann bei diesen Bildern ungerührt bleiben. Und Europa rührt sich: Supermärkte geben ihren Kunden keine kostenlosen Plastiktüten mehr, die Europäische Union verbietet Plastikstrohhalme, und wenn Verbraucher irgendwo Gurken in Plastikfolie verpackt sehen, kann der Händler praktisch sofort einen Mitarbeiter für die Beschwerden abstellen. Der Ruf von Plastik ist unten durch.

Es ist Zeit für eine Gegenrede. Denn so umweltschädlich ist Plastik nicht – und wer gedankenlos auf Plastik verzichtet und sich Alternativen zuwendet, fügt der Umwelt oft noch schwereren Schaden zu.

Es ist ja wahr: Kunststoff macht Schwierigkeiten. Dass Plastik sich im Meer nicht zersetzt, sondern immer größere Müll-Inseln im Wasser und Berge am Strand anhäuft, ist nur die sichtbarste Folge. Bei der Ölförderung wird oft rabiat mit der Umwelt umgegangen. Kunststoffpartikel[1] aus Autoreifen, Textilfasern und Duschgels landen als Mikroplastik im Abwasser, werden in den Kläranlagen nicht vollständig herausgefiltert und drohen auch in die Nahrung der Menschen zu kommen. Doch Plastik hat auch viele Vorzüge. Die sind in den vergangenen Monaten von der Wut weggespült worden und in der Debatte untergegangen.

Das erfährt man aber oft nicht in Deutschland, sondern eher in den Nachbarländern. In der Schweiz berechnet die Umweltberatung Carbotech die Ökobilanzen für die öffentliche Verwaltung im Bund und in den Kantonen sowie für Unternehmen, das heißt: Sie analysiert, welches Material von der Produktion bis zur Entsorgung wie umweltschädlich ist. „Die Kunststoffindustrie hat in den letzten 20 Jahren in verschiedenen Umweltfragen geschlafen“, sagt Carbotech-Seniorpartner Fredy Dinkel. Trotzdem verteidigt er Plastik.

„Wir müssen die Vermüllung des Meeres in den Griff bekommen. Aber in der Schweiz und in Deutschland funktioniert das Müllsystem. Den Meeren nutzen wir nicht, indem wir hier auf Plastik verzichten.“ Dinkel lobt die Kunststoffe: „Plastik hat für vieles hervorragende Eigenschaften, die der Umwelt nutzen. Auch Glas wächst nicht einfach auf Bäumen, sondern benötigt viel Energie in der Herstellung und auch beim Recycling.“

Tatsächlich ist die Glasherstellung nicht gerade umweltfreundlich. Zwar lässt sich Glas leicht recyceln, doch selbst im Recycling wird das Material auf mehr als 1 000 Grad erhitzt. Natürlich gibt es nicht nur Einwegflaschen: Viele Glasflaschen werden als Pfandflaschen wiederverwendet. Dann müssen sie heiß ausgespült werden. Dazu werden sie durch die Gegend gefahren – und Glas kostet sogar dabei viel Energie, weil es so schwer ist. Deshalb empfiehlt sogar der Naturschutzbund NABU: Getränke sollte man aus Umweltgesichtspunkten nicht in Glasflaschen kaufen, sondern idealerweise in der Plastik-Mehrwegflasche.

Manchmal wird Plastik auch durch Papier ersetzt. Dafür werden Bäume gerodet, in ihre Einzelteile gespalten, der Zellstoff dann in Kubikmetern von Wasser eingeweicht, mit Chemikalien angereichert, das Ganze mit viel Aufwand in Form gebracht und anschließend heiß getrocknet. Die Herstellung einer Tonne Papier, rechnet das Umweltbundesamt vor, verbraucht so viel Energie wie die Herstellung einer Tonne Stahl – und der kommt immerhin aus dem heißen Hochofen. […]

Selbst die Plastiktüte, die in Deutschland einen besonders schlechten Ruf hat und aus vielen Supermärkten schon verbannt wurde, kann sinnvoll sein. Die Hinweise kommen aus Dänemark, auch nicht gerade das Heimatland der Industrielobby[2]. Die dänische Umweltschutz-Behörde hat im vergangenen Jahr verglichen, wie umweltfreundlich unterschiedliche Taschen über ihren ganzen Lebenszyklus[3] sind. Das Ergebnis: In vielen Fällen ist die simple Plastiktüte der umweltfreundlichste Weg. Papiertüten sind in der Herstellung so aufwendig, dass sie bis zu 43-mal wiederverwendet werden müssen, bevor sie so umweltfreundlich sind wie eine Plastiktüte – abhängig davon, welchen Umweltschaden man betrachtet. Selbst die stabilen Plastiktüten aus recyceltem PET müssen 84-mal wiederverwendet werden, bis alle Umweltschäden ausgeglichen sind – also rund ein Jahr lang. Am schlimmsten aber ist die Bio-Baumwolle: Diese Tasche müsste sogar 149-mal wiederverwendet werden, um ihren Klimaschaden auszugleichen – oder 20 000 Male, wenn man den Land- und Wasserverbrauch betrachtet.

Warum ist Plastik so oft eine gute Wahl? Kunststoffe können sehr leicht und strapazierfähig sein. Wenn die Waren dann durchs Land transportiert werden, brauchen sie weniger Energie. Eine Plastikverpackung braucht in der Herstellung wenig Energie und Wasser. Das Öl, aus dem der Kunststoff gewonnen wird, ist sowieso nicht mehr richtig knapp – schließlich warnen Wissenschaftler schon lange davor, die bekannten Ölvorräte vollständig zu Benzin zu verarbeiten: Das schadet dem Klima.

Am Ende trägt Plastik sogar dazu bei, eine andere große Umweltsünde zu bekämpfen: die Lebensmittelverschwendung. Wenn Joghurt im Glas verkauft wird, dann oft gleich halbliterweise. Nicht jeder kriegt so viel Joghurt aufgegessen, bevor er schlecht wird. Die kleinen Joghurtportionen aber lohnen sich oft nur mit Plastikbecher, wie Benedikt Kauertz vom Institut für Energie- und Umweltforschung in Heidelberg weiß: Bei kleinen Joghurtportionen wäre das Glas manchmal fast schwerer als der Inhalt.

Die Plastikfolie ist sogar oft eine bessere Hülle für Obst und Gemüse als deren eigene Schale. Mag man sich auch über Gurken mit Plastikfolie wundern, sie haben ihren Sinn: Unverpackt fangen Gurken nach wenigen Tagen an zu schrumpeln, in der Plastikfolie halten sie zwei bis drei Wochen. […]

Es gibt Läden, die Lebensmittel praktisch ganz ohne Plastik verkaufen.

Milena Glimbovski heißt die Gründerin des ersten „Unverpackt"-Ladens in Berlin-Kreuzberg, in dem die Kunden ihre Ware selbst abfüllen können. Dazu haben sie zum Teil selbst aus alten Stoffen kleine Zuzieh-Beutel genäht, in die sie Reis und andere Trockenware einfüllen können. Dann muss man die Beutel nicht jedes Mal waschen. Auf diese Weise sind die meisten Waren tatsächlich umweltfreundlicher als die verpackten, hat eine Studie ergeben – aber auch nicht alle. Der Tofu wurde wieder aus dem Sortiment genommen, erzählt Ladengründerin Glimbovski, weil sie es nicht schaffte, ihn umweltfreundlicher anzubieten als andere Läden. Selbst sie glaubt heute, dass Plastik nicht immer schlecht ist. „Man muss gut hinterfragen, welche Aktionen nur gut fürs Gewissen sind und welche tatsächlich der Umwelt helfen", sagt sie.

Was bleibt da als Empfehlung für Leute, die die Welt im Alltag ein kleines Stückchen besser machen wollen? Eine sehr einfache: Greift öfter mal zum Plastik! […]

Am wichtigsten aber ist der Merksatz: Gut entsorgtes Plastik ist ein kleines Umweltproblem, Plastik in der Umwelt ein großes. Zum Glück ist in Deutschland die Müllabfuhr schon ziemlich gut organisiert – so sagt es Sébastien Humbert bei der Schweizer Umweltberatung Quantis. „In Deutschland landet das Plastik nicht im Meer." 90 Prozent des Plastiks in den Weltmeeren stammen aus zehn Flüssen in Asien und Afrika. Mancher Umweltschützer hat Angst, dass darunter auch Plastik aus Deutschland ist, das zum Recycling nach Asien exportiert wurde.

Doch das sei unwahrscheinlich, glaubt Humbert: Dieses recycelbare Plastik sei wertvoll, das werde nicht achtlos in die Flüsse geworfen.

Recycling ist gut, Müllverbrennung aber auch nicht immer schlecht: So wird aus den Verpackungen am Ende immerhin noch Wärme oder Strom, und verbranntes Plastik landet sicher nicht im Meer. […]

Wer also in Deutschland ganz praktisch etwas gegen die Plastikvermüllung des Meeres tun möchte, sammelt gelegentlich mal am Bach oder am Strand ein bisschen Müll auf – so dass der Künstler Gabriel Orozco nächstes Mal am besten einen leeren Strand vorfindet. Und dabei geht es nicht nur um Plastik. Orozcos Collagen zeigen nämlich deutlich: In den Meeren ist auch einiges an Glas unterwegs.

Quelle: Patrick Bernau: So gut kann Plastik sein, FAZ vom 14.04.2019, https://www.faz.net/aktuell/wirtschaft/plastik-ist-gut-fuer-die-umwelt-muell-muss-vermieden-werden-16139755.html

1 Kunststoffpartikel: kleinste Plastikteilchen

2 Industrielobby: Interessengruppe, die versucht, politische Entscheidungen zugunsten der Industrie zu beeinflussen

3 Lebenszyklus: *hier:* Lebensdauer

Teil I: Lesen

1. Kreuze die richtige Aussage an. Es gibt jeweils nur eine richtige Lösung. 5 Pkt.

   a) Gabriel Orozco
   - ☐ arbeitet bei der Deutschen Bank.
   - ☒ erstellt Fotocollagen aus Abfall.
   - ☐ ist ein bekannter Walforscher.
   - ☐ sieht in Plastik viele Vorteile.

   b) Carbotech
   - ☐ produziert sehr viel Plastik.
   - ☐ ist eine deutsche Recyclingfirma.
   - ☒ berät die Schweiz in Umweltfragen.
   - ☐ organisiert die Entsorgung von Plastik.

   c) Carbotech-Seniorpartner Fredy Dinkel behauptet,
   - ☐ Plastik sei umweltschädlicher als Glas.
   - ☐ Papier sei am umweltfreundlichsten.
   - ☐ Papier sei umweltfreundlicher als Glas.
   - ☒ Plastik sei nicht so umweltschädlich wie vermutet.

   d) Bei der Herstellung von Papier
   - ☒ kommen Chemikalien zum Einsatz.
   - ☐ werden keine Bäume gefällt.
   - ☐ braucht man kaum Wasser.
   - ☐ wird sehr wenig Energie verbraucht.

   e) Fast das gesamte Plastik in den Weltmeeren stammt aus
   - ☐ Deutschland und Asien.
   - ☒ Asien und Afrika.
   - ☐ der Schweiz und Dänemark.
   - ☐ Dänemark und Afrika.

2. Kreuze die richtige Aussage an. Es gibt jeweils nur eine richtige Lösung. 3 Pkt.

   a) „von der Wut weggespült werden“ (vgl. Z. 41 f.) bedeutet hier, dass die Vorzüge von Plastik
   - ☐ sehr viel Ärger verursacht haben.
   - ☐ keine Rolle mehr gespielt haben.
   - ☐ leidenschaftlich diskutiert wurden.
   - ☒ sehr emotional betrachtet wurden.

b) „schlecht werden“ (vgl. Z. 124) bedeutet hier

- [ ] nicht schmecken.
- [ ] minderwertig sein.
- [x] verderben.
- [ ] Übelkeit verursachen.

c) „aus dem Sortiment nehmen“ (vgl. Z. 148) bedeutet hier

- [ ] neu einsortieren.
- [x] nicht mehr anbieten.
- [ ] nur noch gelegentlich verkaufen.
- [ ] besser präsentieren.

3. Welche der folgenden Aussagen sind richtig? 2 Pkt.

Milena Glimbovski

A verpackt Lebensmittel immer in Plastik.
B schenkt ihren Kunden Stoffbeutel.
C bietet in ihrem Laden keinen Tofu mehr an.
D findet Plastik manchmal sinnvoll.

Kreuze die richtige Antwort an.

- [ ] Nur A und B stehen im Text.
- [ ] Nur A und D stehen im Text.
- [ ] Nur B und C stehen im Text.
- [x] Nur C und D stehen im Text.

4. Nenne und belege vier Merkmale eines journalistischen Textes, die dieser Artikel aufweist. 4 Pkt.

Z. 1-3 Kurze Einleitung
Z. 151-154 Interview
Z. 180-188 Fazit
Z. 166-168 Fakten, Daten oder Zahlen

5. Die Textstelle „„Die Kunststoffindustrie hat … geschlafen‘, …“ (Z. 50 ff.) enthält eine Personifikation.
Erkläre dieses Stilmittel und seine Bedeutung im Text. 3 Pkt.

Der "Kunststoffindustrie" wird hier als Person gesehen welche wird hier eine Menschliche tätigkeit zugeordnet, welche hier bedeutet, dass die Kunststoff industrie nicht gehandelt hat.

6. Die Zeilen 156–158 enthalten eine rhetorische Frage.
Erkläre dieses Stilmittel und seine Wirkung an dieser Textstelle. 3 Pkt.

Eine retorische Frage ist eine Frage, die man dann selber beantwortet um seinen Standpunkt zu untermauern, was auch hier im Text deutlich wird.

7. a) Der Naturschutzbund NABU empfiehlt, dass man Getränke nicht in der Glasflasche, sondern in der Plastik-Mehrwegflasche kaufen sollte (vgl. Z. 71 ff.).
Erläutere anhand von zwei Beispielen aus dem Text, welche Vorteile die Plastikflasche im Vergleich mit der Glasflasche hat. 6 Pkt.

Z. 76-84 Papier verbraucht in der herstellung viel mehr Energie als Plastik.
Z. 109-114 Plastik ist um einiges leichter und verbraucht somit viel weniger energie beim Tranzport.

b) Arbeite anhand von zwei zusätzlichen Beispielen heraus, welche weiteren Vorteile Plastik bietet. 4 Pkt.

Z. 108-110 Plastik ist sehr ~~stre~~ reparier-fähig

Z. 114-120 Wenn aus Öl Plastik gemacht wird kann es nicht als antrieb für autos ~~dienen~~ dienen, was ~~die~~ die Umwelt nochmehr belasten würde.

8. „Die Verteufelung des Plastiks ist allgegenwärtig." (Z. 4)
Erkläre die Bedeutung dieses Satzes im Textzusammenhang. 3 Pkt.

Plastik wird allgemein als schlecht und Umweltschädlich hingestellt, der Text zeigt aber, dass die altanativen für plastik meist noch schlimmer sind für die Umwelt als plastik.

9. „Man sollte darauf achten, möglichst wenig Plastik zu benutzen."
Begründe deine Zustimmung oder Ablehnung zu dieser Behauptung. 3 Pkt.

Nein dem ~~stimme~~ stimme ich nicht zu, da Plastik ~~erst~~ wirklich schlecht für die Umwelt ist, wenn man es falsch entsorgt. Zusätzlich ~~finde~~ ich sind die alternativen für plastik meist noch schlechter als Plastik, da sie mehr energie bei der Herstellung / Transport verbrauchen.

10. Trotz der „Gegenrede" des Autors ist Plastik nicht unproblematisch. Erläutere anhand von zwei eigenen Beispielen, wo es Sinn ergibt, Plastik einzusparen. 4 Pkt.

1) Häufig werden Produkte wie lebensmittel oder Spiel sachen für Kinder nicht nur einmal in Plastik verpackt sondern gleich mehrmals, ich denke das könte man sich sparen.

2) Viele Spielsachen für Kinder werden aus billigem und dunnen Plastik hergestellt und gehen dem entsprechend schnell kaputt. Man sollte dieses Plastik durch hochwertigere materialien ersetzen. Ich würde lieber einmal mehr zahlen als die gleiche Sache jedes jahr neu kaufen zu müssen

Teil II: Schreiben

Teil II.A: Textproduktion (Wahlaufgabe)

Wähle **eine** der beiden folgenden Aufgaben aus und bearbeite sie.

a) **Bericht**
Um sich für die Umwelt zu engagieren, nahm deine Klasse an dem jährlichen „World Clean-up Day“ teil. An diesem Tag werden z. B. vermüllte Grünflächen, Parkanlagen und Uferstreifen gesäubert. Euch wurde eine Parkanlage in unmittelbarer Nähe der Schule zugeteilt. Aus dem gesammelten Müll habt ihr großformatige Kunstwerke hergestellt, die in der Schule ausgestellt wurden.
Berichte von dieser Aktion für die Homepage der Schule.

oder

b) **Erzählung**
Jemand geht am Strand spazieren und findet dort ganz unterschiedliche Dinge und Gegenstände. Dabei hat diese Person eine besondere Begegnung, ein besonderes Erlebnis.
Erzähle diese Geschichte.

Dein Text (Bericht oder Erzählung) wird wie folgt bewertet:

	Punkte
Aufbau/Inhalt (z. B. Überschrift, Einleitung, Hauptteil, Schluss/„roter Faden“)	24
Sprachangemessenheit (Wortschatz, Satzbau, Ausdruck)	12
Sprachrichtigkeit (Rechtschreibung, Grammatik, Zeichensetzung)	4
Summe	**40**

Teil II.B: Sprachliche Richtigkeit

1. Markiere und berichtige die zwölf Rechtschreib- und Zeichensetzungsfehler im Text. Du darfst nicht mehr als zwölf Fehler markieren.
Notiere die korrekte Schreibung und fehlende Kommas jeweils unter der fehlerhaften Stelle. Der Text enthält keine Fehler zur Getrennt- und Zusammenschreibung. Eigennamen sind korrekt geschrieben. 6 Pkt.

Beispiel:
*Nachdem die Wanderer an der Berghütte angekommen waren**,** ruhten sie sich*
fehlendes Komma
aus und schauten sich den ~~sonnenuntergang~~ an.
Sonnenuntergang

Applaus scheint ein Uhrbedürfnis des Menschen zu sein. Moderne Europäer

sorgen auf Rock- und Popkonzerten damit für Stimmung und erwaisen Sportlern

im Wettkampf und Schauspielern auf der Bühne so Respekt. Im antiken

Griechenland war Beifall ein Geeignetes Mittel, die Dramenwettbewerbe zu

beeinflußen, ähnlich einem Applausmessgerät bei einer TV-Show oder einem

Poetry Slam. Applaus ist immer auch Ausdruck gesellschaftlicher

Konventionen, zum Beispiel der Standardapplaus. In Deutschland kann jeder

Künstler vor einem Publikum damit rechnen. Anders in Italien: Nach einem

Konzert des Pianisten Alfred Brendel habe dort einmal niemand geklatscht

erinnert sich eine Musikwissenschaftlerin. Selbst bei Nichtgefallen sei so etwas

hierzulande undenkbar. Dass Klatschen gelernt sein will, veranschaulicht die

Reihe von Gesten mit denen Römer ihrem Gefallen einst Ausdruck verliehen.

Man konnte den Zipfel der Toga schwenken, mit einem spetziellen Taschentuch

wehen, nicken oder mit den Fingern schnipsen. Wer in die Hände klatschte

zeigte sich hellauf begeistert. Auf die Spitze soll es Kaiser Nero getrieben haben,

der durchchnittliches Talent besaß, sich aber für einen großen Künstler hielt. Er

stellte ein Heer von Männern zusammen und ließ sie in der Kunst des Beifalls

unterichten, um sich mit ihrer Hilfe zum Publikumsliebling von musischen

Wettbewerben erklären zu lassen.

Nach: Ludwig Hruza: Und jetzt alle!, FAZ vom 01.01.2020,
https://www.faz.net/aktuell/stil/trends-nischen/klatschen-und-jetzt-alle-16556146.html

2. Groß- oder Kleinschreibung?
In vier der folgenden Sätze befindet sich jeweils ein falsch geschriebenes Wort.
Kreise die falsch geschriebenen Wörter ein. 4 Pkt.
Hinweis: Du darfst nicht mehr als vier Wörter einkreisen.

a) Mein bester Freund Max feiert übermorgen seinen achtzehnten Geburtstag.

b) Wir haben uns bereit erklärt, ihn Morgen Abend beim Vorbereiten zu unterstützen.

c) Für das leibliche Wohl ist gesorgt, die eine Hälfte bringt Essen, die andere zu Trinken mit.

d) Nach langem Hin und Her haben sich Tom und Sevda zum Dekorieren überreden lassen.

e) Sevda bringt drei dutzend rote Laternen mit, denn Rot ist ihre Lieblingsfarbe.

f) Um halb acht geht es los, aber wahrscheinlich wird nur jeder Dritte pünktlich sein.

g) Das Schöne ist, dass wir uns in unserem Freundeskreis gegenseitig helfen.

h) Max war bisher immer der Erste, der uns bereitwillig unterstützt hat.

i) Daher werden wir ihn um zwölf Uhr mit Singen und einer Torte überraschen.

k) Denn es gibt eine Million Gründe, ihm etwas gutes zu tun!

3. „das“ oder „dass“?
Bestimme die Wortart und notiere die richtige Schreibweise.
Schreibe die entsprechenden Buchstaben der Wortart in die Klammern hinter den Lücken: Konjunktion (**K**), bestimmter Artikel (**A**), Relativpronomen (**R**) oder Demonstrativpronomen (**D**). 5 Pkt.

> **Beispiel:**
>
> *Ich glaube, das (A) Fahrrad, das (R) du dir gewünscht hast, ist ausverkauft.*

In der Antike war das (A) Blau, das (R) wir heute als selbstverständlich hinnehmen, eine seltene und teure Farbe. Es ist verblüffend, dass (K) selbst im frühen Mittelalter Dichter den Himmel meist noch als weiß, rot oder golden, aber nie als blau bezeichneten, weil es noch kein einheitliches Wort dafür gab. Das (D) änderte sich allmählich ab etwa dem 12. Jahrhundert, als z. B. die Kirche und Könige diese wertvolle Farbe für sich entdeckten. Blau gibt es heute in allen Schattierungen, und das (A) meistverkaufte Kleidungsstück ist die „Blue Jeans“.

Nach: Nicole Röndigs: FARBENLEHRE - Wieso die Farbe Blau erst spät entdeckt wurde, GEOlino, https://www.geo.de/geolino/forschung-und-technik/15962-rtkl-farbenlehre-wieso-die-farbe-blau-erst-spaet-entdeckt-wurde

4. Forme die folgenden Sätze jeweils in die Aktiv- oder Passivform um.
Die vorgegebene Zeitform und die inhaltliche Aussage des Satzes müssen beibehalten werden. 5 Pkt.

Aktiv	**Passiv**
Mit Hocksprüngen trainiert man viele Muskeln.	Viele Muskeln werden trainiert mit Hocksprüngen.
Man springt schnell aus der gehockten Position vom Boden ab.	Aus der gehockten Position wird schnell vom Boden abgesprungen.
Während des Sprungs zieht man die Knie zur Brust.	Warend des sprungs werden die Knie zur Brust gezogen.
Nachdem man einen Sprung absolviert hat, Leitet man sofort den nächsten ein.	Nachdem ein Sprung absolviert worden ist, wird sofort der nächste eingeleitet.

**Abschlussprüfung Deutsch an Realschulen in Hessen
2022**

Um dir die **Prüfung 2022** schnellstmöglich zur Verfügung stellen zu können, bringen wir sie in digitaler Form heraus.

Sobald die Original-Prüfungsaufgaben 2022 freigegeben sind, können sie als PDF auf der Online-Plattform **MyStark** heruntergeladen werden (Zugangscode vgl. Farbseiten vorne im Buch).

Prüfung 2022

www.stark-verlag.de/mystark

PRÜFUNGS-ANGST

STOPP DIE PANIK

Mit der Fußsohlen-Methode

Prüfungen können Angst- und Fluchtsituationen sein. Dein Körper schüttet Adrenalin aus und dämpft das Gefühl in den Füßen. Z. B. beim Weglaufen ist es gut, wenn man die Füße nicht spürt. Eine Prüfung ist aber **keine Gefahrensituation**. Signalisiere deinem Körper, dass du nicht weglaufen musst, und bring das Gefühl in deine Füße zurück:

Setze oder stelle dich hin.
Die Füße müssen den **Boden** berühren.

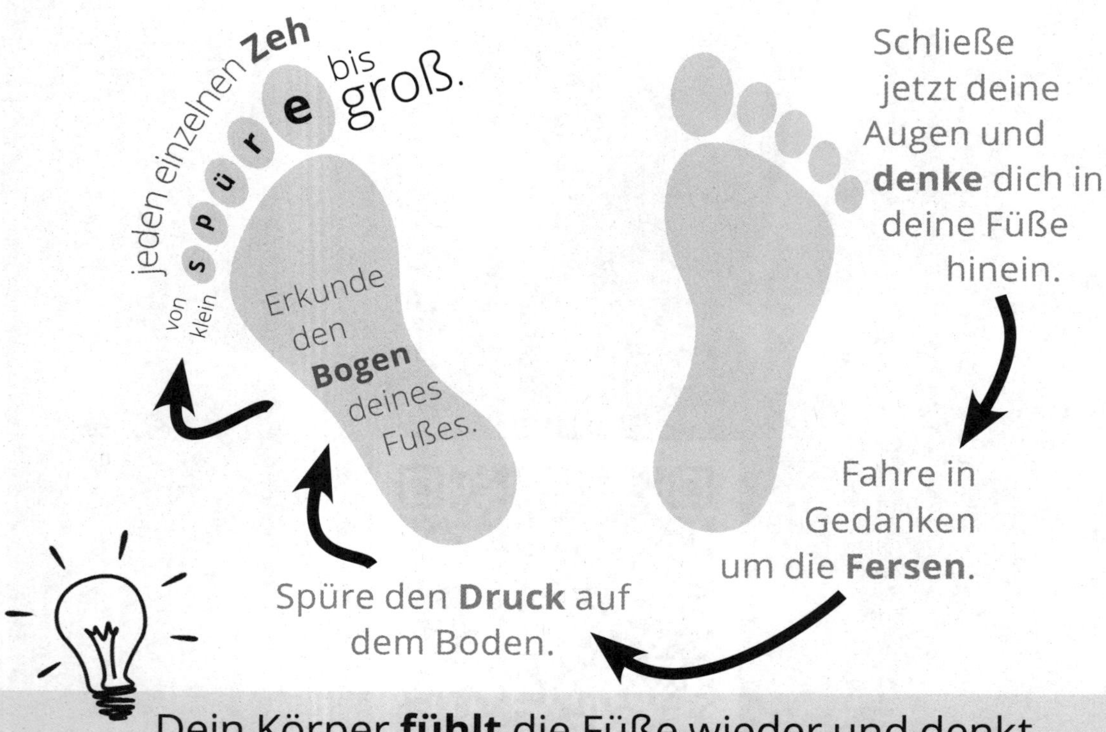

Dein Körper **fühlt** die Füße wieder und denkt, er sei in keiner Panik-Situation, sondern in **Sicherheit**.